本教材系嘉兴学院文法学院中文系“汉语言文学专业复合型人才培养模式探索”成果

浙江省普通高校“十三五”新形态教材

CHINESE TEACHING DESIGN AND
SKILL TRAINING

语文教学设计与技能训练

路冬梅　编著

ZHEJIANG UNIVERSITY PRESS
浙江大学出版社

图书在版编目（CIP）数据

语文教学设计与技能训练 / 路冬梅编著. —杭州：浙江大学出版社，2020.10(2024.7 重印)
ISBN 978-7-308-20318-0

Ⅰ.①语… Ⅱ.①路… Ⅲ.①中学语文课—教学研究—师资培养—教材 Ⅳ.①G633.302

中国版本图书馆 CIP 数据核字(2020)第 107693 号

语文教学设计与技能训练

路冬梅 编著

责任编辑 葛 娟
责任校对 陈丽勋
封面设计 春天书装
出版发行 浙江大学出版社
(杭州市天目山路 148 号 邮政编码 310007)
(网址：http://www.zjupress.com)
排　　版 杭州青翊图文设计有限公司
印　　刷 杭州钱江彩色印务有限公司
开　　本 710mm×1000mm 1/16
印　　张 20.25
字　　数 419 千
版 印 次 2020 年 10 月第 1 版 2024 年 7 月第 3 次印刷
书　　号 ISBN 978-7-308-20318-0
定　　价 56.00 元

前　言

语文是基础学科，是学好其他学科的前提，是一个人工作、学习的基础。这门课是为了培养未来的语文教师，其意义不言而喻。要成为一名合格的语文教师，基本的教学设计能力和教学技能是必备的。本书正是为这些有志于成为语文教师的人员服务。

一、本书写作缘由

说起本书写作的由来，有两个原因。一是很难发现如意的教材。编者一直为汉语言文学（师范）专业开设教学法课，二十多年的教学实践中，有感于所用教材很少如意。很多教材偏重理论的阐释，对没有实践经验的学生来说，难于理解。而实训类教材，又欠缺基本的概念、原则等。于是，萌生出自编教材的想法。二是在执教过程中，发现案例教学法能起到很好的作用，运用一线教师的案例，不仅能够更好地阐释教学理论，而且学生更容易上手，正例有利于学生模仿和上路，反例能让学生避免类似错误。为适应教学的需要，于是，在讲课时经常给学生发放讲义，包括辅助材料和教学案例，日积月累下来，案例积累得颇为丰厚，既有特级教师和全国各类获奖作品，也有本人的教学实践和班级学生的优秀作品。教学时思维极为活跃，讲课时很多案例跳跃到脑子中来，如有神助，得心应手，学生学得热火朝天，反响热烈。2017 年，这门课被立项为浙江省第二批精品在线开放课程，次年，被立项为浙江省新形态教材。这无疑为本书的立体化和早日面世起到了巨大的推进作用。

二、如何使用本书

本书共十一章，分上下两篇。参见图 0-1。

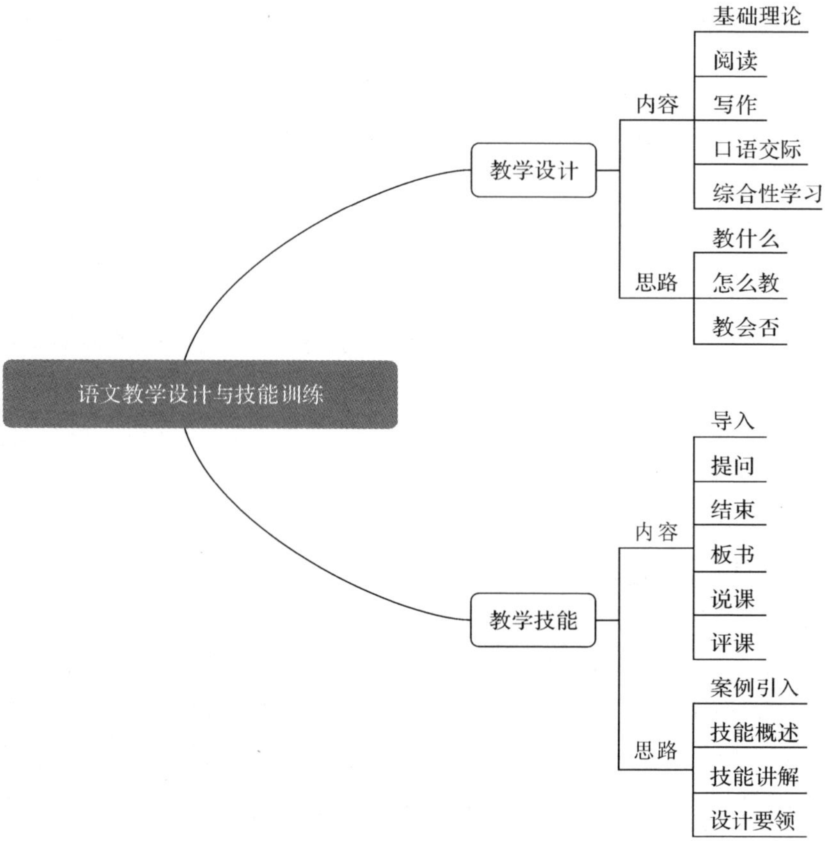

图 0-1　本书框架

上篇教学设计，共五章。第一章，教学设计基础理论，介绍了教学设计的基本概念、设计原则、构成要素、设计方法、优秀教学设计的评判标准等，是后几章的基础。按照语文课程标准的规定，从小学到高中，整个基础教育阶段主要有八大语文能力，分为基础能力（识字写字、阅读、写作、口语交际、综合性学习）及更高级的语文能力（应用、审美、探究）。本书立足于初中阶段，因此在接下来的四章，分别介绍了几种课型的教学设计：阅读、写作、口语交际、综合性学习。其中，最重要的是阅读教学设计部分，因为阅读在中学语文课堂教学中所占比例最大。

好的教学设计要通过高超的教学技能才能体现。于是下篇介绍教学技能，包括课堂教学技能中最常用的导入、提问、结束、板书等。说课近些年开展甚为广泛，已经成为衡量教师整体素质和教学基本功的一种重要手段。评课是教师不可缺少的教研活动。因此，加上说课与评课，一共是六种技能。

全书每章由这几部分组成：学习要求、本章小结、讨论题、本章测试、推荐书目。学习要求提前预告本章需要掌握的内容，然后进入课程学习，可以扫描二维码观看视频。重要的知识点均以黑体形式标示出来。本章小结列出本章重点知识点，加深印象。讨论题围绕学习目标设置，启发深思。本章测试有填空、判断、选择、简答、材料分析等多种形式，方便自测。推荐书目，经过编者精挑细选，一般每章不超过三本，并附简要评析，点出各书特色，方便学有余力的读者。

三、本书特点

这是一本实用的书，它有这样四个特点：

1. 体系简明。选择语文教学中最基本的教学设计和教学技能入手。上篇教学设计，按照“教什么，怎么教，教会否。”的思路安排，下篇教学技能，按照案例引入、技能概述、技能讲解和设计要领的逻辑顺序来设置。

2. 案例丰富。每章都有大量的案例。既有完整案例，也有片段解析；既有国内的，也兼顾国外的；既有正例，也有反例。案例选择时不仅参阅了大量国内获奖作品，也有作者本人的教学实践和学生的优秀作业展示，多层次多维度地展示了语文教学设计的方方面面。

3. 立体化教材。与之配套的有 62 段教学视频、本章测试、案例分析、资料链接、推荐书目、讨论题等。每段教学视频一般控制在 10 分钟左右，重点讲解一到两个知识点。

4. 操作性强。坚持“精讲理论，重在实践”的原则。在“怎么设计”和“怎么运用”方面倾注了大量心血，并结合案例评析，以便模仿和应用。

四、尾声

本书的完成，圆了我一个夙愿，算是三十年耕耘在语文教育领域的总结。成书的过程，是痛苦而愉快的。痛苦在于整理起来，才发现工作量的巨大。从开始构思到完稿，前前后后有两三年。愉快在于整理的过程，也是再次学习，以及与同道人之间精神交流的过程。本书收录大量精妙纷呈的案例，都是语文教育界同行们智慧的结晶，为表示尊重和感谢，尽最大可能标明作者和出处，但是由于各种原因，有些教学片段未能找到出处，在此向原创者表示感谢和歉意。

本书既可作为师范院校中文系学生教学技能培养的指定教材，也可供中小学语文教师在职进修选用，还可以作为考取教师资格证的自学教材。

2020 年 3 月

目　录

上篇：教学设计

下篇：教学技能

上篇:教学设计

要想做好教学设计,首先要了解基础概念、设计原则、构成要素、设计的基本流程,以及怎样科学评判一个教学设计等,这是理论基础,也是第一章的任务。

依据语文课程标准对学生能力的划分和语文教材的编排体系,将语文能力的训练内容分成了四大板块:阅读、写作、口语交际、综合性学习。其中,更多笔墨集中在阅读教学上。

上篇的写作思路:"教什么,怎么教,教会否。""教什么"指的是要明确课程标准对上述四种能力的基本要求,"怎么教"指的是具体指导的方式方法,"教会否"是通过案例来分析教学过程设置是否合理,是否达成教学目标。

在案例的选择上,写作、口语、综合等章,不仅分析了国内的优秀案例,也参阅了国外的先进做法,期望进一步拓宽读者的视野。

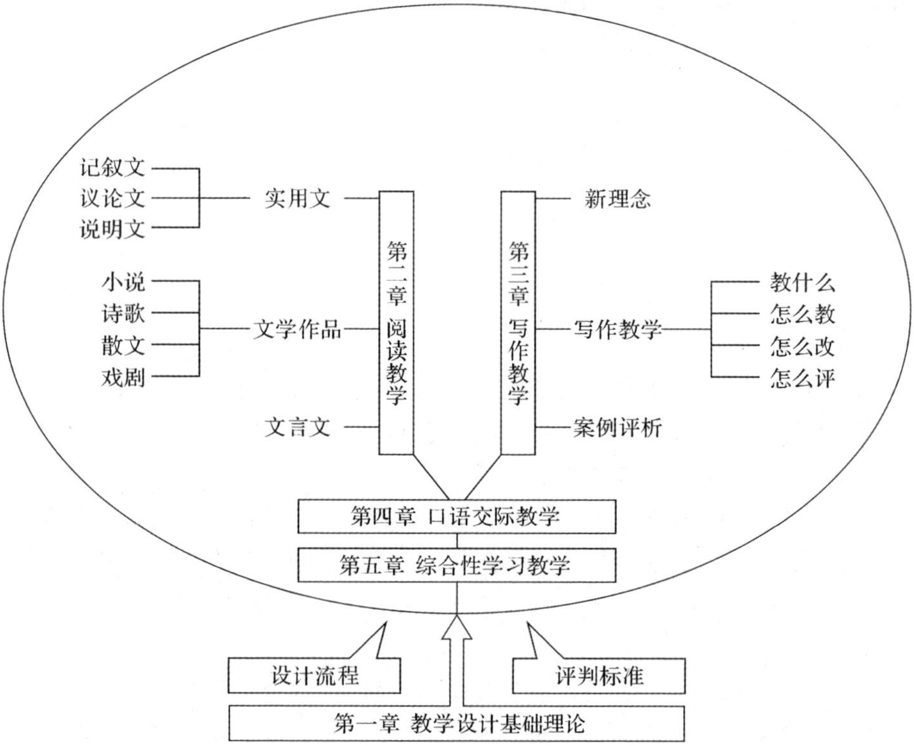
记叙文
议论文
说明文
实用文
小说
诗歌
散文
戏剧
文学作品
文言文
第二章 阅读教学
第三章 写作教学
新理念
写作教学
教什么
怎么教
怎么改
怎么评
案例评析
第四章 口语交际教学
第五章 综合性学习教学
设计流程
评判标准
第一章 教学设计基础理论

第一章　语文教学设计概述

学习要求

通过本章学习，建立对设计、教学设计、语文教学设计和语文课堂教学设计等概念的认识，了解教学设计的基本要素，掌握教学设计的流程，能够用语文课程标准理念评判一个语文教学设计的好坏。

现代社会中，“设计”是一个广泛使用的词。随着人们生活水平的提高，各行各业对设计的兴趣不断提升。与设计有关的书籍、期刊，从事设计专业的人也越来越多，设计的种类也非常多，比如有工业设计、服装设计、机械设计、环境设计等，细分下去，还有更多的门类。那么，什么叫设计？设计有什么共性？设计有什么作用？设计对语文教学有什么作用？所谓的语文教学设计又是什么概念？有哪些基本原则需要遵循？……这就是第一章要解决的问题。

第一节　语文教学设计的基本概念

在弄懂语文教学设计这个概念前，先请思考以下几个问题：

- 什么是设计？
- 什么是教学设计？
- 什么是语文教学设计？
- 什么是语文课堂教学设计？

一、设计

“设计”一词在人们的工作、学习、生活中被广泛应用，如城市设计、建筑设计、汽车设计、服装设计等。关于设计的定义，工具书上是这样解释的：

人们在正式做某项工作之前，根据一定的目的和要求，预先制定方案或安排，它是一项系统工作。

从这个概念中，可以提炼出三个关键词：**目的性、预先性、系统性。**

二、教学设计

教学设计要解决的自然是教学的问题，关于教学设计有几十种不同的解释，我国学者乌美娜的解释是：

教学设计是运用系统方法，分析教学问题和确定教学目标，建立解决教学问题的策略方案，试行解决方案、评价试行结果和对方案进行修改的过程。

在这个概念里，除了上述的三点（目的性、预先性、系统性），**教学性**是其突出特点，值得注意的是还提到了对教学设计的评价。

三、语文教学设计

按照上面的逻辑顺推，这个概念要突出**语文性**。

语文教学设计是指语文老师运用系统方法，按照一定的教学目标和要求，针对具体的教学对象，对语文教学的整个程序及其具体环节所做出的行之有效的策划。

"语文性"有什么特点呢？

语文，简要来说，就是书面语言和口头语言的合称。汉语作为世界上最古老的语言之一，与印欧语系等相比，具有显著的特点。比如汉语有音调，能区分意义。汉字是方块字，大多数字就是词，组合性非常强。而且规则少，自由多，可添可减，能随意颠倒。比如，"荒唐""慷慨""滑稽"等词，按理是不能扩展的，但汉语中可以说"荒乎其唐""慷他人之慨""滑天下之大稽" 等。

汉语的这些特点，使得语文老师在做教学设计时必须认真考虑，采用相应的策略，才不至于偏离语文学习的路子。

再比如，汉语音节界限分明，再加上声调高低和语调的抑扬顿挫，从而表现出较强的音乐性。这个特点决定了诵读是语文学习的基本方法之一。

汉语崇尚简约，格外注重言外之意，因此，整体把握文本就是语文教学的特色。

有学者提出，针对语文学科的学习，在教学中要以字为中心，以句为关键，以文本为抓手。在学习策略上要注重多读、多悟、多练。这些做法充分考虑了“语文性”的特点，值得借鉴。

四、语文课堂教学设计

教学设计从不同角度分类，有很多种。单从范围大小分，可以大到一个学科、一门课程，也可以小到一节课、一个片段。根据学校实际运作情况，考虑教师工作相对独立的特点，本课程主要从范围大小出发，阐述语文课堂教学设计。

语文教学设计理论基本概念

在这个概念里，又多了个限制词“课堂”，那么什么是语文课堂教学设计呢？

语文课堂教学设计是在语文课上课之前，根据教材内容及学生的具体情况，对本堂课教学预先制定的教学策略、教学思路、教学过程和教学方法的综合方案。

第二节　语文教学设计的原则及要素

教学设计意义极为重大，相当于部队“实战”前的“作战方案”，是教师实施课堂教学的基础与前提。

一、语文教学设计的原则

1. 目的性原则

教学设计必须为实现教学目的服务。要做好语文教学设计，必须先弄清宏观的目标导向。

新课程理念强调语文教学的目的，不仅仅是要实现语文知识的传递，能力的培养和语文素养的提高，还要强调对学生的行为、情感、意志、态度的培养，即“知识和能力、过程与方法、情感态度与价值观”三维目标。

2. 综合性原则

“语文”学科原本就是一个综合体系，其众多的构成因素，涉及文学、科学与艺术的各个领域。综合性的原则，要求语文老师在教学设计时，有意识地将课堂由封闭型变为开放型，将教学方法由单线式转为综合型，使语文教学多一些生活的气息。切忌将“大语文”封闭为“小语文”。

3.整体性原则

我国传统文学理论强调"整体直觉",并认为"整体、直觉、取象比类"是汉民族的主导思维方式。语文课程标准(课标)也把"整体性"作为语文教育的三大特点之一。因此,语文老师在进行教学设计时一定要有这个意识,要从整体上把握语文教材。

4.**本体性**原则

语文教学的中心是"学生与语文的接触",因此,语文教学必须围绕"语文"这一本体来进行言语教学。语文教学设计,必须是在本体性原则指导下的,充满语文味的设计。

例如,一位老师在执教《敬畏自然》一课,展示了大量的有关环境恶化的图片,然后请学生说说看图片后的感受,之后又播放一段可可西里的影片,再请学生谈谈观影感受。

像这样的案例,看起来热热闹闹,但是深究起来,却不像语文课。这就是由于老师没把握住本体性原则。用图片、影视作品来替代学生通过语言文字的想象力,使得言语能力的训练成为一场空。

二、教学设计的构成要素

教学设计是系统工程。这个系统必然包括许多要素。要素是教学设计不可或缺的主要组成部分。在进行教学设计时主要应该考虑以下几个要素:教学对象、教学目标、教学内容、教学策略、教学评价等。

1.教学对象是前提

教学作为一种促进学习的活动,其促进的对象无疑是学生。因此,学生现有的认知状况和发展水平是教学设计的出发点和归宿。

教学设计首先应该充分了解学生的认知发展状况,进而起到引导和促进的作用。

2.**教学目标**为核心

教学目标是教学活动预期的结果,它指导控制着整个教学过程。在教学中,教与学的活动都围绕教学目标开展,教学目标是课堂教学成功实施的核心。

3.教学内容为基础

教学内容是为实现教学目标而要求学生学习掌握,乃至内化的各种知识和经验的总和。教学内容是师生在教学活动中共同使用的客体,在教学设计中,应该充分考虑教学内容的选择和组织,教学设计必须以教学内容为基础。教学内容的选编也必须考虑学生的认知程度和接受能力。

4. 教学策略是关键

教学活动是由教师和学生围绕教学内容而展开的一个动态系统，当然需要科学的教学策略来保证。教学策略，是为完成特定的教学目标而对教学活动的程序、教学方法、教学组织形式和教学媒体等进行的总体的设计。教学策略应该围绕学生来选择和设计。教学成功与否，教学策略的选择和应用是关键。

5. 教学评价为调控

教学评价就是评价者按照一定标准对教学过程进行判断的活动，它是教学设计的一部分，并贯穿于整个教学过程。

教学评价是检查教学设计是否科学的重要手段。教学目标是否合理，教学内容是否恰当，教学过程是否有利于学生的发展，教学策略是否以学生为主体等，都需要经过教学评价的检测。

教学评价对教学设计可以发挥调控作用，能够辅助教学设计取得更好的效果。

语文教学设计理论构成要素

第三节 语文教学设计的流程

总体思路：

依据课程标准的理念—把握教学内容—分析学生情况—确定教学目标—设计教学环节—开展学习评价。

一、心中装着课程标准

这是由课程标准的重要地位决定的。

课程标准是国家意志的体现，是国家的教育方针、教育理念在课程设置、教材编写、教学和考试评价等方面的指导性文件。简而言之，它是我们教学与考试的依据。如表 1-1 所示。

表 1-1　语文课程标准的核心观念

一个总目标	促进学生的全面发展
两个基本特点	工具性
	人文性
三维目标(纵向)	知识和能力
	过程和方法
	情感态度和价值观
四大理念	全面提高学生的语文素养
	正确把握语文教育的特点
	倡导自主、合作、探究的学习方式
	建设开放而有活力的课程
五大板块(横向)	识字与写字
	阅读
	写作
	口语交际
	综合性学习

(一)一个总目标

学生是学习和发展的主体,教育领域的一切活动都是为了学生的发展,固然,基础教育的各门课程都承担着促进学生全面发展的任务,但语文课程的特点,决定了它在德、智、体、美等方面对学生的发展发挥着更重要的作用。

(二)两个基本特点

工具性与人文性的统一是语文课程的基本特点。

语文课程的**工具性**,是以语言的工具性为前提的,语文课程首先要让学生提升语文运用能力,掌握好语文这个工具。张志公先生一再强调:

> 语文课主要是培养和提高学生运用语言文字的能力,培养和提高听说读写的能力……培养运用语文的能力,这是语文课的"主",必须完成好。

所以,语文课程的首要任务,就是要指导学生熟练地应用语文这个工具,要使学生善读、善写、善听、善说,具有较强的够用的语文能力。

语文课程的**人文性**，主要表现在语文课程中隐含的丰富的人文思想内涵。人是使用语言的动物，语文教育是母语的教育，教语文就是要教做人，就是要唤醒人性。通过语文学习可以培养学生丰富的精神内涵，提高审美情趣，促进学生的全面发展。

工具性和人文性的统一是语文课程的基本特点，正如特级教师于漪所说：

语文教育中工具性、人文性都很重要，不可机械割裂。抽掉人文精神，只在语言形式上兜圈子，语言文学就会因之而失去灵魂……步入排列组合的文字游戏的死胡同；脱离语言文字的运用，架空人文性就背离了语文课，步入了另外一个误区。二者应该有机结合，使之相得益彰。

正确把握工具性和人文性统一的基本特点，对于搞好语文教学具有重要的指导意义和现实意义。

（三）三维目标

这是语文课程目标的纵向线索。课程标准从**知识和能力**、**过程和方法**、**情感态度和价值观**三个方面来设计。这三个目标相互渗透，融为一体，共同指向语文素养的整体提高。

首先，新课程的语文课程目标从全面提高学生语文素养的理念出发，强调了课程目标中情感态度和价值观的作用，这就是"情感态度和价值观"维度。

其次，从语文课程的性质和特点出发，突出了课程目标的实践性，将过程与方法也作为目标的组成部分，这就是"过程和方法"维度。

再次，从现代社会对公民素质的要求出发，对语文的知识和能力提出了新的要求，这就是"知识和能力"维度。

（四）四大理念

1.全面提高学生的语文素养

课程标准首次提出了**"语文素养"**概念，这突破了长期以来我们习惯的"语文能力"的局限，在开发语文实用之外的功能，重视语文课程实施过程中增强底蕴、提高修养的功夫。这是显著的变化。同时，课程标准还对语文学习习惯的培养给予了高度的重视。

2.正确把握语文教育的特点

具体要求：

➢ 应该重视语文课程对学生思想情感所起的熏陶感染作用，注意课程内容的价值取向，培养良好思想道德风尚。

➢ 尊重学生在语文学习过程中的独特体验。

➢ 语文课程是实践性课程，因而，应该让学生多读多写，日积月累，在大量的语文实践中体会、把握、运用语文的规律。

➢ 语文课程应特别关注汉语言文字的特点对学生识字写字、阅读、写作、口语交际和思维发展等方面的影响，在教学中尤其要重视培养良好的语感和整体把握的能力。

3. 积极倡导自主、合作、探究的学习方式

"新课程标准"规定，学生是学习和发展的主体，语文课程必须依据学生的身心发展和语文教育学习的特点，关注学生的个体差异和不同学习的需求，爱护学生的好奇心、求知欲，激发学生的主动意识和进取精神，倡导自主、合作、探究的学习方式。传统的语文教学在丰富人文素养、提高语文能力方面有所欠缺。它以"师传生受"为基本模式，将标准答案作为判断依据。这不仅违反了语文和教学的规律，忽略了学生个体差异和身心发展的需要，也不符合语文作为人文学科教学的求异性、互动性、多元性的特点。教学程序上，讲授的弊端更是显露无遗：课堂缺乏趣味性和生动性，学生的主体地位得不到确立，学生发现问题、解决问题的能力无法提高。自主、合作、探究的学习方式能够弥补传统授课方法的不足，达到更好的教学效果。

4. 努力建设开放而有活力的语文课程

课程标准提出，应密切关注现代社会发展的需要，拓宽语文学习和运用的领域，注重跨学科的学习和现代科技手段的运用，使学生在不同内容和方法的相互交叉、渗透和整合中开阔视野，提高学习效率，初步养成现代社会所需要的语文素养。

（五）五大板块

这是语文课程目标的横向线索。义务教育语文课程标准将之分为五个领域：识字与写字、阅读、写作、口语交际、综合性学习。

总之，以上就是课程标准的基本精神，也是在进行教学设计时的前提和依据。

二、做文本、学生的知音

如何设计之心中有课标

（一）要有解读文本的智慧

文本解读是教师在自身价值观的影响下，利用自己的生

活经验、知识积累和对语言文字的感悟力，走进文本，走进作者，形成的自己对文本的独特理解。

那么如何解读文本呢？大致要经过两个阶段。

1.要读懂文字表面的意思

这是一件看似简单而又十分花费精力的事情，也是备好一节课的首要环节。如何读懂文字表面的意思呢？

(1)纯净地读。所谓"纯净"地读，就是在阅读文本以前，不要翻看任何参考书，不要搜索任何与文本相关的资料，不要和任何人去交流看法，就是一个人安安静静地读。这样做的目的是不让别人的理解影响你的认识，不戴着有色眼镜去看文本，这样做的好处是对文字的所有感悟均来自于自己的内心。著名小学语文特级教师于永正说过：

课前，老师得先和文本对话，即钻研好教材。只有把教材把握好了，才能和学生交流。我备课没有什么诀窍，就是那么翻来覆去地诵读、默想，当读出自己的理解、情感，读出文章的妙处，读出自己的惊喜时，我便敢走进课堂。

(2)仔细地读。所谓的仔细，就是要深入文本的字、词、句和标点中去思考，甚至研究，并把自己在阅读中的理解，批注在旁边。这一阅读环节的目的是读懂每个词语、每个句子的意思，对文章的写作目的、写作方法做到心中有数。

怎样才能知道自己读懂课文了呢？有一个检测标准。

下面提出的几个问题，如果能够独立解决就可以认为已经读懂。

- 对课文中的字词，你能够准确认读和理解吗？
- 每段、每句、句与句之间的关系都能说清楚或大体说清楚吗？
- 能用简要语言概括文章内容吗？
- 读文学作品能在头脑中出现其中的情景和形象吗？
- 能独立完成课后练习吗？
- 能独立给教材写出解说吗？
- 能提炼出理解全文必须要解决的几个要点问题吗？

这几个问题需要在不看教学参考书的情况下，独立完成。如果这些问题都能够回答，就可以认为完成了第一步，基本上读懂了文本。

2.听懂文字背后的声音

歌德在谈到阅读的时候说过一句经典的话：

经验丰富的人读书用两只眼睛，一只眼睛看到纸面上的话，另一眼睛看到纸的背面。

文字的背后隐藏着什么呢？隐藏了很多很多的东西，甚至隐藏了作者最真实的想法，或者还隐藏着连作者自己也没有意识到的东西。有人说：文字是个罪恶的漏斗，它漏掉了语言中很多重要的东西。作为一名有心的读者，在阅读中就要还原它，要赋予它新的生命和活力。只有这样才算是真正读懂了一篇文章。

以《鸿门宴》为例，宴会前，司马迁着重描述了宴会上的座次：

> 项王、项伯东向坐；亚父南向坐，——亚父者，范增也；沛公北向坐，张良西向侍。

如图 1-1 所示。

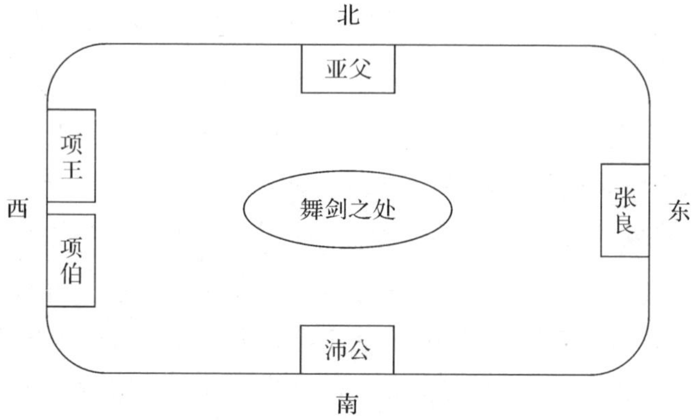

图 1-1 《鸿门宴》座位图

猛一看，只是介绍各人的座次。项羽和项伯面向东坐，范增面向南坐，刘邦面向北坐，张良面向西侍奉、陪席。似乎稀松平常，然而细加琢磨，再结合秦汉当时的社会习俗，就会发现大有文章。

著名学者余英时认为：

> 鸿门宴的座次是太史公描写鸿门宴中极精彩而又极重要的一幕……太史公详述当时座次决非泛泛之笔，其中隐藏了一项关系甚为重大的消息。

清初顾炎武在《日知录》中证明："古人之坐以东向为尊……即交际之礼，亦宾东向而主人西向。"很多学者做了相关考证，认为在秦汉宴会的场合中，座次的尊卑次序，依次是：东向、南向、北向、西向。

大家知道，鸿门宴中刘邦是客人，并且曾经与项羽在楚怀王面前"约为兄弟"。如果项羽尊重他，就应按"宾主位东西面"的宾主之礼让他东向坐，如今让他退为"三等"北向坐，说明项羽根本没把他当成客人平等对待，其地位还不如项羽手下的谋士范增。

由此可见，这一描述看似寻常之笔，实则大有深意，它对表现人物的性格特征具有重要作用。作为老师，在备课时就要做这样的有心人，多问几个为什么，才能真正听懂文字背后的声音。

（二）了解你的学生

读懂了教材，还远远不够。作为师者，还必须考虑教学的服务对象——学生。

1. 教师要做学生的知音——分析学情

新课标强调教学的最终目的是学生的发展，教师的一切教学行为都是为学生的“学”服务的。这就意味着教师的“教”必须关注学生的“学”，必须准确把握学生真实的学习状况，才能在教学中真正促进学生的有效学习，实现其主动发展。

学情分析是教学设计的基础，高质量的学情分析，对教学具有重要意义，它可以增强教学设计的针对性，有利于教师选择合适的教学内容和教学方式，有利于提高单位时间的教学效率。

做好学情分析，老师要思考以下问题：

➢ 学生这节课应该获得什么？（知识、能力、方法、情感、态度）

➢ 学生学习的起点是什么，与本课学习内容相关的思维水平与知识储备怎样？

➢ 学生在本课学习中会遇到什么问题？

➢ 学生离预设目标的差距有多大？

2.“学情分析”案例的评点

例 1:《故乡》学情分析

因为时代和鲁迅作品特有的风格，学生理解起来有一定难度。

点评：分析太模糊、不全面。

例 2:《绿》学情分析

作为一篇初三阶段的散文而言，《绿》的作者朱自清及其文风都是孩子比较熟悉的。在此之前已经学习过他的《春》《匆匆》等文章，对于朱自清作品文学感觉的积累，已经为《绿》的阅读奠定了基础。

点评：这位教师的学情分析比《故乡》的好一点儿，但也需要进一步完善。它仅有学生的经验，至于学生与文本的距离，学生之间学习能力的差异性，学生潜在的可能性等都没有提及。

做得比较好的是清华附中张彪老师《岳阳楼记》的学情分析：

例 3:《岳阳楼记》学情分析

➢ 我所面对的是清华附中初三年级实验班的学生:

1. 他们思维活跃,善于表达,乐于表达,喜欢合作讨论的学习方式。

2. 继初一、初二文言学习和本单元前四篇文言文的学习后,对文言词句有比较丰富的积累,能结合注释及工具书大体理解文意,有较好的学习文言的基础。

3. 有课前质疑的能力,有良好的圈、点、勾、画的阅读习惯,学习态度积极、端正。

➢ 对学生就本节课所要学的主要内容的学情分析:

1. 学生对文中精彩的词句理解不深(仅停留在对基本义的理解上),教师要引导学生品味、鉴赏语言,培养鉴赏能力,感受其语言之美。

2. 学生对骈散结合的文章接触不多,对骈散结合的表达效果认识不深,教师要引导学生感受骈散结合而出现的错落有致的韵律美。

(https://max.book118.com/html/2018/0805/7156065033001142.shtm)

点评:从上述几个案例中可以看出,学情分析应该是针对性强,强调学生的独特和个性,而不能是广谱性的套词。这个案例里,张老师既分析了本班学生的当前状态,比如思维特点、学习基础、学习习惯等,又针对本课的教学内容,提出了学生可能遇到的困难及老师相应的教学方法。这个学情分析比较好。

需要注意的是,学情不可揣度,必须通过调查、了解、观察等多种方式才能了解到。

三、科学制定教学目标

如何设计之做文本、学生的知音

(一)教学目标的确定

1. 教学目标的层级性

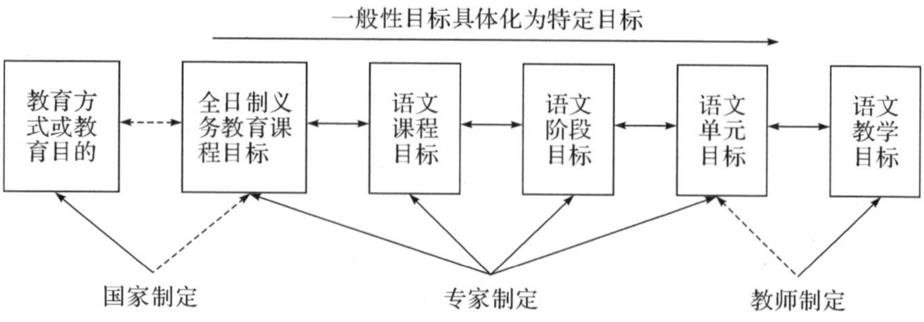

图 1-2 一般性目标具体化为特定目标

图 1-2 清晰地说明了一般性目标是如何转化为特定目标的。第一层级，国家制定教育方式或教育目的；第二层级，专家根据国家教育目的，分别制定义务教育课程目标、语文课程目标、语文阶段目标、语文单元目标等；第三层级，教师根据单元目标制定一篇课文的教学目标。需要注意的是，上述各层次目标之间是相互作用的。也就是说，教师在制定课文目标时，单单考虑一篇课文是不够的，还要考虑到单元目标、本阶段的语文目标等。

2. 一篇课文**教学目标确定的依据**

确定一篇课文教学目标的依据需要考虑以下因素。

(1)语文课程标准的要求。

这就要求教师对课程标准比较熟悉。教师资格证考试时会提供相关理论论述。教学实践中，备课时要经常翻阅课程标准，以使自己保持先进的教学理念。

(2) 语文课程目标、阶段目标、单元目标。

课程标准对语文课程目标、阶段目标有清楚的论述。单元目标可以参看文本所在单元的导语。

(3) 文本的内容特点。

这个要根据文本具体分析，尤其要抓住文本的特色。

(4) 学生的学习水平。

对各阶段学生的认知情况应有大概的了解。可以结合自己学过的教育学、心理学知识。

(5) 单元提示和课后练习。

作业设置是教学目标的直观显示，可以根据作业倒推出目标。这是目标设立的主要考虑因素。

3. 巩固练习

案例 1-1:《晏子使楚》

阅读下文，写出《晏子使楚》教学目标及设定的依据。

晏子使楚(节选)

晏子将使楚。楚王闻之。晏子至，楚王赐晏子酒，酒酣，吏二缚一人诣王。王曰："缚者曷为者也?"对曰："齐人也，坐盗。"王视晏子曰："齐人固善盗乎?"晏子避席对曰："婴闻之，橘生淮南则为橘，生于淮北则为枳，叶徒相似，其实味不同。所以然者何? 水土异也。今民生长于齐不盗，入楚则盗，得无楚之水土使民善盗耶?"王笑曰："圣人非所与熙也，寡人反取病焉。"

参考答案：

1. 教学目标

(1)知识与技能目标：能够结合古汉语词典，正确认读、书写并理解本课文中的生字、生词等。

(2)过程与方法目标：通过反复诵读及分角色朗读，感受人物性格。初步了解句子之间的逻辑关系。

(3)情感态度与价值观目标：激发学生为维护国家尊严而挺身而出、据理力争的爱国情感和懂得尊重他人的道理。

2. 制定依据

(1)《义务教育语文课程标准(2011 年版)》提出："诵读古代诗词，阅读浅易文言文，能借助注释和工具书理解基本内容。注重积累、感悟和运用，提高自己的欣赏品位。"因此，目标确定有"能够结合古汉语词典，认读、书写并理解本课的生字、生词等"。

(2)本课故事情节曲折，人物语言生动，晏子所说的话语中包含着简单的推理。因此，目标确定有"读懂文本，了解人物性格"等。

如何设计之科学制定目标一

(3)初中生正处于青春期，这是人生观、价值观形成和发展的关键时期。教师在学习中需要教给学生一种正确的观念，通过学习使这种观念深入人心。因此，目标确定时有"激发学生为维护国家尊严而挺身而出、据理力争的爱国情感"等。

(二)教学目标的表述

在表述上要做到三点：三个维度、ABCD 原则和表述顺序。

1. 三个维度

课程标准对教学目标提出了：

(1)知识和能力(学会)；

(2)过程和方法(会学)；

(3)情感态度和价值观(乐学)。

也可以表述为：知识目标、能力目标、情感目标。

先来看下正确的表述：

春

知识和能力目标：

1. 能够划分文章的结构，概括大意；

2. 领会课文准确生动的语言，学习抓住景物特征细致描写的方法。

过程和方法目标：

3. 通过诵读等多种方式感受本文语言的音节美。

情感态度与价值观目标：

4. 感受春天景色的美丽，热爱大自然。

2. ABCD 原则

ABCD 分别指学生主体（audience）、行为动词（behavior）、行为条件（condition）、可以评量（degree）。

学生主体、行为动词、限制条件、可以评量

（1）A（audience）指学习者，即学生是主体，要求教学设计应从学生的角度叙述和设计，而不是从教师的角度。

案例：

1. 继续培养学生整体感知的能力，在诵读实践中发展语感、加深体验和感悟。

2. 学生通过捕捉文本的重要信息，得到自己独特的理解和感悟。

3. 合作探究学习，使学生领悟作品的内涵，培养一定的审美情趣，获得对人生有益的启示。

点评：该案例中，目标 1 和 3 中，“继续培养学生……”“使学生……”句子中，略去的主语无疑是老师，而在目标 2 中，主语则是学生。教学目标表述用语，既用“学生”做行为主体，同时又暗含用“教师”做行为主体，这反映了教师思维的混乱。

正确的表述：

案例：

1. 能准确地有感情地朗读课文，进行分角色朗读。

2. 能理清文章的结构层次，通过故事体会作者的思想感情。

3. 通过品味语言，感受人物不同的性格，说出自己的独特感受。

4. 领会文中蕴涵的待人处世的道理，懂得理解和体谅的道理。

点评：尽管行为主体“学生”两字没有出现，但也很容易看出。

（2）B（behavior）指学生的行为是怎样的，即学生在整个教学环节中表现的行为，应该是可测量、可评价的。要做到这一点，就要有意识地多使用行为动词，用动态生成的词语，比如“形成”“发展”等。下面来看几个案例。

例 1　《谈骨气》教学目标：

“培养学生革命的骨气，提高学生写议论文的水平”。

点评:这样的目标表述“大而空”,没有实际价值。

例2 《子路、曾皙、冉有、公西华侍坐》教学目标:

1.理解掌握常见文言实词的意义和翻译方法。
2.了解古汉语中常见的几种特殊句式。
3.体会孔子的治国主张和教学艺术。

点评:该案例不足之处是其目标似乎适合所有文言文教学,原因是教师进行教学目标表述时不够具体明确,行为动词的运用不够准确,没在具体的表现程度上提出要求。“理解”“了解”这种词太笼统、模糊,缺少表现程度上清晰的规定。

例3 《海底世界》教学目标:

1.学会本课13个生字及新词,认读9个字。
2.能抓住中心句理解一段话的意思,并体会这段话是怎样写具体的。
3.有感情地朗读课文,背诵自己喜欢的一个自然段。
4.了解海底世界是景色奇异、物产丰富的地方,体会作者的喜爱之情,产生探索自然奥秘的兴趣。

点评:这个案例里,行为动词准确,“学会”“抓住”等指令非常明确。

请看以下这个链接,它列出了三类目标常用的术语。

资料链接:

三类目标常用的术语

知识目标:

(了解)说出、背诵、回忆、选出、举例、列举、复述、描述、识别;

(理解)解释、说明、阐明、比较、分类、归纳、概述、概括、判断、区别、猜测、预测、估计、推断、检索、收集、整理等

能力目标:

(应用)应用、使用、质疑、辩护、设计、解决、撰写、拟定、检验、计划、总结、推广、证明、评价;

(模仿)模拟、重复、模仿、例证、扩展、缩写;

(独立操作)完成、表现、制定、安装、绘制、测量、尝试、试验;

(迁移)联系、灵活运用、举一反三等

情感目标:

(感受)经历、感受、参加、寻找、讨论、交流、合作、分享、接触、体验;

(认同)承认、接受、同意、愿意、欣赏、称赞、喜欢、珍惜、关注、尊重、爱护、怀

疑、克服；

（内化）形成、养成、具有、热爱、树立、建立、坚持、保持、确立、追求

（3）C（condition）行为条件，是指在什么条件或情境下，完成指定的学习行为，为评价提供参照。

案例　《纪念伏尔泰逝世一百周年的演说》教学目标：

在朗读中感知内容层次，体验雨果演讲的风格、语言的风采和澎湃的激情。

通过活动，初步学会通过演讲形式表述自己的观点。

点评：案例中，“在朗读中”“通过活动”等指的就是条件或情境。

（4）D（degree）行为程度，是指学生对目标所达到的表现水准，用来评价学习结果以及要达到的程度。表述时定量评价或定性评价都可以。

通常可以采用以下三种方式：

用完成行为的时间来衡量行为的表现，例如“三分钟内完成”；

用完成行为的准确率来衡量行为的表现，例如“完全无误”“准确”“基本”等；

用完成行为的成功特征来衡量行为的表现，例如“80％的学生”。

这些教学目标的表述方式具有可操作、可观察和可测量的特点，能够避免课堂教学行为的盲目性和随意性。

综上所述，语文教学目标的陈述有四个基本要素：

行为主体、行为动词、行为条件、表现程度。

每个学生	阅读	现代文	每分钟不少于500字。
行为主体	行为动词	行为条件	表现程度

每个学生	都要在两年的时间内	背诵	优秀诗文60篇。
行为主体	行为条件	行为动词	表现程度

上面是标准的表述方式。日常教学中，老师们常常用简略的方式来表达，比如：

在通读课文的基础上	理解	主要内容。
行为条件	行为动词	表现程度

3．表述顺序

表述的顺序有三种：按三个维度的次序逐条表述；按照表现程度的高低依次表述；将过程与方法这个维度与其他两个维度有机结合。

四、精心设计教学过程

如何设计之科学制定目标二

(一)阅读教学的常规过程

教学过程的常规阶段,主要是引导、研读、运用。如表 1-2 所示。

引导环节属于阅读活动的准备时期,作用在于引起注意,唤起动机。

研读环节属于阅读活动的展开时期,主要作用在于让学生在阅读实践中学会阅读。

运用环节属于阅读活动的发展时期,作用在于巩固知识和迁移能力。

表 1-2　阅读教学的常规过程

引导环节	预习	
	解题	揭示标题与内容的关系
	介绍相关资料	作者
		写作缘起
		社会影响
		播放音像、视频
	课前谈话	
研读环节	感知阶段	学习字词
		通读全文
		了解内容概要
		圈点勾画、质疑问难
	分析阶段	结构分析
		内容要素分析
		写作技巧分析
		语言分析
	综合阶段	概括中心思想
		总结写作特点
运用环节	布置作业等	

1.引导环节

引导环节基本的任务是确定目标,激发兴趣。一般采用以下四种方法:预习、解题、介绍相关的资料和课前谈话等。

2.研读环节

是阅读教学的中心环节,是对文章内容和形式的分析。可以细分为三个阶段:感知(总)、分析(分)、综合(总)。

(1)感知阶段的主要任务是形成整体认识。这一阶段,老师们一般这样做:认识生字生词、通读课文,了解内容概要和辨认文章体裁、圈点勾画,提出问题,为下一步学习做准备。

(2)分析阶段的主要任务是对各局部、各细节深入分析。

分析阶段是整个教学过程的重中之重,也是在讲课中需要花费更多时间的地方。在这个阶段,老师们常常这样做,比如对文章的结构、要素进行分析,对写作技巧进行分析,对语言进行赏析和品味,以及对课文教学重点进行分析等。

(3)综合阶段是在分析的基础上进行的,是由局部到整体的概括过程。这个过程的基本任务就是概括中心思想,总结写作特点。

如上所述,可以看到,研读环节其实就是一个完整的总分总的过程。

3.运用环节

也就是知识的拓展延伸。这一部分的基本任务就是把知识转化为能力,特别是培养迁移能力,能够学习新知识和解决新问题。

整个阅读教学过程大致就是这三部分,从表 1-2 中可以看出,合理地搭配组合,可以变换出几十种教学过程模式。

需要说明的是,仅仅明白了阅读教学的常规过程还是远远不够的,在教学实践中还需要用到很多具体的技能,包括导入、提问、结束、板书等,在下篇教学技能部分会做详细介绍。

这一节是重点,内容繁多,小结如图 1-3 所示。

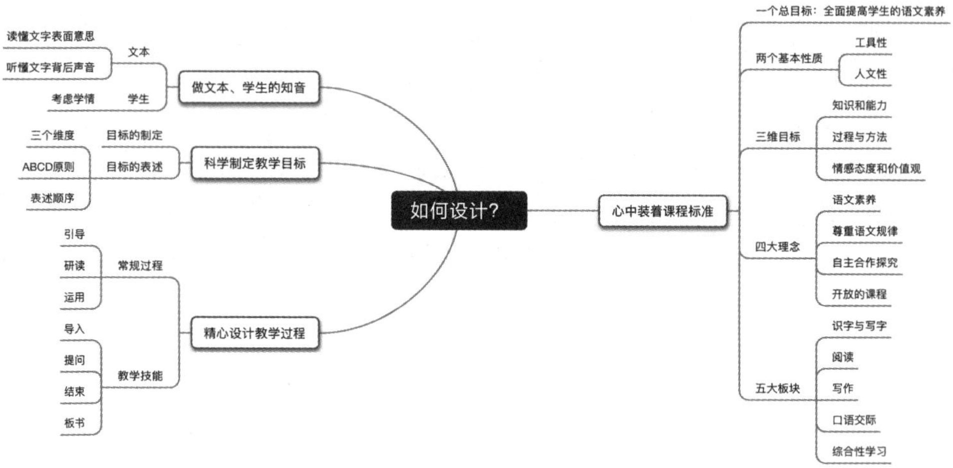

图 1-3　如何进行教学设计

(二)阅读教学设计示范(以片段为例)

一堂课由一个一个的环节组成,各个环节设计好了,整节课教学也就充实了。一个富有创意和个性魅力的环节设计,往往能够成为一节课,或者一篇课文教学的亮点。下面以一个片段为例,来指导语文教师怎样进行教学设计。

案例 1-2:《从百草园到三味书屋》

《从百草园到三味书屋》是人民教育出版社(人教版)七年级下册第一单元课文。

其中“不必说……;也不必说……”一段,历来为人称颂。该段总共只有 304 字,却描绘了 14 种动、植物。堪称经典。

不必说碧绿的菜畦,光滑的石井栏,高大的皂荚树,紫红的桑葚;也不必说鸣蝉在树叶里长吟,肥胖的黄蜂伏在菜花上,轻捷的叫天子(云雀)忽然从草间直窜向云霄里去了。单是周围的短短的泥墙根一带,就有无限趣味。油蛉在这里低唱,蟋蟀们在这里弹琴。翻开断砖来,有时会遇见蜈蚣;还有斑蝥,倘若用手指按住它的脊梁,便会啪的一声,从后窍喷出一阵烟雾。何首乌藤和木莲藤缠络着,木莲有莲房一般的果实,何首乌有臃肿的根。有人说,何首乌根是有像人形的,吃了便可以成仙,我于是常常拔它起来,牵连不断地拔起来,也曾因此弄坏了泥墙,却从来没有见过有一块根像人样。如果不怕刺,还可以摘到覆盆子,像小珊瑚珠攒成的小球,又酸又甜,色味都比桑葚要好得远。

（课程教材研究所，中学语文课程教材研究开发中心，等．语文（七年级下册）[M]．北京：教育出版社，2005．）

按照上一节学习过的知识：

1．吃透文本

既要读懂文字表面的意思，又要听懂文字背后的声音。

读懂这段文字的表面并不难，生字、生词也少。估计其中一些植物不一定见到过，比如木莲藤、覆盆子等，这些可以通过网络了解。进一步，句子之间的关系也容易弄清楚。

听懂文字背后的声音，就不太容易了。老师要逐字逐句研读，提出一些问题。比如：

（1）"不必说……；也不必说……，单是……"这句话就有 98 个字，不可以分成几个短句来表达吗？这句话强调的重点是什么？

（2）既然"不必说碧绿的菜畦，光滑的石井栏，高大的皂荚树，紫红的桑葚；也不必说鸣蝉在树叶里长吟，肥胖的黄蜂伏在菜花上，轻捷的叫天子（云雀）忽然从草间直窜向云霄里去了"，作者为什么又分别罗列了菜畦、石井栏、皂荚树、桑葚、鸣蝉、黄蜂、叫天子？这样写，作者是想表达什么感情？

（3）"不必说……；也不必说……"这儿为什么用分号，而不用逗号，这说明了什么？

（4）作者在这里写了 14 种动、植物，是按照什么顺序写的？

（5）哪些动词使用得比较传神？试着换一下，看能否达到这样的效果。

……

这些问题，在阅读时都能独自解决，悟到其妙处，即为真正读懂了。

2．确定目标

按照上一节所讲的确定目标的依据，要先看以下要素：

单元导语：

"学习这个单元……深入体味文中的情感，注意学习文章的表达技巧。"

可以了解到，体味情感和学习表达技巧是该课的教学重点。

课后练习：

针对"不必说……也不必说……单是……"中哪个内容是强调的重点？请仿写一段话。

可以了解到，让学生深入理解这句话的妙处是重点，不仅要知其妙，还要会运用。

再结合初一学生的特点，制定本段教学目标如下：

(1)学习作者观察百草园景物的方法及写作的顺序。

(2)体会作者热爱大自然的感情。

3. 巧妙设计

叶圣陶在《认真学习语文》一文中曾说：

> 看整篇文章，要看明白作者的思路。思想是有一条路的，一句一句，一段一段，都是有路的。这条路，好文章的作者是决不乱走的。

怎样让学生找到这条路呢？针对初一学生形象思维为主的特点，可以设计让学生画平面图的方式。为此，可以依次设计三个问题：

(1)请把“不必说……也不必说……”所提及的事物依次罗列出来。

这个问题很简单，学生很快就找了出来。一共是 7 个。

(2)把这些事物按位置高低用平面图标示出来。如图 1-4 所示。

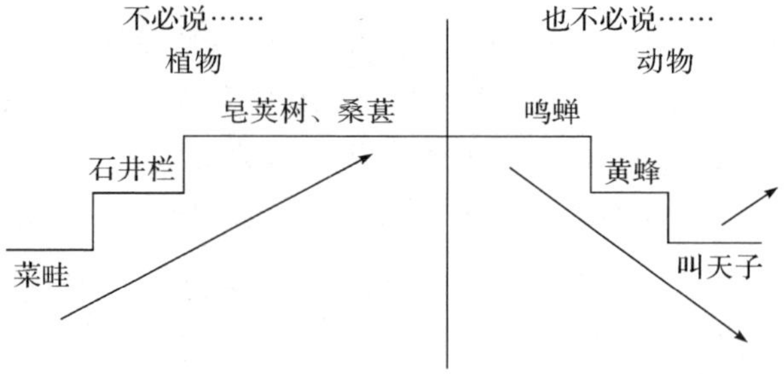

图 1-4　百草园事物平面图

这一步设计得很精妙，随着图画，学生一下子明白了原来在写植物时是按照由低到高的顺序，而写动物时，是按照由高到低的顺序。写植物，作者着重写了静态美，写形状、颜色等，比如碧绿的、光滑的、高大的、紫红的；写动物，着重写了动态美，用了长吟、伏、窜等词。统总看来，百草园五颜六色，有绿的、黄的、红的、灰色的等，不愧是孩子们的乐园。那么，很自然地就明白了为什么“不必说……；也不必说……”中间要用分号。

(3)“单是”句后作者写了什么？请梳理一下它的层次结构。

➢ 可爱的虫子：油蛉、蟋蟀；

➢ 可怕的虫子：蜈蚣、斑蝥；

➢ 泥墙根神奇的野藤：木莲、何首乌；

➢ 好吃的野果：覆盆子。

梳理后，学生发现，后面是按照先动物再植物的顺序而写，动物里写了可爱和可怕两类，植物里写了野藤和野果两类。经过这样的解析，学生发现这段的逻辑顺序和写景的精妙令人赞叹不已。

4. 检测学习效果

弄明白了段落的内在结构，背记就变得很容易。进而提出要求，让学生仿写此句，就能取得较好的效果。

下面是学生的仿写练习：

不必说周围生机盎然的小草丛，那芳香四溢的野菊花，刚劲挺立的松柏，也不必说栖息在草丛里的蟋蟀，伏在叶子下的螳螂，跳跃在枝头的小鸟，单是那堆厚厚的、柔软的沙堆，就带给我们无限的乐趣。

综上所述，在做语文教学设计时，必须考虑**教学目标**、**教学方法**和**教学效果**等最基本因素。简单地说，就是：

如何设计之精心设计过程

你想到哪儿去？

你怎样到那儿？

你是否到了那儿？

这就是在进行教学设计时要时刻谨记的法则。

第四节　优秀语文教学设计的评判标准

怎样评判一个教学设计是否符合新课标的理念呢？

一、凸显语文学科本质

案例 1-3：余映潮《走一步，再走一步》教学设计（节选）

[教学过程]

（一）导入

（二）阅读活动之一：学习朗读

1. 朗读要做到读音准确——建议大家用“圈读”生字、生词的方式大声地练习读音。

2. 朗读要注意表达语气——建议大家用“选读”精彩段落的方式练习、体会。

3. 朗读时要体味作者的感受。

（三）阅读活动之二：理解课文

1. 师：请大家默读课文，用简洁的语言表达你对这篇课文的认识。每位同学都要力争与别人的说法不一样。你可以从文章体裁、故事内容、情节顺序、文章结构、人物特点、文章技法、给人启迪等多个角度选一个，来表达你的见解。

2. 生：……

3. 教师与同学们交流自己的看法，重点突出记叙的顺序与叙议结合的写作手法。

（四）阅读活动之三：品评人物

教师出示"课中话题"。

根据文章的细节，从文章中找内容来说话，说说亨特是一个怎样的孩子。

根据文章的细节进行体味，说说亨特爸爸是一个怎样的人。

（五）阅读活动之四：表达感受

1. 师：朗读文中最后一段，体味一下作者所说的"经验"。

2. 教师出示"话题"：请大家以"我们生活中的'走一步，再走一步'"为话题，说一小段话。

（https://wenku.baidu.com/view/f1d896edd3f34693daef5ef7ba0d4a730 2766c2c.html）

案例评点：

在这个教学案例里，余映潮老师的课堂教学设计每一步都紧扣文本，全部着眼于学生学习语文的实践活动。具体分析一下：

课堂结构大致分为朗读—理解—品评—表达四个步骤。

朗读阶段，老师分三步要求：读准字音、能表达语气、体味作者。

理解阶段，老师先要求个性化表达，然后再师生互动。

品评阶段，品评人物形象，老师要求从文章中找内容，从细节中找依据，深入文本研究。

表达阶段，结合自身的生活经验，说一段话（不是作文）。难易适度。

整个教学过程贯穿了读、思、说（有依据）、听的训练，是一节扎扎实实的语文课，值得老师们效仿。

二、从学生角度设计教学

案例 1-4:《藏羚羊跪拜》教后记(节选)

初次接触这篇课文时,我就被文中那只为了孩子深深跪拜的藏羚羊的崇高母爱感动了。再加上自己原先对于藏羚羊、可可西里的关注,使得我的目光与情感始终紧紧追随着藏羚羊,为它们的命运所担心。因此,在设计教案时,我恨不得能一下子将自己所知道的有关藏羚羊的全部信息一股脑儿地都倒给学生,让学生也和我一样去关心藏羚羊的命运。可是随着集体备课的深入,发现在这样一篇短短的文章中,关于藏羚羊的描写其实并不多,作者反而花了很多笔墨在那个老猎人身上,这是为什么?再从学生的角度想一想,在读这篇文章时,他们的难点在哪儿?藏羚羊,还是老猎人?答案是毋庸置疑的,一定是在对老猎人的理解上,而绝非藏羚羊。因此,我将自己原先的教案全部推翻,重新寻找了一个课文的突破口。

在课堂中,我先让学生在读了一遍课文之后,思考文中的第一主人公是谁?不出所料。学生的回答非常一致,都认为是藏羚羊,有学生还从文中找到了依据,那就是第一小节中的最后一句。于是顺着学生的回答,我提出了我的问题。既然故事的主人公是藏羚羊,那么文章第二、第三小节的内容似乎就显得有些多余,是否可以把这两个小节删去。一石激起千层浪,学生的思维一下子被激活了,你一言我一语争先恐后地说了起来。在学生发言的过程中,我引导他们圈画文中关于老猎人的描写,去体会老猎人当时的心情,然后在此基础上引导学生思考作者写这篇文章的目的到底是什么?经过了前面的铺垫,学生对课文的内容已经不是浅层的理解,思路也已经被打开了。在几位学生交流了自己的想法后,我又为他们搭设了一个对话的平台,请他们和藏羚羊、老猎人、作者、编者进行对话。

以前,我们也总是强调在备课时不仅要备教材,更要备学生,但是往往真正在做的时候,却又总是只从自己的角度考虑,关心更多的往往是我要教哪些内容,而很少去研究在这节课中学生学习的兴奋点在哪里,障碍点又在哪里,缺少切实的研究,使得教师在教学过程中才发现自己的预想与学生的反应相去甚远,显然这样的教学设计会影响到课堂的教学效益。

(张婧.《藏羚羊跪拜》教案二[J].语文学习,2005(6).)

所以,如何根据学生的实际情况制定教学目标,选准角度进行教学设计,这些都需要老师们认真下功夫研究。

三、抓住关键问题设置

《勇气》是语文版教材七年级上册课文。它讲述的是一个发生在第二次世界大战后期，盟军在法国诺曼底登陆时的故事。一个美国伞兵被误投到了敌占区，他向附近的法国农妇求救。德军发现法国农妇家救助了那位美国伞兵，就枪杀了她的丈夫。美国伞兵被俘后设法逃了出来，走投无路时，再次折回，向法国农妇求救。法国农妇毫不犹豫地再次救助了他。三天后，诺曼底地区解放了，他得以重返部队，并被授予英雄勋章。

文章的情节发展可以用四个“两”来概括，即两次求救—两次救助—两次评价—两种勇气。文章的重点是对“两种勇气”的理解，难点是怎样认识“她是一个幸福的女人”。要引导学生进行深入阅读，把握重点，突破难点，就要在问题的设置上下功夫。经过深入思考，寇晓燕老师绕开了零碎、烦琐的无效提问，只设计了两个具有开放性和挑战性的问题：

案例 1-5:《勇气》

1. 美国伞兵两次向法国农妇求救，是偷生还是求生，这种行为称得上勇气吗？你如何理解美国伞兵的勇气？

2. 法国农妇为救美国伞兵，丈夫被敌人枪杀了。文中那位将军却说她是一个幸福的女人，你认为她幸福在哪里？

（寇晓艳.《勇气》教学设计[J].语文建设，2005(1).）

这两个问题设置的妙处是，第一个问题很容易引起两种不同观点的争论，而争论问题的过程恰恰能引导学生对课文的理解由表层转向深入。第二个问题的思索，可以使法国妇女的高贵品质得以凸显，从而让学生体会到信仰的力量。这两个问题都是具有内在牵引力和概括力的问题，既可以引导学生的认知过程，又可以简化教学头绪，提高教学效率。

四、不可忽视生成性

好的教学设计是通过教师与学生、学生与学生之间的多向互动，在相互交流、碰撞的循环流动中不断充实和完善的。

案例 1-6:《春》

《春》教学中,在探究文章语言表达效果这一环节,老师引导学生欣赏"小草偷偷地从土里钻出来,嫩嫩的,绿绿的",有学生质疑道:偷偷地从土里钻出来的小草是看不见的,怎么能说是绿绿的呢?另一学生补充道:我观察过,小草从土里钻出来时不是绿绿的,而是嫩黄的、淡黄的。老师:这个问题纠缠不清,我们不谈了。况且我们学习课文的任务也不是去考证。

(https://wenku.baidu.com/view/1aac77620622192e453610661ed9ad51 f11d5451.html)

这位老师没能根据课堂上学生参与讨论的生成性情况灵活改变教学思路。学生的问题,是老师在教学设计中没有考虑到的,学生能从名篇中提出质疑,难能可贵,但老师不仅没有及时将学生思维的火花引向深处,反而压抑了学生的思维。

下面来看一个成功的案例。

成都吴明平老师在讲《天上的街市》时,有位同学提问:诗歌的第一节、第二节可以交换一下位置吗?这是老师教学设计中没有考虑到的。怎么处理?吴老师没有回避这个问题,而是巧加引导:"这个问题提得好,说明这位同学动了脑筋。不过这个问题老师还没思考过,我们一起探讨一下怎么样?"学生通过热烈的研讨,提出了看法:诗人是由街灯想到明星,再由明星想到天上的街市的,如果把两节位置换了,就与思维过程不一致了。教师接着补充道:"这样写不但体现了诗人思路的清晰,而且也符合诗人的创作意图:从现实转向对理想生活的向往。"吴老师的处理使学生进一步感悟了课文、品味了语言,收到了原先教学设计没有想到的好效果。

语文教学设计的评价

本章小结

1. 语文教学设计是指语文老师运用系统方法，按照一定的教学目标和要求，针对具体的教学对象，对语文教学的整个程序及其具体环节所做出的行之有效的策划。

2. 语文教学设计要遵循目的性、综合性、整体性和本体性的原则。

3. 教学设计时主要应该考虑以下几个要素：教学对象、教学目标、教学内容、教学策略、教学评价等。

4. 语文教学设计的总体思路是：依据课程标准的理念—把握教学内容—分析学生情况—确定教学目标—设计教学环节—开展学习评价。

5. 工具性与人文性的统一是语文课程的基本特点。

6. 语文教学的四大理念是：全面提高语文素养；正确把握语文教育的特点；倡导自主合作探究的学习方式；建设开放而有活力的课程。

7. 教学目标表述时要考虑到：三个维度、ABCD 原则、表述顺序。

8. 教学过程的常规阶段是：引导、研读、运用等环节。

9. 好的教学设计应具有这样的四个特点：凸显语文学科的本质；从学生角度设计教学；抓住关键问题设置；不可忽视生成性。

讨论题

讨论题 1：

前不久听了一堂热闹的语文课。听完之后，我问执教老师："您这节课的目标是什么？"他却茫茫然不知所答。其实，这是一种普遍的现象。教学的过程不紧扣教学的目标，只顾着自己的精彩或学生的热闹，教学的效果可想而知。"过程就是目标"是相对的道理，但无目标的教学却违背了教学的规律。新课程标准设立的"知识和能力""过程和方法""情感态度和价值观"的三维目标是宏观的，也是微观的，课堂教学的目标应是具体清晰可操作的，特别是"知识与能力"和"过程与方法"。愚者"以其昏昏，使人昭昭"，智者"以其昭昭，使人昭昭"，作为教师应该有清醒的头脑。

……

问：请谈谈你对这段话的理解。拿出你的一个教学设计，看看教学过程是否紧扣教学目标来安排，如果做得不好，要怎样修改？

讨论题 2：

一位老师把《智取生辰纲》的教学目标定为“引导学生鉴赏杨志的人物形象”。上课时，教师在用几个步骤引导学生熟悉了课文之后，让学生围绕着“杨志为什么失败”进行小组讨论，学生的观点大致有这些：“部下无能说”“权力受制说”“对手强大说”“天意弄人说”“作者安排说”“内部矛盾说”“自掘坟墓说”“社会决定说”等。

问：你认为这位老师的教学过程是否围绕教学目标进行？为什么？

讨论题 3：

分析下面这个案例，这个教师教学目标设定有无问题？若有问题的话，要怎样调整？

某老师教学目标的设定为：

1. 引导学生了解课文内容，弄懂每个故事各自的内涵及它们之间的关系，并在此基础上，分清事情的前因后果。

2. 学会本课生字新词。

3. 抓住重点词句品读，体会文章感情，培养学生顾全大局、团结协作的品质。

4. 有感情地朗读课文。

本章测试

◆ 多项选择：

1. 语文课程的三维目标是(　　)

A. 行为与习惯　　B. 知识与能力

C. 过程与方法　　D. 情感态度与价值观

2. 语文课程的基本理念有哪些？(　　)

A. 正确把握语文教育的特点

B. 积极倡导自主、合作、探究的学习方式

C. 培养学生成为德智体美劳全面发展的人才

D. 努力建设开放而有活力的语文课程

3. 语文教学目标陈述的要素有(　　)

A. 行为主体　B. 作业布置　C. 表现程度　D. 行为条件　E. 行为动词

◆ 判断题：

1. 老师做教学设计时，不仅要认真备教材，还要分析学情。　　(　　)

2. 课后练习往往体现出本课的教学目标。　　(　　)

3. 教学目标的表述应该从学生角度来叙述和设计。　　(　　)

4. 语文老师做教学设计时,第一步要做的就是认真研读教学参考书。( )

◆ 填空题:

8. 设计指人们在正式做某项工作之前,根据一定的目的和要求,预先制订方案或安排,它是一项系统工作。从这个概念中,我们可以提炼出三个关键词:________、预先性、系统性。

9. 语文,简要来说,就是书面语言和________的合称。

10. 汉语音节界限分明,再加上声调高低和语调的抑扬顿挫,从而表现出较强的音乐性。这个特点决定了________是语文学习的基本方法之一。

11. 教学设计意义极为重大。相当于部队"实战"前的"作战方案",是教师实施课堂教学的________。

12. 教学设计必须为实现________服务。要做好语文教学设计,必须先弄清宏观的目标导向。

13. 综合性的原则,要求语文老师在教学设计时,有意识地变封闭型为____________,教学方法由单线式转为综合型,使语文教学多一些生活的气息。

14. 语文教学设计,必须是在本体性原则指导下的,充满________味的设计。

15. 教学设计是系统工程。这个系统必然包括许多要素。要素是教学设计不可或缺的主要组成部分。在进行教学设计时主要应该考虑以下几个要素:________、教学目标、教学内容、教学策略、教学评价等。

16. ________是国家意志的体现,是国家的教育方针、教育理念在课程设置、教材编写、教学和考试评价等方面的指导性文件。

17. ________是学习和发展的主体,教育领域的一切活动都是为了其发展。

18. ________与人文性的统一是语文课程的基本特点。

19. 课程标准提出要"积极倡导自主、________、探究的学习方式"。

20. 义务教育语文课程标准的五大板块是:识字与写字,阅读,写作,________,综合性学习。

◆ 简答题:

1. 你认为语文教学应抓住汉语的哪些特点施教才能取得更好的效果?

2. 怎样理解语文教学必须围绕"语文"这一本体来进行言语教学?

3. 语文教学设计主要应考虑哪些因素?

4. 怎样检测自己是否读懂一篇课文?

5. 确定教学目标需要考虑哪些方面?

6. 谈谈你对"工具性与人文性的统一是语文课程的基本特点"这句话的理解。

7. 怎样理解"听懂文字背后的声音",试举例说明。

推荐书目

1. 中华人民共和国教育部指定. 义务教育语文课程标准(2011 年版)[M]. 北京:北京师范大学出版社,2017.

(义务教育课程标准是教材编写、教学、评估和考试命题的依据,是国家管理和评价课程的基础,体现了国家对不同阶段学生在知识与技能、过程与方法、情感态度与价值观等方面的基本要求,它规定了语文课程的性质、目标、内容、框架及教学和评价建议。)

2. 余立新,缪佳芹,等. 语文教学设计[M]. 重庆:西南师范大学出版社,2014.

(这本书分为五个部分:原理阐释、基本技术、现实运用、理想创意和问题反思。重点是"现实运用",它按照语文课程标准的规定,设置了基础能力(义务教育阶段)和高级能力(高中阶段)。该书比较注重理论阐释和教学实际相结合,每章节都有案例分析和动手设计部分。)

3. 卢金明. 语文课程教学设计论[M]. 北京:光明日报出版社,2013.

(这本书分理论与实践两部分。理论部分四章,系统介绍了教学设计领域最新研究成果,旨在更新教学设计理念。实践部分六章,包括教学过程设计和语文教学领域设计两个板块。该书既有贴近教学实际的设计理论,又有丰富鲜活的设计案例,还有一些拓展性资源。)

第二章　阅读教学

学习要求

阅读教学设计是全书的重点，在日常教学中使用最为广泛。要求知道阅读教学的分类及其分类标准。了解课程标准对记叙文、说明文、议论文的教学要求，了解适合这些文章的教学方法，能够用新课程标准对这三类文体的教学设计进行评析。了解课程标准对文学作品（小说、诗歌、散文、戏剧）的教学要求，了解适合这些文章的教学方法，能够用新课程标准对文学作品的教学设计进行评析。了解课程标准对文言文的教学要求，以及适合文言文的教学方法，能够用新课程标准对文言文的教学设计进行评析。

阅读教学在初中日常教学活动中占据绝对的优势，语文教师正是通过一篇篇文章，提升学生语文能力。为论述方便，本章从实用文、文学作品和文言文三个类别来研究。

第一节　实用文

一、记叙文

（一）教学目的

义务教育语文课程标准对**记叙文**阅读教学的具体要求是：

1. 能把握记叙的要素和线索；
2. 理清记叙的顺序、倒叙及插叙的表达作用；

3. 弄清记叙的人称及表达作用；

4. 理清中心和材料的关系；

5. 了解详略安排的作用；

6. 能辨析记叙、描写、议论、抒情、说明等表达方式，理解多种表达方式的综合运用；

7. 能够从文章内容中体会作者的态度、观点和语言所表达的思想感情。

（二）教学方法

1. 目标导向法

按照《义务教育语文课程标准》（2011 年版）三个维度的目标逐层进行学习。

（1）知识与能力维度

课程标准要求：能够准确找到记叙文的六要素、把握记叙线索、理清记叙顺序。能根据要求筛选并整合文中的信息，归纳内容要点，提炼记叙文的中心思想，初步感受文章大意。

例如：林海音的《爸爸的花儿落了》一文，以英子的毕业典礼为线索。作者利用插叙的方式，时而记眼前之事，时而回忆往事，内容交错而不拖沓。文章交代了六件事。通过看似平淡的记叙与描写，学生初步感受到文章中表现出的两代人之间浓浓的亲情，以及父亲对"我"的爱。老师应该以教材为例子，引导学生找出这类文章的相关信息，进而理解全文。

（2）过程与方法维度

课程标准要求：能够根据需要，合理地运用默读、精读、略读等方法进行阅读。能够揣摩重点词句的深刻含义，在感受与品味语言的基础上阐述自己独到的见解。可以根据文章内容进行推理和想象。

要培养学生养成自主、合作、探究的学习方式。培养学生在理解课文内容的基础上，调动已有的知识储备，结合自己的生活体验，发表自己的见解。

还是以《爸爸的花儿落了》为例，教师可以要求学生在反复朗读的基础上分组进行精读训练。然后再次通读课文，学生根据自己的生活体验，交流讨论自己与父亲的感情，从而更好地体会文章的中心。

老师应该引导学生通过自读、自悟、合作、交流等多种方式来获取信息，提升精神品质。

（3）情感态度与价值观维度

课程标准要求：能从课文内容中体会出作者的态度、观点和语言所表达的思想感情。在综合理解文章思想感情的基础上，感悟文中的艺术形象和文本价值，并能对其进行分析和鉴赏。通过阅读和鉴赏，体会到博大精深的中华文化，陶冶情操，追求高雅情趣，提高文化品位和道德修养。

比如，通过对《爸爸的花儿落了》一文的学习，学生能够体会到文中“我”与父亲之间的情感，能够感受到父亲对“我”严厉的背后，透露出的是他对“我”浓浓的爱。在此基础上，学生可以借文中人物进行自我反思，梳理自己与父亲的关系，理解现实生活中父亲对自己严厉的目的。

2. 紧抓要素法

要素主要包括以下几点：

(1)要把握记叙文的六要素。记叙文是写人叙事、描景状物的文章，弄清记叙文的六要素，是深入理解课文的前提。

(2)要弄清楚记叙的线索。记叙文谋篇布局的一个重要手段就是文章的线索。线索可以把表达中心思想的材料串接起来形成一个有机的整体。要弄清记叙文各个段落、层次包括全篇的思想内容，就要设法找出文章的线索。

(3)要分清记叙的顺序。初中阶段学习的记叙文主要有三种顺序——顺叙、倒叙和插叙。

(4)要弄清记叙文的人称。记叙文一般多用第一人称或第三人称。第一人称是以“我”的口吻或角度展开叙述的。但“我”可以是文章中的主要人物，也可以是次要人物，甚至只是一个起穿针引线作用的小人物。

(5)要弄清记叙文的表达方式。记叙文往往以记叙为主，兼用描写、抒情、说明和议论等多种表达方式。

(6)要了解记叙文的语言特点。

总之，掌握好记叙文的这些基本要素，可以帮助我们更好地理解课文。

3. 凸显人文法

记叙文作为写人、叙事的文章，往往更容易流露出作者的情感。教师可以抓住人文性的特点，在记叙文阅读教学中给学生打好精神底子。

比如《走一步，再走一步》，告诉我们在人生路上，如何面对困难，并战胜困难。《紫藤萝瀑布》颂扬了向上不屈的人生态度，《我的母亲》歌颂了母爱的伟大，《我的老师》培养学生尊敬老师的良好品德等。这些课文让学生感受到人类最纯洁、美好的感情，从而利于学生的精神成长。

实用文之记叙文教学设计

(三)案例评析

记叙文可分为写人和叙事两类，下面阅读两则教学设计。

案例2-1：叙事类《从百草园到三味书屋》教学设计

从百草园到三味书屋

【学习目标】

1. 了解作者在百草园和三味书屋的生活状况，理解作者对童年生活的怀念和留恋。

2. 品味作者的成长历程，感悟成长。

3. 学习本文鲜活生动的语言。

【重点难点】

1. 了解作者在百草园和三味书屋的生活状况。

2. 初步了解“现在的成年的我”对童年生活的留恋和对现实社会的不满。

【教学过程】

一、复习旧知，导入新课

1. 回忆一下上学期学习过的鲁迅的《风筝》，从那篇课文里，你认识到一个怎样的鲁迅？

（小时候不许弟弟放风筝，也做过错事；勇于自我剖析，自我悔悟；是一个批判封建思想的斗士。）

2. 其实，鲁迅先生也有天真幼稚、富有童心的一面，今天我们来学习他的《从百草园到三味书屋》，认识一下童年的鲁迅。

二、检查预习，整体感知

1. 学生互相交流自己预习过程中积累的生字词以及初读课文后留下的印象。建议用“这是一篇________的课文”的句式说一句话。（这是一篇回忆童年的课文、这是一篇充满童趣的课文……）

2. 课文写了哪两个方面的内容，是怎样过渡的？（先写百草园，那是“我”童年的乐园；再写三味书屋，那是令“我”难忘的地方。中间用一个过渡段把两部分内容连接起来了。）

三、赏玩百草园，走进三味书屋

（一）赏玩百草园

1. 百草园究竟是一个什么样的园子？那儿有什么？它究竟有什么魅力，竟让作者几十年后仍然念念不忘，并写下这篇文章来回忆呢？今天就让我们借助作者的文字，和童年的“我”一起去赏玩百草园。要求把你和童年的“我”看到的事物、听到的声音、玩过的游戏记下来，然后向同学们介绍一下百草园。提示：

可以介绍百草园的某一处，例如："我喜欢百草园的泥墙根一带，那儿……"

可以介绍百草园的某一季节，例如："我喜欢百草园的春天，那时……"

可以介绍百草园的动植物，例如："我喜欢百草园的动物，那黄蜂……那叫天子……那蟋蟀……"或"我喜欢百草园的植物，那桑葚……那何首乌……那木莲……"

可以介绍百草园的某一事，例如："我喜欢在百草园里听阿长讲故事……"或"我喜欢在百草园里捕鸟…"

可以介绍百草园的色彩，例如："我喜欢百草园的艳丽色彩……"

可以介绍百草园的声音，例如："我喜欢百草园的美妙声音……"

2. 百草园的一草一木都那么有趣味，想象一下童年的"我"在百草园都会玩什么？体会"那时却是我的乐园"这句话。提示：

童年的"我"喜欢痴痴地看……

童年的"我"喜欢认真地听……

童年的"我"喜欢不停地拔……

童年的"我"喜欢努力地摘……

童年的"我"喜欢高兴地拍……

童年的"我"喜欢专心地捕……

(二)走近三味书屋

1. 私塾是我国古代私人设立的教学场所，在中国有两千多年的历史。它招收学童入学，以启蒙识字、四书五经为学习内容，十分重视对学生思想品德和生活习惯的教育，一般有严格的规矩。三味书屋是当时绍兴城里有名的私塾。鲁迅长大了，家里把他送到三味书屋读书了。"三味书屋"究竟是个什么样的地方？今天就让我们一起跟随童年的"我"走近三味书屋去探访一番。请认真阅读写"三味书屋"的部分，圈点批注，并写下你对三味书屋的认识。提示：

三味书屋的陈设……

三味书屋的先生……

三味书屋的教材……

三味书屋的规矩……

三味书屋的戒尺……

三味书屋的学生……

三味书屋的课堂……

三味书屋的后园……

三味书屋的乐趣……

2.与现代学校相比，你喜欢“三味书屋”吗？为什么？学生自由回答，说出喜欢或不喜欢的理由。

四、认识鲁迅，理解主题

1.通过学习本文，你看到了一个怎样的童年鲁迅，依据是什么？提示：

我看到了一个爱玩好动的童年鲁迅……

我看到了一个天真幼稚的童年鲁迅……

我看到了一个充满好奇心的童年鲁迅……

我看到了一个聪明好学的童年鲁迅……

我看到了一个热爱自然的童年鲁迅……

2.现在的成年的“我”回忆童年时期百草园和三味书屋的生活时有些什么感慨？找到文中写成年的“我”的心理的句子，体会作者的思想感情。

文章开头写道，百草园“现在是早已并屋子一起卖给朱文公的子孙了，连那最末次的相见也已经隔了七八年，其中似乎确凿只有一些野草”；结尾写道：“他（买‘我’的画儿的同窗）的父亲是开锡箔店的；听说现在自己已经做了店主，而且快要升到绅士的地位了。这东西早已没有了罢。”这两处完全是历经波折的成年人对物是人非、家道变故的感慨，对百草园、老屋、画儿有留恋，也有不幸易主的酸涩。

文中还有一处写道：“但直到现在，总还没有得到，但也没有遇见过赤练蛇和美女蛇。叫我名字的陌生声音自然是常有的，然而都不是美女蛇。”这是用调侃的语气，不动声色地对当时做人之险的揭露和批判。（要结合《朝花夕拾》的创作背景来理解这句话。）

3.关于这篇课文的主题，有多种说法，比较典型的有以下三种说法可供参考。你的观点是怎样的？

（1）用百草园的自由快乐衬托三味书屋的枯燥无味，揭露和批判封建腐朽、脱离儿童实际的私塾教育。

（2）用百草园的自由快乐同三味书屋的枯燥无味作对比，表现了儿童热爱大自然、喜欢自由快乐生活的心理，同时对束缚儿童身心发展的封建教育表示不满。

（3）通过对百草园和三味书屋的回忆，表现作者儿童时代对自然的热爱，对知识的追求，以及天真、幼稚、欢乐的心理。

提示：这三种说法都有一定的道理。但是（1）和（2）有政治化倾向之嫌，（3）最易为现在的人们所接受，最为合理。

五、学习写景之妙

1. 第二段写景有什么特点?

一是抓住了事物的特点,符合儿童的心理。例如写油蛉"低唱"、蟋蟀"弹琴",都是儿童特有的感受。二是形、声、色、味俱全,春夏秋景物皆备。三是层次井然,条理分明。先用两句"不必说……"写百草园的整体,再写局部的"泥墙根一带"。第一个"不必说"由低到高写植物,第二个"不必说"由高到低写动物。整体从植物写到动物,局部从动物写到植物。几种顺序配合来写,活泼多姿。

2. 仿写训练。让学生回忆自己熟悉的某一处景物,可以是校园一角、小区某处、房前屋后、田边地头等,抓住特点,按一定顺序写,为使语句生动形象,最好恰当地使用修辞手法。

六、总结

鲁迅先生用他敏锐的眼光和深刻的思想解剖了半殖民地半封建社会的中国国民精神,为唤醒麻木的国民而呐喊,给广大读者留下了冷峻、严肃的深刻印象。但从《百草园到三味书屋》来看,鲁迅先生的童年也曾天真幼稚,顽皮淘气。因此,伟人也有平凡的一面,鲁迅先生的文章并不都那么难。请同学们课后阅读他的《朝花夕拾》,你会更加全面地了解先生童年和青年时代的生活和思想。

(http://blog.sina.com.cn/s/blog_70e9de910102xhrv.html)

案例评点:

《义务教育语文课程标准》强调学生的主体性,尊重学生个体的见解。因此,教师在语文教学中要体现以学生为中心的理念,重视学生自己对教材内容的理解、体验和感悟,强调学生对学习过程的认知,鼓励学生就教材或现实生活中的问题发表自己的看法。这个教学设计非常好地体现了这个特点。比如,我喜欢百草园的……(景物);童年的"我"喜欢……(玩什么);(我看到了)三味书屋的……我看到一个……的童年鲁迅;这是一篇……的课文等。这些环节都给予学生充分的尊重,让他们畅所欲言,尽情谈出自己眼中、心中的百草园(三味书屋),把经典作品与自己的生活体验完好地结合起来。

案例 2-2：人物类《老王》教学设计

老　王

【学习目标】

知识和能力目标：

1. 学习把握人物形象、概括人物思想性格特征的方法。
2. 学习从朴素的语言中体会深沉的感情，领悟深刻的思想。

过程和方法目标：

通过品读法、探究法、拓展法等来体会文章的思想感情，提高阅读能力。

情感态度和价值观目标：

1. 体会“我”和老王的善良，领悟“我”的平等观念和人道主义精神。
2. 培养爱心、同情心，学会以善良体察善良、回报善良。

【教学过程】

一、导入

人力车夫

两个轮子\承载着全家的嘱托\车夫的背，压得微驼。
风里来，雨里去\一次次颠簸之后\熟记了城里的每一个坎坷。
夏天的汗滴\已凝结成严冬的寒霜\染得两鬓\一片斑白。
轮子始终在缓慢地旋转\终点又成了起点\怎么也量不尽眼前的路。
但车夫喜欢这样\有路就意味着——有了生活的希望！
生活有时也很简单：

一口干涩的馒头\一瓶浑浊的冷茶\一抔干燥的黄土

就能给自己的灵魂\带来永久的宁静。

（教师朗读这首诗）

同学们，想一想这首诗是写什么内容的？在平时我们往往对名人的一言一行非常的关注，可在我们的生活中，更多的却是普通人，你是否关注过这些平平凡凡、普普通通的人呢？今天我们所要关注的就是这样一位普通车夫的故事——老王。

二、作者简介

杨绛，生于1911年，本名杨季康，著名的作家、评论家、翻译家、学者，钱锺书夫人。祖籍江苏无锡，生于北京。著有散文集《干校六记》《将饮茶》，著名作品有《我们仨》等、小说《洗澡》，译有《堂吉诃德》。

《老王》是作者在“文化大革命”的背景下写的。当时作者与丈夫钱锺书也被下放到干校劳动锻炼去了。

三、整体感知：走近老王

请学生齐声朗读1～4自然段，作者向我们介绍了老王的哪些情况？从这些信息我们可以看出老王过着一种怎样的生活？（投影）

老师设计了一张个人基本情况表，请大家对这四段课文进行筛选和概括，填写表中的内容。

个人基本情况表

姓　名	
职　业	
家庭成员	
外貌特征	
家庭住址	

明确：地位卑微，谋生手段艰苦，孤独终老，有生理缺陷，生活艰难，居住条件恶劣。（穷苦、卑微、可怜）

小结：仅仅通过这张表，我们就可以看出老王的生活非常艰苦。

四、深入探究：品味老王

本文写于1984年，作者杨绛当时已是七十四岁高龄了，这么漫长的时间里，她一直记着老王，仅仅只是因为老王生活得很苦吗？（不是，是因为他老实、善良）

接下来，请同学们快速阅读课文的剩下段落，告诉老师：从第5段到第16段作者主要选取了老王的哪些事情来表现他的善良？不动笔墨不读书，请大家拿起笔在课文中划出作者描述的几件事情。

接下来请大家与自己前后左右的同学进行讨论交流，要求用尽可能简洁、精练的语言概括出课文所写的几件事情。

明确：(1)送冰。愿意给我们家带送冰块，车费减半。(2)送医。送钱先生看病，不要钱，拿了钱还不大放心，担心人家看病钱不够。(3)送货。将三轮车改装成平板三轮，并将三轮平板装上半寸高的边缘拉货。(4)送油、送蛋。受了人家的好处，总也不忘，总觉得欠了人情，去世前一天还硬撑着拿了香油、鸡蛋上门感谢。

老王是一个不幸而善良的人。(放映幻灯片)

小结：穷苦的人让人同情，穷苦而心地善良的人值得人尊敬、值得我们一辈子铭记。老王在贫穷中保存着一颗金子般善良的心，就是这颗善心，感动了你、感动了我、感动了我们大家！

“好文不厌百回读”，每读一回我们应该有不同的体会和更多的收获。下面，请同学们再读《老王》这篇课文，把那些最感动你的情节、给你印象最深刻的片段有感情地自由地朗读出来。在朗读时，请同学们抓住课文中一些意味深长的语句或词语，细细地反复地品味，想一想：这些内容为什么能拨动你的心弦？

学生读课文，想一想你选读的文字为什么会如此打动你的心？请大家采用下列句式：我认为文中最让我感动的事情是________________，因为__________________________________。

小结：这两个人物交往的过程中，有许多感人的情节，其中写得最详细、最感人又最能引起我们思考的是老王临死前一天给我送鸡蛋和香油，还有我对老王的怀念。大家可以看到，作者对老王这一人物形象的呈现是由粗线条的叙述到细腻的描摹，这是一个由表及里、由浅到深的过程。作者能够这样逐渐深入地表现人物，是因为她与老王的交往日益加深，由此可知，这篇文章的线索是——人物之间的交往。

老王之所以会这样善待“我”，是因为“我”也是一个善良的人。

思考：“我”的善良体现在哪些事上？作者对老王的态度如何？

(1)照顾老王的生意，坐他车；(2)老王再客气，也付给他应得的报酬；(3)老王送来香油鸡蛋，不能让他白送，也给了钱；(4)关心老王的生计：三轮车改装后，生意不好做，关切询问他是否能维持生活；(5)她的女儿也如她一样善良，送老王大瓶鱼肝油，治好他的夜盲症。

小结：老王是一个不幸而善良的人。同时他又是幸运的，因为他遇到了能够用善良体察善良，用爱心回报爱心的作者这样一家人。

五、体味情感:怀念老王

心地善良老实厚道的老王就这么去了,经常关注他的杨绛有什么样的感受?你是怎样理解她的感受的?

明确:与老王交往时,作者虽然也正遭受着不幸,但毕竟还有些钱,身边还有亲人和朋友,于是作者认为自己是一个“幸运的人”,而老王则是一个孤苦伶仃、心地善良的“不幸者”。人,生来本是平等的,但彼此境遇的不同就造成了“幸运”与“不幸”之别。一个社会总有幸运者和不幸者,作为幸运者只有关爱不幸者的责任,绝没有歧视不幸者的理由。作者杨绛就是一个有强烈责任心的作家,她创作了好些同情和关爱不幸的弱者的作品。杨绛曾经在她的一部作品的后记中明确指出:在我们的社会,文学创作毋须鼓吹嚣张、毋须宣张残忍、毋须吹捧权势,而要同情弱者、关注底层、表达人性的善良与关爱。(幻灯)

六、走出课文:关爱弱者

同学们,杨绛笔下的穷苦善良的老王是值得我们大家同情和关爱的。在我们现在的生活中,像老王一样值得我们同情和关爱的又何止一个老王呢?(播放弱势群体的组画)他们都是现实中的老王,他们拥有同一个名字——弱势群体!你们关注过他们吗?你们能发现他们的悲苦与善良吗?你们能细腻地把心中的情感表达出来吗?

下面,请大家联系自己平日的所见所闻谈谈你对一些贫穷的弱者、善良的不幸者的情感。

刚才大家都坦诚地表达了自己心中真实的情感。同学们,我们是幸福的,我们更是幸运的。作为幸运者,我们每个人都有责任去关爱所有的不幸者。虽然我们没有雄厚的财力,但我们有无限的爱,爱是人间的春风,爱是生命的源泉。请大家看这些镜头。(幻灯)爱是我们一次小小的帮助,爱是我们一个甜甜的笑容。我们应该像特雷莎修女一样,(幻灯)用伟大的爱去做一些细小的事情,即便是一句鼓励的话,即便是一个关爱的眼神,都能让世界美起来,让人生好起来!

七、课堂总结

今天,非常高兴与大家在一起共同学习了杨绛先生的《老王》这篇课文,对老王既同情又感动,送同学们一句话:一个幸运的人对不幸者当常怀关切之心。眼泪要为别人的悲伤而流;仁慈,要为善良的心灵而发。“常常爱惜”,去关照周围,感化周围,直至每一个人的脸上都挂起一片不落的灿烂!(幻灯)

八、作业

1.仿句:爱心是一片洒落在旱地上的甘霖,使心灵枯萎的人尝到情感的甜美。

爱心是一首飘荡在夜间的歌谣,使孤苦无依的人获得心灵的慰藉。

爱心是____

爱心是____

2. 请拿起你的笔，把发生在你周围的“爱”的故事真实地描述出来，让“爱”的主题永驻人间，让人们体会到人间的那一份真情吧！

九、板书设计

老　王

杨绛

不　幸　者

善良体察善良

爱回报爱

幸　运　者

（https://wenku.baidu.com/view/06b5c8cd4793daef5ef7ba0d4a73027 68e996f0c.html）

案例评析：

这个教学设计有很多值得借鉴之处。

首先，教师综合运用多种教学方式，比如，有学生个人快速地筛选和概括，填写个人基本情况表；有小组合作，共同完成文中写了哪几件事；有个性化解读，要求学生找出并朗读“文中最让我感动的事情是……”。

其次，能够让语文教学走出课文，与生活结合起来。比如“走出课文，关爱弱者”环节，和作业设计“写出发生在你周围的‘爱’的故事”，达到学以致用的目的，让学生也自觉成为一个良善之人。

最后，板书设计值得称颂。短短几十个字，概括出老王的人物形象，中间一个醒目的大大的爱心，上下两头的“善良体察善良”“爱回报爱”更是再次点明主题，完美地诠释了课文内容。

二、说明文

说明文是以解说事物，阐明事理，传播知识为目的的一种文体，它具有知识性、科学性、客观性的特点。

（一）教学目标

义务教育语文课程标准对**说明文**阅读教学的要求如下：

1. 通过比较能够区分说明性文本的文体特征；
2. 能够阐述说明对象及特征，知道说明事物要抓住事物的特征；
3. 能够准确区分说明性文本的说明顺序、说明方法、说明语言；
4. 能够迅速地捕捉说明性文本的要点信息；
5. 能够用说明性语言准确形象地说明某个事物；
6. 能够体会说明性文本所蕴含的基本情感趋向。

（二）说明文教学方法

1. 图表导学法

图表导学法是说明文教学的常用方法，它是指运用图片、结构框架图或表格等具体的教学形式，引导学生把握学习内容，使抽象的、复杂的内容一目了然的教学方法。

例如，人教版八年级语文教材中《说屏》一课的教学，教师可以指导学生设计一份《“屏”的说明书》，教师指出要罗列的条目：“名称”“种类”“功能”“特点”“适用范围”等，学生从文中找出相关内容来填写。这样学生很容易就掌握了课文的内容。

有的说明文内容比较复杂，可以指导学生列出课文结构图，理出说明的内容、条理、方法等。

总之，用图表导学法进行说明文教学，不仅可以帮助学生清晰地理解课文各部分内在的联系，掌握科学知识，而且可以训练学生的逻辑思维，提高其阐明事物的能力。

2. 直观演示法

说明文涉及的知识面极广，学生对这些内容若没有感性的认识，往往是不能领会的，所以有时老师要进行直观教学。

比如《中国石拱桥》一课，老师在课堂教学时，可以与学生一起用纸板叠制成单拱、连拱、双曲拱桥等模型，并结合这三个模型的制作分别讲解它们的结构、功能等特点，学生就更容易理解。

3. 比较分析法

比较分析法，是指结合说明文选编的教学重点，从不同角度引导学生进行比较分析，以深刻把握说明文文体特征的一种教学方法。

比如说明文语言的生动性和平实性的比较，比如说明文语言准确性、严谨性，与记叙文语言模糊性、含蓄性的比较等等。

还是以《说屏》这一课为例，老师首先运用表格导引的教学方法，让学生初步感知文本的内容，在学生了解大意以后，提问：说明书的语言文字与这篇课文的有何不同？引导学生在比较中体会引用诗词、描摹状貌等说明方法的妙用，并谈谈对自己写说明文的启发。然后布置作业，让学生运用这种说明方法，写一个片段，介绍自己最喜欢的一件生活用品。

在这样的螺旋渐进式的探索活动中，学生既了解了文本所传达的有关“屏”的知识，又明白了生动说明和平实说明的特点，最后学以致用。这样教说明文，学生就会有收获。

4. 归纳探究法

对于那些内容不太深奥，专业性不太强的说明文，可以由老师将课文的要点先作提示，学生梳理，然后师生共同归纳探究，进一步认识所说明事物的本质或特征。

比如《动物游戏之谜》整体感知的教学环节，教师引导学生围绕下列问题理清文章的结构：

(1)文章开头列举了哪些动物游戏的事例？

(2)科学家认为动物的游戏有几种类型？

(3)科学家对动物游戏的研究取得了哪些成果？

(4)文章最后对动物游戏之谜下结论了吗？

结合这些问题，让学生进行信息组合。最后，概括提炼出结构图示。这既让学生感知了文本内容，又训练了他们的组合信息，概括信息的能力。

5. 趣味活动法

老师可以适度开发适合选编课文的趣味活动，使学生在主题活动中掌握知识，锻炼能力。

例如介绍景观的说明文，就可以组织学生进行一次自主导游活动，介绍物件的说明文就可以组织学生进行一次物品推销活动等。

总之借助不同的趣味活动进行说明文教学，不仅能够改变以往说明文教学一味灌输知识的尴尬局面，更能促进学生自主学习的能力。

需要注意的是，上述几种说明文教学的方法并非各自独立，而是相互促进，共同发展的。许多时候还会交叉使用。只有在把握说明文教学目标的基础上，进行科学合理的设计，选择合适的教学方法，才能有效发挥学生的主体作用。

实用文之说明文教学设计

（三）案例分析

案例 2-3：《中国石拱桥》教学设计

中国石拱桥

【教学目标】

1. 明确说明对象，了解中国石拱桥的特征。
2. 把握文中综合运用的多种说明方法，体会它们的作用。
3. 了解本文的说明顺序与段落的内部结构，理解作者的行文思路。
4. 把握说明语言的准确性特性。

【教学过程】

一、导入新课

有这样一个人，他在十岁那年，亲眼看见了家乡的文德桥倒塌而砸死淹死许多人的事故，他内心震动，立下了桥梁梦：长大后，我一定要造出最坚实的桥！伟大的梦想引领着他，他果真干出了一番大成就，他主持设计的钱塘江大桥，是我国第一座由中国人自己设计的铁路公路两用桥；他参加了新中国第一座现代化大桥——武汉长江大桥的建造。他就是中国桥梁之父——茅以升。今天，我们就学习茅以升所写的说明文——《中国石拱桥》。

二、教学新课

目标导学一：朗读课文，明确说明对象

1. 默读课文，思考：本文的说明对象是什么？其总体特点是什么？

明确：本文的说明对象是“中国石拱桥”。特点：形式优美、结构坚固、历史悠久。

2. 根据课文内容，说说赵州桥、卢沟桥在哪些方面体现了上述特征。

明确：

	赵州桥	卢沟桥
形式优美	初月出云，长虹饮涧	卢沟晓月、两旁石柱上不同姿态的狮子
结构坚固	1300多年了，还保持着原来的雄姿	两岸河堤常被冲毁，卢沟桥却极少出事
修建时间	公元605年左右	公元1189—1192年

目标导学二：整体感知，理清说明顺序

1. 阅读第一、二自然段，思考：这两段分别写了中国石拱桥的什么特点？为什么开头两个自然段写一般石拱桥的特点？

明确：第一自然段一连几处以虹喻桥，写石拱桥的形式优美，可以引起读者的联想，激发阅读兴趣。第二自然段写石拱桥的结构坚固，这是石拱桥的又一特点。这两个特点是石拱桥的一般特点，为下面写中国石拱桥做了铺垫，自然过渡到写特殊的石拱桥。这是由一般到特殊的顺序。

2. 默读第四、五自然段，列出层次表，讨论：作者是按怎样的顺序写赵州桥的？

明确：第四自然段写赵州桥的地理位置、建造时间及新中国成立后的修整。第五自然段首先介绍赵州桥的长度、宽度、设计施工的精巧以及古人的赞誉。接着从四个方面（结构巧妙；造型优美，用料节省；结构坚固；结构匀称，与四周景色和谐配合）说明其特点。从这个层次可以看出作者在说明赵州桥时，运用的是从概括到具体的顺序。

3. 指名朗读第六自然段，教师强调“桥长……11个半圆形的石拱……每个石拱……每两个石拱之间有石砌桥墩”等语句，这一部分写卢沟桥是按什么顺序？

明确：由整体到局部。

4. 要求学生在课文中依次找出所写的桥名及建成时间，并说说这是按照什么顺序说明的。

明确：旅人桥大约建成于公元282年；

赵州桥：建于公元605年左右；

卢沟桥：建于公元1189到1192年间；

江东桥：修建于800年前；

长虹大桥：建于1961年；

双曲拱桥：建于新中国成立后。

按照时间先后顺序说明。

5.综观全文,本文在安排说明顺序上有哪些特点?

明确:本文在安排说明顺序时,是由一般到特殊;写赵州桥是先概括后具体的顺序;在说明卢沟桥桥梁的结构时,是由整体到局部的顺序;有关桥梁历史发展的说明则以时间先后为顺序。这样写,可以使文章层次分明、条理清晰。

目标导学三:细读课文,分析说明方法

1.本文运用了多种说明方法,你能找出并说说它们的作用吗?

明确:(1)打比方。如“石拱桥的桥洞成弧形,就像虹”“桥洞不是普通半圆形,而是像一张弓……”用“虹”“弓”作比,突出了石拱桥形式上的基本特征,富有形象性。

(2)举例子。作者为了说明中国石拱桥的特点,列举了赵州桥和卢沟桥两个例子。赵州桥是独拱石桥的代表,卢沟桥是联拱石桥的代表,且两座桥都闻名世界,例子具有代表性、典型性,令人信服。

(3)分类别。如赵州桥:“这座桥的特点是:(一)全桥只有一个大拱……(二)大拱的两肩上,各有两个小拱……(三)大拱由28道拱圈拼成……(四)全桥结构匀称……”分类说明,条理分明,使读者对赵州桥的结构特点有了完整而清晰的印象。

(4)引资料。如引用《水经注》里的“旅人桥”,说明我国石拱桥历史悠久;引用唐朝张嘉贞的话“制造奇特,人不知其所以为”,说明赵州桥设计施工的精巧;引用唐朝张鷟的赞语“初月出云,长虹饮涧”,说明赵州桥形式优美;等等。这些引用增强了文章的说服力和感染力。

(5)列数字。如“赵州桥非常雄伟,全长50.82米,两端宽9.6米,中部略窄,宽9米”,通过确凿的数据,准确地说明了赵州桥的规模,给人以准确鲜明的印象。

(6)作比较。如“永定河发水时,来势很猛,以前两岸河堤常被冲毁,但是这座桥却极少出事……”以卢沟桥与两岸河堤相比较,充分说明了卢沟桥十分坚固。

(7)摹状貌。“这些石刻狮子,有的母子相抱,有的交头接耳,有的像倾听水声,有的像注视行人,千态万状,惟妙惟肖”,运用摹状貌的说明方法,生动形象地描绘了石刻狮子的各种情态,突出了卢沟桥形式优美的特点。

目标导学四:揣摩语言,把握说明效果

为了准确地说明事物,说明文很讲究用语的分寸。请品味下面的语句,回答括号内的问题。

1.石拱桥在世界桥梁史上出现得比较早。(“比较”一词去掉行吗?)

明确:不行,“比较早”程度较轻,是与其他桥梁比较而言的,这样表达比较准确。

2.这种桥不但形式优美,而且结构坚固。(“不但”“而且”能否删去?“结构坚固”“形式优美”能否调换顺序?)

明确:“不但”“而且”不能删去,如果删去,它们之间的关系就变成了并列关系。先说外观,再说功能,符合人们的认识逻辑。并且对于桥说,其实用价值远远重于形式,所以二者不能调换顺序。

3.《水经注》里提到的“旅人桥”,大约建成于公元282年,可能是有记载的最早的石拱桥了。(“大约”“可能”“有记载的”有什么表达效果?)

明确:“大约”“可能”都表示不确定,只是推测的情况。“有记载的”使话语的根据更具可靠性。

4.我国的石拱桥几乎到处都有。(“几乎”去掉行吗?)

明确:不行,“几乎”强调了石拱桥分布范围广,但并不排除有的地方没有石拱桥的可能。

5.(赵州桥)全桥只有一个大拱,长达37.4米,在当时可算是世界上最长的石拱。(“当时可算”有什么表达效果?)

明确:“当时”是从时间上限定,“可算”是从程度上限定。这样才更符合实际情况。

6.①赵州桥非常雄伟,全长50.82米。②(卢沟桥)桥宽约8米。(两句对比,你发现了什么?)

明确:两句对比,可以发现作者严谨的科学态度。一座50多米长的赵州桥,能精确到0.01米,这是多么准确的说明。“约”表示卢沟桥的桥宽不是刚好8米,这体现了作者实事求是的写作态度。

教师小结:说明文的语言有准确、严密的特点,从以上例句可以发现:本文使用数字准确;没办法用准确数字的,就用表示估计的数字;对暂时还无法肯定的意思,就用表示推测的语言表达;恰当地使用限制性的词语,使表达的意思更准确。因此,我们学习说明文语言,最重要的就是要抓住“准确”二字。

目标导学五:拓展延伸,个性表达想法

文章以赵州桥和卢沟桥为例,具体说明了中国石拱桥形式优美、结构坚固、历史悠久的特征,以及新中国成立后的新发展,赞扬了我国劳动人民的聪明才智和社会主义制度的优越性。从课文最后一个自然段可知,在短短的几十年里,我国的桥梁事业已取得了辉煌的成就,我们应该感到骄傲和自豪。对此,你想说些什么呢?

【教学提示】

教师可推荐学生观看纪录片《厉害了，我的国》，引导学生关注中国在当代桥梁建设事业中的重大突破，培养学生的民族自豪感。

中国石拱桥
- 说明对象——中国石拱桥
- 事物特征——形式优美、结构坚固、历史悠久
- 说明顺序——一般到特殊、概括到具体、整体到局部、时间先后

(https://wenku.baidu.com/view/48cfe202f56527d3240c844769eae009 581ba2ca)

案例评点：

这则教学设计最大的优点在于以目标为导向进行教学。目标明确，重点突出。《中国石拱桥》是篇说明文，教学目标自然应该是让学生初步了解说明文，包括说明方法、说明顺序、把握说明对象特征，了解说明文语言特点，因此，教师在课堂教学设计时，紧扣教学目标，由浅入深，循序渐进，让学生清楚地认识说明文文体特征。在目标导学二环节，教师用问题层层推进，引导学生总结出全文的说明顺序，整个过程行云流水，干净利落。

三、议论文

议论文是运用逻辑方法阐述作者见解或主张的一种文体，议论文的思想内容是作者用论点的形式表现出来的，议论文的学习能够有效地训练学生的逻辑思维。

(一)教学目标

义务教育语文课程标准对**议论文**的教学要求如下：

(1)对论点的辨析、判断、提取、归纳；
(2)对论据类型的认识分析；
(3)对论证方法的辨识理解；
(4)对论证结构的清理划分；
(5)对文或段的结构进行理解或划分，快速辨识文或段的中心句、关键句；
(6)对文和段的一些表达手法的理解，如语言特色、比喻论证、正反论证等；
(7)对文和段的思想内容的分析、概括；
(8)结合文章内容谈自己的看法或感想。

(二)教学方法

1. 削枝强干法

议论文教学必须简明,在整体感知环节,先略去那些不能直接论证中心论点的、润色的文字,抓主干,让学生弄清楚议论文最基本的构成要素。以《应有格物致知精神》一课为例:

案例 2-4:《应有格物致知精神》

1. 论点:应该有格物致知的精神

2. 论据:

(1)事实论据:

王阳明观竹失败的例子,中国学生高分低能的例子(正面论证)

实验研究竹子性质的例子,作者自己在美国的例子(反面论证)

(2)道理论据:两处引《大学》中的句子。

3. 结论:强调格物致知的真正意义,并对中国一代人提出希望。

用这种形式列出的提纲,不仅有利于学生理解议论文的三要素,而且对理清论证思路,培养条理性,都有很大帮助。

2. 纲举目张法

议论文阅读教学重要的是加强思路教学,让学生懂得顺着作者的思路,摸清文章的脉络。

正如叶圣陶所说,"顺着作者的思路走"。文章一共有几段,每段说明什么问题,每段又可以分成几层,这样归纳起来看中心是什么。

阅读议论文是从句——段——篇的过程,而读完一篇议论文后,心中就要对这篇文章有个整体认识。在此基础上再进行教学,指导学生自己拟提纲。学生一旦学会归纳总结,就能抓住纲了。

案例 2-5:鲁迅《中国人失掉自信力了吗》

第一步,先摆出对方的三个错误论据。

第二步,分析对方的论据不能证明对方的论点,从而指出其论证过程的不成立。

第三步,摆出另一面的论据,提出正确的"我们有并不失掉自信力的中国人在"的论点,间接反驳对方的论点。

作为一篇驳论文，这篇文章观点明确，逻辑结构清晰。

3. 选点突破法

一般来说，议论文的教学目的比较明确，用选点突破法可以着眼于整合和优化课文内容，从文本特点和教学重点出发，选取合适的突破点，从而达到“一课一得”的效果。

如在做《在马克思墓前的讲话》的教学设计时，为了突破本课的一个重点，体会语言的准确、深刻、严密，可以选择几个句子作为突破点。

案例 2-6：《在马克思墓前的讲话》

1. “这个人的逝世，对于欧美战斗的无产阶级，对于历史科学，都是不可估量的损失。这位巨人逝世以后所形成的空白，不久就会使人感觉到。”为什么限于“欧美”，不说“全世界”？“历史科学”跟通常说的历史学是否相同？

2. 为什么在“物质生活资料的生产”前面又加上“直接的”这个定语？

3. 为什么前面提到“政治、科学、艺术、宗教”四项，后面提“国家制度、法的观点、艺术以至宗教观点”，“科学”不见了？

4. “他可能有过许多敌人，但未必有一个私敌。”“私敌”和“敌人”有何不同？

通过选取文中这几个句子作为突破口，一方面使学生明确这些难句的内容，另一方面也教会学生从科学缜密的语句中挖掘出深刻的含义。

实用文之议论文教学设计

（三）案例评析

案例 2-7：《谈骨气》

钱梦龙老师首先拿来网上一篇对吴晗《谈骨气》有不同看法的争议文章，引发学生的思考兴趣。

有人在网上发表文章，对吴晗的《谈骨气》提出不同的看法，不妨先来看看那篇文章说了些什么：

近日查检以前的书时，不经意地翻到了初中语文课本中选入的吴晗的《谈骨气》。……又读了一遍这篇文章，我没有再次感受到什么“爱国主义”的豪情壮志，……吴老先生一开始就像一个天真的小学生似的写道：“中国人是有骨气的。”请问：“难道那么多中国人都是有骨气的吗！”答案不说也知道。为了支持论点，吴老先生搬出了那个“不食嗟来之食”的乞丐，宁死不屈的文天祥和横眉怒视国民党反动派的闻一多，我真为这三个不屈的灵魂感到不值。人家不屈，说明人家的人格高尚，凭什么拿人家高尚的精神往那些麻木的人，那些坐享其成的伪君子的脸上贴金？还说这是“中华民族的传统”……说吃饺子是一个民族的传统有人信，可硬把“有骨气”当成所谓“传统”塞到本国、本民族的腰包里，稍明智一些的人都会嗤之以鼻的。这与中国封建统治者宣扬的“四海之内，莫非王土，率土之滨，莫非王臣”的妄自尊大有何区别呢？……

这位作者对《谈骨气》的批评究竟有没有道理？老师没有“标准答案”。现在请同学们暂时把这些批评意见放在心里，慢些下结论，先按常规读懂、读好课文，然后再对这篇文章的是非做出自己的判断。相信这个问题会引起同学们思考的兴趣的。

一、按“什么”“怎样”“为什么”整体解读课文。学生发表意见。

先让学生找出文章的中心论点。

……

师：……作者是怎样论证这个观点的。

……

生：我有一个问题，作者所列举的三个人物，如果按年代先后排列，应该是：饥饿之人、文天祥、闻一多。但作者却没有这样排列，为什么？

师：问题提得很好。谁能回答？

……

二、学生就“为什么”的问题展开讨论（作者为什么要这么论证）。

师：经过上面的讨论，同学们已从整体上理解、把握了全文内容，还找到了课文涉及的一些资料。这是阅读的第一步工作，大家完成得很好。

下面大家再细读文章，请在关键处问个“为什么”，这样也许会把本来较“浅”的文章读出点“深”意来。

生：我提个问题：作者为什么要把饥饿之人作为“贫贱不能移”的例证？我认为与其以饿人为例，还不如用朱自清的事例好。理由是：1. 文中的另两个例证（文天祥和闻一多），都是有名有姓的真实人物，饥饿之人却无名无姓，也许只是寓言中虚构的人物，夹在中间似乎有些不大相称；2. 朱自清的生活年代离我们很近，事迹真实可信，对读者更有教育意义。

师：这个问题很有讨论的价值，请大家发表高见。

（不少同学赞成把饥饿之人的例子换成朱自清）

生：……毛泽东在《别了，司徒雷登》一文中谈中国人的骨气，举的就是闻一多和朱自清的例子，如果吴晗也举同样的两个人为例，那不是有抄袭的嫌疑了吗？

生：说吴晗抄袭，说得太严重了，但我认为这篇《谈骨气》至少是一篇没有什么创见的文章。如果把它和毛泽东《别了，司徒雷登》中的那段文字比较一下，就会发现《谈骨气》从论题的确定、论点的提出到论证的整个思路，都是“借用”别人的。

师：我真为同学们眼光的敏锐性高兴！中国过去的文人写文章，有个很坏的“传统”，叫作“代圣人立言”，自己没有思想，写文章只是为了阐发圣人的言论。这篇《谈骨气》也不能不带有这样的烙印。不过我相信，吴晗如泉下有知，一定会以学者的宽大胸怀，为同学们这种独立思考的精神和敢于向名家挑战的勇气而暗暗喝彩的。

这里顺便向同学介绍一点有关吴晗的情况。

……

三、就网上的批评文章进行讨论

师：下面请同学们就那篇网上的批评文章谈谈看法。

（学生发表看法。多数同学赞同批评文章的观点，认为“我们中国人是有骨气的”这句话是有不严密的毛病，因为中国人有好有坏，不能一概而论；少数同学认为这句话中的“中国人”显然并不指所有的中国人，这是不言而喻的，吴晗是位著名学者，不可能犯这样的“低级错误”。两种观点，都能言之成理，各不相让。他们都希望老师“给个说法”。）

师：看来，同学们的分歧主要集中在对“中国人”这个概念的理解上。我不想当裁判，只想提供一点资料，究竟谁是谁非，请同学们自己拿主意。

鲁迅有两篇选进高中语文课本的文章，也都说到了“中国人”，对我们判断是非也许有帮助：

1. 一篇是《记念刘和珍君》“我向来是不惮以最坏的恶意，来推测中国人①，然而我还不料，也不信竟会下劣凶残到这地步。”

2. 另一篇是《中国人②失掉自信力了吗》。

文中有这样一些句子：“我们从古以来，就有埋头苦干的人，有拼命硬干的人，有为民请命的人，有舍身求法的人……这就是中国的脊梁。……要论中国人③，必须不被搽在表面的自欺欺人的脂粉所诓骗，却看看他的筋骨和脊梁。”

师：鲁迅的文章中用到了三个“中国人”，请同学们比较一下，三者所指的对象是一样的吗？然后再回到我们刚才讨论的问题上，看能不能取得一点共识。

……

师：这几位同学说得真好！我同意你们的分析。“我们中国人是有骨气的”这句话中的“中国人”，指的正是堪称“中国的脊梁”的那一部分优秀的中国人，正是在他们的身上体现着中国人的骨气。再从语文知识的角度说，这里其实有一种修辞现象：整体和部分可以互代。吴晗的文章中是用表示整体概念的“中国人”代替一部分中国人。这在修辞学中叫作“借代”。

(https://wenku.baidu.com/view/47e77a40250c844769eae009581b6b d97e19bc47.html)

案例评点：

1. 一线串珠，整体把握

案例是节选部分，教师按“什么，怎样，为什么”的教学步骤，让学生整体解读课文，可谓思路清晰，教学目的明确。这样既体现了议论文的教学思路，又符合学生的认知规律。

第一步，让学生思考作者提出了什么观点？

第二步，讨论作者是怎样论证这个观点的？

第三步，学生就为什么的问题展开讨论。

学生明确了这三个事例的典型性，就从作者的角度理解了选用这些例子的原因。整个教学过程一气呵成，既落实了教学目标，又锻炼了学生概括分析的能力。

2. 利用材料，适度延伸

《谈骨气》这篇课文，从内容、结构角度来看，没有多少值得咀嚼的东西，为了激发学生学习的兴趣，老师引入了容易引起争议的材料，以适当增加学习的难度。老师找来网上的文章，网上的观点认为吴晗的观点失之偏颇，把某些中国人的骨气说成是所有人的骨气，是往那些败类的脸上贴金，这一对立的观点极大地激发了学生探究的兴趣，学生纷纷表达自己的观点，这个时候老师又及时地提供鲁迅先生的《中国人失掉自信力了吗》的相关内容，让学生明白，文中的“中国人”只是个特定的概念。

从教学的实施过程来看，互相对立的观点引起了学生寻求正确答案的热情，在思辨过程中不仅锻炼了学生的思维能力，也培养了他们的兴趣，使课堂教学达到了预期的效果。

3. 不拘一格，大胆质疑

议论文有着严密的思辨性，学习议论文能很好地锻炼学生独立思考的能力，能培养他们提出不同见解的勇气。

例如有学生提出“作者为什么要把饥饿的人作为贫贱不能移的例证？”认为还不如用朱自清的事例好，并阐述了两点理由。面对学生大胆的质疑，老师并没有直接否定，而是及时地让学生参与讨论。在整个教学过程中，教师始终是个引导者，没有按常规搬出标准答案，而是热情地赞扬学生敢于向权威挑战的勇气，肯定学生独特的见解，真正体现了以学生为主体的教学理念。

案例评析议论文

案例2-8:《事物的正确答案不止一个》教学设计

事物的正确答案不止一个

【学习目标】

1. 理清“事物的正确答案不止一个”的思维方式与创造性思想、创造力之间的关系。

2. 初步了解议论文的基本常识:明确议论文的论点、事实论据、举例论证的方法。

【教学课时】

1课时

【教学课型】

精读课

【教学过程】

导入:同学们,课前我们做个数学游戏:用5、6、3、3四个数字通过加、减、乘、除的运算得出24这个结果,每个数字只能使用一次。大家看看能有几种算法?

学生很快找到了五种不同的算法。于是教师自然引出要学习的课文。

板书:事物的正确答案不止一个

教学板块一:浏览课文

1. 学生默读课文思考:作者要告诉我们什么?

学生发言可能有二(一是事物的正确答案不止一个;二是不满足于一个答案,不放弃探求,这一点非常重要。)“不满足于一个答案之所以重要”的根本在于事物的正确答案不止一个。

2. “事物的正确答案不止一个”是作者的看法,也是文章的中心论点。在文中是如何被提出的呢?

3. 学生讨论:作者为什么在文章开头不直接提出,而是从一道选择题开始呢?

(明确:怎样提出作者的观点,取决于观点是否容易被读者所接受。容易被读者很快接受的观点可直接提出,而那些不容易一下子被读者接受的观点,作者往往选用生动形象,能增强文章趣味性、引起读者阅读兴趣的方式提出。)

4. 学生思考:既然事物的正确答案不止一个,那么怎样才能寻求解决问题的其他方法呢?(板书:有赖于创造性思维)

教学板块二:细读课文

1. 学生快速查找,针对创造性思维,作者提出了几个问题?

(明确:主要有三个问题,可按学生的回答顺序来调整)

2. 学生思考:既然寻找解决问题的其他方法有赖于创造性思维,那么创造性思维有哪些必需的要素?(板书:渊博学识、活用知识、持之以恒)

第4小节的最后这个问句用在这里好不好?为什么?

(学生讨论后明确:议论文常用设问句。作用:提醒注意、引起思考、突出内容,在结构上起引出下文作用,使文章结构紧密,条理清楚。)

3. 为了证明创造性思维所必需的这三个要素,举了哪些事例?

(提示:用一句话概括事例,要简洁明了,包括什么人、什么事。)

概括第7小节约翰·古登贝尔克事例后明确:该事例用于证明"创造性思维必须有探求新事物并为此活用知识的态度和意识"。

为什么选用这个事例来证明观点呢?

(学生讨论得出:选取具有代表性和针对性的事例来证明观点,为文章增强说服力和可信度。)

4. 补充资料第8小节的罗兰事例,学生明确该事例所阐述的观点。

罗兰·布歇内尔,美国实业家。20世纪60年代进入盐湖城犹他大学工程系。经常喜欢在学校机房玩电子游戏的他当时就设想:如果在计算机上开了装硬币的槽,那他很快便可成为百万富翁。1971年,他耳闻目睹了惠普、英特尔的创业故事想创业,但有妻儿家小,不敢纵身下海。于是,白天在公司上班,晚上便在狭小的家中设计他的游戏机。他的游戏机从构想到实验再到最后批量生产,用了近10年的时间。第8小节罗兰的事例用于证明"创造性思维除了要运用知识之外,更要有持之以恒的尝试"。

教学板块三:品读课文

1. 以上创造性思维必需的三要素,同学们觉得也没什么特别。那么创造性思维是否任何人都具备呢?

学生可能回答:只有自信的人

学生可能回答:只有注意观察的人

学生可能回答:只有抓住灵感的人

……

教师追问:从文章哪些地方可以看出呢?

引发学生抓住文本、阅读讨论。

学生最后明确:任何人都拥有创造力。

板书:任何人都拥有创造力。

2. 创造力对于名人而言是不是轻而易举地获得的呢？

学生在文中找到答案：名人创造性的灵感往往产生于这样的过程："关注极其普通、甚至一闪念的想法，并对它反复推敲，逐渐充实。"

3. 既然同学们觉得这个很重要，那么我们就以"关注极其普通……充实"为观点，补充一个事实论据。

（明确方法：选取最具代表性的名人名事＋紧扣观点的简要评论。）

教师示例：

一位年轻画家为创作动物卡通绞尽脑汁，突然想起当年地下室里那只夜夜爬到他画板上跳跃的小老鼠，并以此为基础创作了史上最伟大的动物卡通形象——米老鼠。沃尔特·迪士尼的灵感如同暗夜的一道光芒，给他穷困潦倒的人生带来了巨大的转机和财富。可见，灵感只青睐那些勤于思考、反复琢磨的头脑。

（学生将自己补充的事实论据在小组内交流后，每组推荐一个。）

4. 拓展提升训练。

5. 教师评说总结、名言勉励，全课收束。

板书：

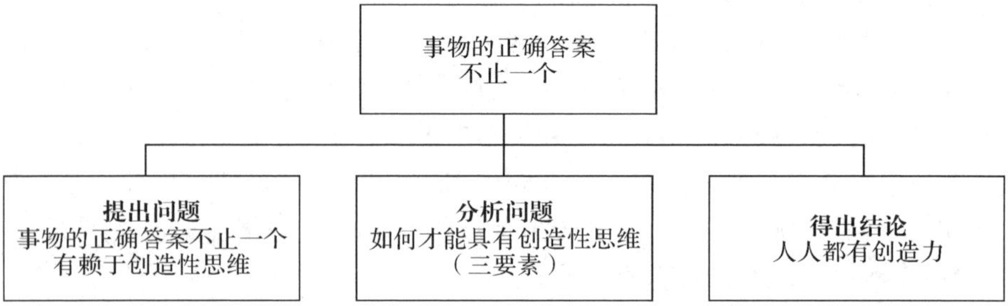

作业：

《事物的正确答案不止一个》拓展训练：

①我国古代有两个脍炙人口的典故。一个是"曹冲称象"，一个是"司马光破缸救人"。多少年来，这两个主人公一直被人们当作神童传颂，并且成为我国教育儿童、开发智慧的典范。可是，他们两人在解决问题的过程中所反映出来的最宝贵的东西——创造性思维，却一直没有得到人们的重视。

②每个人每天都在进行思维，但并不是每个人都掌握了思维的方法或者说思维的技巧。可以说，大多数场合的思维都是一种习惯性思维。虽然习惯性思维会使人得到一种合乎常理的答案，但也正是由于这个原因，往往使人囿于常理而无计可施。而创造性思维的特征就在于冲破了习惯性思维的羁绊，从而解决

了按常理无法解决的问题。

③仍以上面两个典故为例。在如何称象这个问题上，人们想到的只是秤，因为自古以来，称小物用小秤，称大物用大秤，已是人人皆知的常理，当时没有足以称大象的大秤，因而无法计算。这是习惯性思维的必然结果。曹冲则不然，他利用船的吃水深浅，用石头代替大象，化整为零，终于称出了大象的体重。

④同样，在儿童落入水缸之时，其他儿童想到的是怎样从水缸上面将落水者救出，这也是一种习惯性思维，司马光救人成功，正是由于他突破了这一点，从而出现了破缸救人的壮举。

⑤所谓创造性思维，包括扩散思维和集中思维，就扩散思维而言，要求人们从多种角度去寻找解决问题的途径，不为事物本身的性质所束缚。比如，在回答"回形针有什么作用"这个问题时，按习惯性思维的逻辑，只有一个答案，即夹文件；而有人通过扩散思维，竟找到了上百种其他用途。就集中思维而言，要求人们通过逻辑分析，对经扩散思维而得出的设想，按照解决问题的要求去进行筛选和最优化。坚持扩散思维和集中思维的结合，就有可能获得创造性的成果。

⑥在实施素质教育，培养创新精神的教改中，我们应重新认识和评价"曹冲称象"和"司马光破缸救人"的故事，重视并提倡创造性思维。

练习：

1.《事物的正确答案不止一个》提到"寻求第二种答案，或是解决问题的其他路径和新的方法，有赖于创造性的思维"。本文第②段中也有一句话表达了与之同样的含义，请在文中用横线画出来。

2. 文章第①段和第③、④段分别都讲了"曹冲称象""司马光破缸救人"这两个事例，其作用分别是什么？

在第①段中的作用：________________________

在第③、④段中的作用：________________________

3. 本文的中心论点是什么？________________________

（韩霞. 事物的正确答案不止一个课堂教学设计[J]. 小作家选刊，2011(6).）

案例评点：

这个教学设计有很多亮点，这里选择三点来评析。

首先，导入设计新颖有趣。由 24 点游戏的多种算法引出，从数学游戏推广到日常生活，由于看问题的角度不同，解决问题的方法不同，因此学生得出结论：事物的正确答案不止一个。这样自然引入课文论题。

其次，教学环节三大板块，由刚开始的浏览课文，到后来的细读课文、品读课文，逐层推进，学生对文章的认识也逐步加深。

最后，善于使用提问技能。对于刚刚接触议论文的初中学生，这篇文章显然是有一点难度的，完全放开手脚让学生自主学习，可能收效甚微，因此在课堂教学过程中，教师注重设问引导。

在板块一和板块二的教学环节中，四个问题之间呈台阶式分布，解决了第一个问题，第二个问题自然浮现，依此类推，学生自然会深入文本，研究讨论，教师巧加点拨。顺势而为，水到渠成。

第二节　文学作品

一、小说

小说是以刻画人物为中心，通过完整的故事情节和特定的环境描写，来反映社会生活的一种文学体裁。

（一）教学目标

义务教育语文课程标准对于**小说**教学的要求如下：

（1）能在三分钟内读懂1500字左右的小说类文本；

（2）能复述小说主要的故事情节；

（3）能找出小说刻画的主要人物，描述人物特征；

（4）能找出外貌、心理、语言和动作的人物描写方法，说出人物描写的作用；

（5）能说出环境描写在小说中的具体作用；

（6）能说出小说在谋篇布局上的巧妙之处，或者通过细节描述再现人物的性格；

（7）能结合个人阅读和生活经验，理解作品主题的时代意义。

（二）教学方法

小说以故事情节跌宕起伏，人物形象具体生动，环境描写多姿多彩，吸引着学生的兴趣，这是小说的优势。生动的内容决定了小说的教法也应该丰富多彩。

1. 座谈法

学生可以通过座谈的形式，提出自己阅读时的困惑，相互探讨。可以采取由下而上，先分散后集中的方式。

比如学习《故乡》时，老师可以引导学生围绕中心段质疑：闰土心中有哪些稀奇事？这些事反映了什么？“我”为什么对这些事感到稀奇新鲜？“我”和“我”往常的朋友为什么不知道这些事？“他们都和‘我’一样……”是什么意思？说明了什么？

学生提出问题以后，教师引导学生分小组讨论，自由发言与小组协商结合。在整个讨论过程中，老师既要“到位”又要“不越位”。“到位”是指在学生理解和深入把握作品出现思维停滞的时候，一定要加以点拨和引导。“不越位”是指当学生自主进入作品境界，可以交流独到见解时，老师一定要给学生充分发言的机会，尊重学生的第一感悟，绝不能把老师的见解强加于学生，或暗示现成答案，束缚学生的多元思考。

2. 读写法

小说教学过程中可以把读和写结合起来，以读带写，以写促读。比如，学生喜欢闰土、孙悟空等人物，老师可以引导学生采用读写结合的方法，试着写一些关于这些人物的分析，也可以仿写某些精彩片段，以提高学生的写作和阅读能力。这里需要注意的是，要求不能太高，只要学生愿意尝试，能够做到语言通顺、表达真实意思即可。

3. 辨论法

老师事先将几个不同观点介绍给学生，形成学生的认知冲突，要求学生在认真钻研课文的基础上，选择一种观点，结合课文内容进行辩论。

例如《将相和》一课，老师提出，“在渑池之会上，赵王和秦王，究竟谁战胜了谁？”有的说战成了平局，有的说秦王战胜了赵王，有的说赵王战胜了秦王，你认为呢？学生认真钻研课文，根据自己的理解，选择一种观点，阐明自己的观点和立论的根据。最终老师根据各方辩论的情况予以评判。

这种教学方法不仅能促进学生深入钻研课文，也有利于辨析能力和表达能力的锻炼和提高。

4. 联想法

小说是充满想象力的文学样式，小说教学应充分利用这一点。引导学生通过自己丰富的想象，改动小说中的某些情节或续写小说，进行再创作。

例如《孔乙己》一文可以假设孔乙己没有死，让学生写个续篇。《边城》一课，可以让学生尝试以喜剧形式重写结尾。这样可以使学生明白艺术结局与人物性格发展、生活逻辑之间的关系和价值。这种创造性的改编或续写极具挑战性，能深化学生思维，培养其能力。

5. 排练法

学生很容易对小说中的人物形象产生情感共鸣，可以很好地利用小说这一特点，从而使之思想情绪得以延续。

比如，针对人物形象丰满的课文，如《将相和》《变色龙》等，教师可指导学生先将课文改编成课本剧，然后组织学生排练表演。这是课内与课外结合的语文实践活动，既能进一步巩固第一课堂的教学成果，又能丰富课余活动，使学生的读写听说做等各种语文能力得到锻炼和提高。

文学作品之小说教学设计

（三）案例评点

案例 2-9：《变色龙》教学设计

变色龙

【教学目标】

1. 理清故事情节。
2. 了解作者笔下的人物形象。
3. 理解小说主题及艺术特色。

【教材分析】

本文是小说单元的一篇自读课文，是契诃夫的一篇著名的短篇小说，主题突出，讽刺意味强，对人物的刻画更是惟妙惟肖。

【学情分析】

学生学过了本单元前几篇课文，清楚小说的三要素，能理清小说的情节，也能对小说中刻画的人物有自己独到的认识，只需教师稍加点拨就可以引导学生自主学习。

【课时安排】

1 课时

【教学过程】

一、游戏导入

1. 听老师的口令，做动作。一只眼睛睁开，一只眼睛闭上；两只眼睛看左边，两只眼睛看右边；一只眼睛看前面，一只眼睛看后面。能做到吗？为什么？你知道这叫什么本领吗？这叫作“一目二视”。你有这样的本领吗？知道谁有这样的

本领？——变色龙(板书课题)

(板书:变色龙 契诃夫)读课题,让学生重新给课文拟个标题。

二、自学指导

1.重新给课文拟个标题。发言时,先说出拟的标题是什么,然后稍作解释。

2.奥楚蔑洛夫在处理狗咬人事件上反复改判了几次？都是怎样判的？

3.奥楚蔑洛夫不断变化的依据是什么？

4.奥楚蔑洛夫身上有没有始终不变的东西？

	狗的主人(画直线)	对狗的态度(画曲线)	对赫留金的态度(画中括号[])
1	不知狗的主人是谁		
2	有人说好像是将军家的狗		
3	巡警说不是将军家的狗		
4	巡警说是将军家的狗		
5	厨师说不是将军家的狗		
6	厨师说是将军哥哥家的狗		

三、展示交流

1.下面给大家两分钟准备时间,重新给课文拟个标题。发言时,先说出你拟的标题是什么,然后稍作解释。

➢"奉承多变的奥楚蔑洛夫"。理由是奥楚蔑洛夫警官在处理狗咬人的事件时,他的言行举止变来变去。在不断变化之中,奉承那些有钱有势的人。

➢"两面人"。所谓"两面人"是指,奥楚蔑洛夫有对穷苦、没有地位的人凶狠的一面,还有对有权力有威望的人一味地顺从的一面。

➢"穷人？富人？"因为奥楚蔑洛夫警官对穷人是一个态度,而对富人则是另一个态度。

➢"狡诈多变的警官"。理由是:奥楚蔑洛夫来回变了好几次,一会儿夸狗,一会儿又说把狗弄死,这些说明多变;而且在每次变化时,又总是为自己找到比较好的借口,这说明他非常狡诈。

➢"荒唐的奥楚蔑洛夫"。课文写道,奥楚蔑洛夫一会儿这么说,一会儿又那么说,对狗的态度忽上忽下,对赫留金的态度忽左忽右,做法十分荒唐。

2.奥楚蔑洛夫在处理狗咬人事件上反复改判了几次？都是怎样判的？

奥楚蔑洛夫一共变了六次。

第一次事件开始,奥楚蔑洛夫不知狗的主人是谁时,说它是"野畜生""疯狗”,“把它弄死好了”,肯定赫留金是受害者。

第二次有人说好像是将军家的狗时,奥楚蔑洛夫却说道:“它那么小,怎么会咬着你的?”对赫留金却说:“鬼东西,手指头一定是给小钉子弄破的。”

第三次巡警说不是将军家的狗时,奥楚蔑洛夫对狗的态度发生了骤变,“什么玩意儿!毛色不好,模样不中看,下贱胚子。”而对赫留金却说:“你呢,受了害,绝不能不管。”

第四次,当有人说“没错儿,将军家的”时,奥楚蔑洛夫却说它是“名贵的狗,娇贵的动物”。对赫留金说:“混蛋,不用把蠢手指头伸出来,怪你自己不好。”

第五次,当厨师说不是将军家的狗时,奥楚蔑洛夫又说它:“野狗,弄死它算了”。

第六次,当厨师说是将军哥哥的狗时,奥楚蔑洛夫又说这小狗:“不赖,怪伶俐的,一口就咬破了这家伙的手指头!……这坏蛋生气……好一条小狗……”而对赫留金却说:“我早晚要收拾你!”

3. 同是一条狗,三次说是野狗,三次却说是名贵的狗。课文就是在警官奥楚蔑洛夫对狗的态度变化中,展现了主人公的一大特点:变。这种变来变去的作风叫什么?(阿谀奉承、欺软怕硬、见风使舵、趋炎附势、专横跋扈、欺下媚上、溜须拍马)

4. 除了“变”这个特点外,奥楚蔑洛夫有没有始终不变的思想或行为?

➢ 奥楚蔑洛夫始终不变的是讨好有钱有权的人。课文写道,当他得知狗是席加洛夫将军家的时,他说:“你把这条狗带到将军家里去,问问清楚。就说这狗是我找着,派人送上的。告诉他们别再把狗放到街上来了。说不定这是条名贵的狗。”最后当他得知,这条狗是将军哥哥家的时,课文写道:“‘他哥哥来啦?是乌拉吉米尔·伊凡尼奇吗?’奥楚蔑洛夫问,整个脸上洋溢着含笑的温情,‘哎呀,天!我还不知道呢!……这么说,这是他老人家的狗?高兴得很……把它带走吧。这小狗还不赖,怪伶俐的,一口就咬破了这家伙的手指头!哈哈哈……得了,你干什么发抖呀?’”这些无不说明奥楚蔑洛夫为了讨好有钱有权的人,阿谀奉承。

➢ 警官奥楚蔑洛夫始终不变的是欺负权势和地位不如自己的人。课文开头写奥楚蔑洛夫穿过 广场,“他身后跟着一个火红色头发的巡警,端着一个筛子,盛满了没收来的醋栗”。由此可见,奥楚蔑洛夫倚仗自己的权势,从中剥削劳动人民。再有,当他得知狗是将军家的时候,他一反刚才的嘴脸,说道:“说不定这是条名贵的狗,可要是每个猪崽子都拿烟卷戳到它的鼻子上去,那它早就毁了。狗是娇贵的动物……你这混蛋,把手放下来!不用把你那蠢手指头伸出来!怪你 自己不好!……”言谈话语之中,流露出警官奥楚蔑洛夫的蛮横。

5. 奥楚蔑洛夫警官对待穷人欺压，对待富人奉承、献媚。他这样变来变去始终为的是自己，对自己怎么有利就怎么变。

6. 在这篇课文临结束时，“普洛诃尔喊一声那条狗的名字，带着它从木柴厂走了。那群人就对着赫留金哈哈大笑”。请问这群人笑什么呢？为什么笑？笑的具体内容是什么？（笑赫留金事与愿违，他本来想得到赔偿，结果却是一场空；笑赫留金偏偏遇上了奥楚蔑洛夫这样一个警官，他见风使舵，媚上欺下，一副统治者奴才的嘴脸；笑赫留金偏偏遇上了这样一条狗，如果这狗的主人不是将军的哥哥，结果就不一定这样了；笑这个社会里，一人得势，鸡犬升天；笑当时穷人不如富人家的一条狗等）

7. 请大家回忆一下，这一课的学习过程渗透着一种阅读方法。你们能不能总结概括一下？

（围绕主题进行阅读。弄懂主要人物。从表层到深层。）

8. 课文写了奥楚蔑洛夫的“变”，咱们在研究“变”后，又研究了他的“不变”。这也就是说不但要从正面思考问题，还要倒过来从反面去思考问题。这种方法叫“逆向思考阅读法”。

四、赏析语言

小说的语言是充分个性化的。人物的精神面貌和性格特征在个性化的语言中得到充分展现。请揣摩下列语句的表达效果。

1. “商店和饭馆的门无精打采地敞着，面对着上帝创造的这个世界，就跟许多饥饿的嘴巴一样。”

“门无精打采地敞着”是用拟人的修辞手法描写环境，反映了当时市面萧条。“跟许多饥饿的嘴巴一样”是用比喻的修辞手法，暗示了俄国人民饥饿贫困的生活，整个社会死气沉沉，作者用寥寥几笔，交代了故事发生的环境。

2. “我要揭你的皮，坏蛋！”用了夸张的修辞手法，写小市民赫留金要借狗咬手指头捞一把赔偿金的心态。

3. “就连那手指头也像是一面胜利的旗帜。”用了比喻的修辞手法，写小市民赫留金把被咬的手指头当作物证向人炫耀，以图捞一把赔偿金。

4. “这个案子的‘罪犯’呢……它那含泪的眼睛流露出悲苦和恐怖的神情。”用拟人手法写小狗，把它作为具有“狗性”的人的辉映。

5. “他老人家是明白人，看得出来到底谁胡说，谁像当着上帝的面一样凭良心说话。”用比喻的手法，写赫留金在警官面前的逢迎拍马，表现他既是一个庸俗的小市民，又是一个有所恳求的“小人物”。

6. “你呢，赫留金，受了害，我们绝不能不管。”双重否定的修辞手法。奥楚蔑洛夫在未知狗的主人时，摆出一副“扶弱抑强”的架势，与后面得知狗主人可能是将军时的态度变化形成强烈对比，造成绝妙讽刺的效果。

学生结合语境诵读、揣摩，教师明确。

五、欣赏课本剧《变色龙》

旁白：1人

角色分配：警官奥楚蔑洛夫、巡警叶尔德林、首饰匠赫留金、独眼等群众、将军家的厨师5人

道具：崭新的军大衣、盛满醋栗的筛子

请同学们点评演员们的表现。

六、答记者问

鲁迅先生称赞契诃夫的作品时说："我以为没有一篇是可以一笑就了的。"笑过之后，我们来探究一下其中的深意。

1. 采访奥楚蔑洛夫：您的新大衣真不错！请问您脱下它真的是因为热吗？怎么一会儿又穿上它？

2. 采访叶尔德林：巡警先生，你手里端着盛满醋栗的筛子，很累吧？

3. 采访赫留金：你的手指头一开始特别神气，"像一面胜利的旗帜"，当时怎么想的？后来特别提到有个兄弟在当宪兵，是何用意？

4. 采访导演：怎么一开始如此安静，甚至是荒凉，连个乞丐也没有，后来出事了，才"聚了一群人，仿佛一下子从地底下钻出来的"？

七、总结概括

1. 评价人物形象

对奥楚蔑洛夫做出评价：见风使舵，反复无常，欺下媚上，寡廉鲜耻。

对上：奴颜媚骨，拍马奉承，趋炎附势

对下：装腔作势，作威作福，专横粗暴

2. 小说主题

通过对奥楚蔑洛夫这个沙皇统治代表人物见风使舵、欺上媚下的丑态的刻画，无情地揭露和讽刺了腐朽黑暗的沙皇专制统治的反动和虚伪，批判了它反人民的实质。

3. 艺术手法

(1)以小见大；

(2)在对比中讽刺；

(3)在夸张中讽刺。

4. 用一句话概括故事的内容

一个荒唐的年代，一个善变的警官，一个卑劣的受害者，一群无聊的人，还有一条无知的小狗，给我们上演了一段可笑而又使人压抑的故事。

5.纷繁世态给了你了解社会、关照人生的思考与启迪，请以你的独特视角仿照上文写一句话，去展现社会的横断面。

示例一：一个割据的年代，一个思贤的皇帝，一个感恩的老臣，一群忠诚的人，还有一个毕生的信念，给我们上演了一段可敬而感人肺腑的故事。

示例二：一个野蛮的年代，一个被贬的老人，一个追随的儿子，一群未开化的人，还有一间简陋的槟榔舍，给我们上演了一段辛酸而又千古传唱的故事。

示例三：一个封建的年代，一个阴险的太尉，一个正直的教头，一群反抗的人，还有一个“义”字，给我们上演了一段解气而又令人扼腕的故事。

示例四：一个“河蟹”的年代，一个钻营的领导，一个无助的下属，一群高贵的法官，还有一个紧箍咒般的指标，给我们上演了一段可恨而又欲哭无泪的故事。

示例五：一个忽悠的年代，一个风流的领导，一个爱臭美的女人，一群虾兵蟹将，还有一片未开垦的绿洲，给我们上演了一段可恶而又路人皆知的故事。

八、拓展

引言：真正优秀的作品，必然是在某方面触及了全人类的通病，暴露了人性的弱点，才具有穿越时空的永恒价值。我们不必强调说是俄国沙皇统治时期，黑暗专制的社会滋生了“变色龙”这种人物，我们中国不是也有印证的俗语吗？是什么话？

打狗也要看主人。

见人说人话，见鬼说鬼话。

1.我们身边，现实生活中有“变色龙”吗？

举例1：《士兵突击》中的成才，口袋里装着三种烟，遇到团长给最好的，遇到排长给次等的，遇到普通兵给最差的，看起来很精明，最后人人讨厌他。

举例2：刘墉走进商店，店员不理他，因为穿得太普通，很快他那穿着考究的太太进店来了，店员非常殷勤。

2.奥楚蔑洛夫是天生的变色龙吗？他怎么变成现在这副嘴脸？

设计意图：除了憎恶奥楚蔑洛夫，希望同学们对这一人物少些阶级仇恨，而能有一些怜悯，事实上“变色龙”很可怜，绝对不快乐，他离幸福很遥远。

3.你在一天天成长，三年前的你决定了今天的你，今天的你决定了三年后的你，你从《变色龙》这篇讽刺小说中获得了怎样的警示？担心自己有一天变成“奥楚蔑洛夫”吗？

4.可怜之人必有其可恨之处，奥楚蔑洛夫可以穿过时间隧道来到我们中间，但是不让大家举例了，否则今天在场的很多人要陷入沉思了，如果你身边有这样人，你愿意和他交往吗？那么就让我们和他说再见，永别了吧！读：

永别了，奥楚蔑洛夫！

永别了，奥楚蔑洛夫!!

永别了，奥楚蔑洛夫!!!

(https://wenku.baidu.com/view/52604edc76232f60ddccda38376baf1ffc4fe3c6.html)

案例评点：

这个教学设计有很多值得学习的。

首先，《变色龙》是篇小说，其教学目标应该在情节、人物、主题、艺术特色等，这则教学设计不管在目标的设定上，还是整个教学过程的安排上，都能够围绕教学目标进行教学。不仅如此，教学方式多样，有课本剧表演、答记者问等环节。

其次，注重教给学生方法。在"自学指导"环节，教师安排了几个小问题，先让学生自己完成，接下来，在"展示交流"环节，讨论发言，得出结论。并进而总结出一般的阅读方法：围绕主题进行阅读、弄懂主要人物、从表层到深层。

最后，将语文学习引入广阔的生活中，启发学生思考：你担心自己有一天变成奥楚蔑洛夫吗？如果你身边有这样的人，你愿意和这样的人交往吗？这些问题无疑把学生的思维引向深入，对树立学生正确的价值观起到一定的作用。

二、诗歌

诗歌分为古代诗歌和现代诗歌，课程标准对其教学目标做了不同的要求。

(一)教学目标

古诗词是古人智慧的结晶，是先人给我们留下的宝贵的精神遗产。古诗词教学目标要根据课程标准的有关要求，教材中的单元目标以及其自身的特点等来确定。

1. **古诗词**教学的基本目标

(1)能依据课文的内容，用自己的语言描绘出诗人笔下的画面；

(2)能说出哪些诗作是写实的，哪些是虚构的；

(3)能依据诗文的内容及情感，对诗句描绘的画面进行合理的想象和联想；

(4)能简要地指出诗词中意象的含义；

(5)能简要地评析诗词的艺术手法；

(6)能用自己的话转述古诗词中的人生哲理与情感。

2. **现代诗歌**教学的基本目标

现代诗歌具有强烈的抒情性，丰富的想象性，高度的凝练性与鲜明的节奏性，是一种适合学生朗读的文学体裁。根据义务教育课程标准的要求和文体的特点，初中阶段的教学目标如下：

(1)能正确、流利、有感情地朗读诗歌，读出重音和韵律；

(2)能学会知人论世地解读诗歌的方法，阐述诗歌的主旨；

(3)能通过联想或者想象，说出作者表达的情感；

(4)能找到诗歌中的主要意象，说出其表达的意境；

(5)能找到诗歌中使用的修辞方式和表现手法，说出其好处；

(6)能对诗歌的炼字进行推敲，品味关键词语的精妙；

(7)能说出这首诗歌在篇章结构上的主要特点；

(8)能从不同角度和层面发现诗歌意蕴，说出自己的感受和启发；

(9)能掌握诗歌体裁的一般特征和鉴赏诗歌的基本方法；

(10)能仿写或续写一段诗歌，初步尝试现代诗歌创作。

(二)教学方法

1.诵读法

诵读法就是以清晰响亮的声音、饱满的感情和恰当的节奏，把作品的意蕴、语气生动传神地表现出来。课程标准明确指出："各个学段的阅读教学都要重视诵读，鼓励学生多诵读，在诵读实践中增加积累，发展语感，加强体验与感悟。"

诵读法是诗歌教学最常用的一种方法。诵读是对语言的最亲密接触，是培养语感、发展语言最有效的方法。因为"耳醉其音，心醉其情"，诵读更能使人体会到汉语言的音韵之美，形象之美和情感之美。

一般来讲，诵读教学的基本步骤是：初读，读准字音，能用普通话正确流利地朗读，落实语音、字形等基础知识的积累；再读，读准句读，要对照注释，粗略疏通词句，在整体感知的基础上把握好节奏；最后读出语气，即调动一切朗读技巧，表现出作品的感情基调和作者情感的起伏变化，传达出自己的理解和感受。

2.点拨法

课程标准在教学建议里明确指出，"教师是学习活动的组织者和引导者"，"在与学生平等对话的合作互动中，要加强对学生的点拨和指导，实现教学相长"，由此可见，教师点拨的重要性。由于诗歌既有它立意的确定性，又有其内涵的多义性和模糊性，读者对同一作品产生不同理解是诗歌鉴赏的规律。所谓诗是无形画，诗总是为读者的联想和想象留足了空间。教师应当鼓励学生进行个性化阅读和创造性解读。因此在诗歌鉴赏中，教师恰到好处的点拨，不仅能帮助学生更深入地理解文本，还有利于丰富学生的审美思维。

点拨的方法通常有以下几种：一是教师当堂解惑，学生如醍醐灌顶；二是师生互相启发，彼此渐入佳境；三是留有空白，提供想象空间；四是课下查找资料，课上各抒己见；五是问题暂时存放，留给学生研究。

3. 比较法

诗歌因为篇幅短小，在教材里的编排相对集中，所以组织教学时更便于展开比较，教师可以根据教学需要，来灵活确定比较的对象和角度。比较的方法一般不外乎两种，纵比和横比。就纵比而言，可以比较同一诗人在不同时期的创作，也可以对比不同时代的诗作。就横比而言，可以比较作家在同期创作的作品，也可以对比同一时代不同作家的作品。

4. 译读法

译读法针对的主要是古代诗歌。古代诗歌往往在文字上存在一些理解的障碍，比如屈原的《离骚》等。组织教学时，首先要拿出一定的时间来疏通文义。了解诗意，理解文本是诗歌鉴赏的基础。解读诗歌，披文入情，虽只是诗歌教学的初步目标，却是鉴赏和评价的前提，也是迁移和创造的基础。

5. 换读法

常用来揣摩具体字词，借此引导学生体会诗歌语言的运用之妙。

古人写诗很讲究炼字，所谓"两句三年得，一吟双泪流"，"吟安一个字，捻断数茎须"，那些经过推敲和斟酌的字句，往往异彩焕发，极具功力，但是学生不认真琢磨，未必能够发现或领会。如果只是由教师来讲解分析，学生在被动接受的过程中很难获得真切立体的感受，教师不妨引导学生将原作中的有关字句进行替换，让学生在替换以后读一读，比一比，学生便能发现其中的妙处，例如，在教《次北固山下》一诗时，可让学生把"风正一帆悬"中的"正"字换成"顺"字或其他字，将"海日生残夜"中的"生"字换成其他字，学生就不难品出原字的精妙传神之处。

文学作品之诗歌教学设计

（三）案例分析

案例 2-10：古代诗歌《关雎》的课堂实录(剪辑)

1. 一唱三叹吟诵《关雎》

师：学习诗歌最重要的方法是什么？

生：朗读。

师：朗读时应注意什么问题？

生：读准字音、节奏、重音。

生：还要注意语气、感情和表情。

师：看来，同学们掌握了不少学习诗歌的经验。现在，请大声自读课文，对照注释，读准字音和节奏。

（生自读，师板书课题。）

师：哪位同学来读一读？

（指名读）

师：他读得怎样？

（生说，师评。）

师：齐读一遍，读准字音和节奏。（齐读）

师：字音、节奏把握得不错。听着同学们琅琅的读书声，老师也忍不住想来读一读，请同学们边听边思考，这首诗写了什么内容？试用简洁的语言概括（师配乐朗读）。

（师读完，掌声响起。）

师：说说看，这首诗写了什么内容？

……

师：……请同学们任意选择你喜欢的一幅画面，同桌互读，看能否读出情感，读出韵味。（生读，作陶醉状）

师：哪位同学读一读君子长夜难眠的诗句？

（两生读）（师生同读）

师：刚才同学们读得挺投入，现在，请同学们有感情地齐读这首诗。（生齐读）

2.美不胜收品味《关雎》

师：好诗不厌百回读，同学们一遍比一遍读得好，可见入情才能入境。古人说：奇文共欣赏，疑义相与析。《关雎》被冠于《诗经》三百篇之首，一定有着独特的艺术魅力。请同学们深入研读这首诗，小组讨论交流，以“我从这一句、这几句或这首诗中，品出了《关雎》的美”的句式，说一说你的思考和发现。

（师板书“美”；学生分组合作学习，教师巡视了解学习进展，引导分析，最后全班交流。）

……

3.诗趣盎然美读《关雎》

师：美诗若美读，定能锦上添花，别有意趣。现在，分男女生两大组配乐朗读《关雎》，比一比，看哪个组的朗读技高一筹。（生充满期待，跃跃欲试。）

（男生、女生配乐齐读）

师：男同学们读出了阳刚之美，女同学们读出了柔情之美，平分秋色，不相上下。现在，老师想和同学们合作，共同演绎《关雎》之美。

（师领读前四句，全班齐读，第五句开始男生先读，女生后读，形成一种参差错落之美，最后两句诗男生读两遍，和女生的朗读合在一起。师再轻声朗读前四句。）

（师生美读，其乐融融。）

4.其乐融融齐唱《关雎》

师：美诗可美读，美诗也可以歌唱，因为诗歌本是可以和乐而歌的。同学们想不想听今人谱曲的《关雎》？

……

师：现在，让我们和着音乐，一齐深情吟唱这首传诵千古、经典古朴的爱情歌谣。

（课件播放歌曲《关雎》，师生齐唱。）

（周艳群.《关雎》课堂实录及点评[J].中学语文教学参考（教师版），2009(5)：65.）

点评：

《语文课程标准》指出：欣赏文学作品，能有自己的情感体验，初步领悟作品的内涵；对作品中感人的情境和形象，能说出自己的体验；品味作品中富有表现力的语言；诵读古代诗词，有意识地在积累、感悟和运用中，提高自己的欣赏品位和审美情趣。

在这个案例中，教师以朗读为主线，通过初读，读准字音，读通读顺；再读，走进文本，读懂诗意；三读，反复吟诵，读出诗情；四读，深入课文，品味美处；卒读，相映成趣，美读美唱。使学生一步步走近文本。

整堂课，朗读一直贯穿始终。以读代讲，以读促品，朗读方式灵活多样，自读，指名读，泛读，齐读，师生共读，分角色赛读和美读相映成趣，而老师恰当时机的泛读，很好地体现了示范作用。教师紧扣文本，组织和引导学生，在回环往复的琅琅书声中，巧妙自然地完成了导入—吟诵—品味—美读这四个不断深化的教学环节，从而唤起学生的内心情感，引发共鸣，最终达到人文合一的境界。

案例评析诗歌

案例2-11:现代诗歌《乡愁》教学设计

乡　愁

【学习目标】

1. 有感情地朗读全诗。

2. 感知诗歌内涵,能够结合诗中的意象构设画面。

3. 品味诗歌凝练含蓄的语言,体会诗中蕴涵的浓烈的思乡情怀。

【教学过程】

同学们,每当星期五老师宣布放学的那一刻,你最想做什么?(学生:回家。)是呀,每一个远离家乡,或去追求理想,或去完成学业的游子,无一不思乡,乡愁一直都是人们经常谈到的话题。今天,我们就要一起来感受一首字里行间流露着乡愁的现代诗,余光中的《乡愁》。

一、创设情境导入,感受诗歌的音乐(伴着《思乡曲》音乐,教师充满深情地走上讲台。)

1. 1972年,台湾的一个深夜。一轮明月高高地挂在天空,如水的月光穿过窗棂,洒进房间。诗人余光中倚窗而立,时而低头沉思,时而抬头眺望。突然他拿出一瓶酒,斟满酒杯。酒入愁肠,双眼矇眬,思乡之情如潮水般涌上心头,他再也抑制不住内心的激情,快步走进书房,打开台灯,摊开稿纸,一首小诗从他的笔尖流淌出来(师播放《乡愁》:"小时候,乡愁是一枚小小的邮票,我在这头,母亲在那头……"生听)

2. 大家听得很投入,好,就让我们一起走进余光中先生那浓情似雾的《乡愁》世界,一起来倾听诗人内心的呼唤吧!(教师板书课题:乡愁)

3. 这节课的学习目标是:(屏幕显示:深情地朗读　细腻地感受　诗意地仿写)

二、初读诗歌,整体感知(读诗歌)

1. 下面,请同学们自由朗读这首诗,初步感知诗歌所蕴含的深情。(学生朗读)

2. 一生读、齐读。

3. 谁来说说你读这首诗的心理感受?(悲伤,凄凉,是隐藏在思想深处的一种说不出的痛;无奈,惆怅,对家乡深深的思念;感受到一缕缕乡愁绵绵不绝地袭来,仿佛听到一位海外游子深情的呼唤。)

4. 同学们都读出了自己的感受,那么,你认为这首诗应该用一种什么语调、语速来读呢?(语调深沉,语速舒缓,感情层层递进。)

5.下面,就让我们带着这种感受一起朗读,注意把诗歌的语言变成自己的心声。(学生齐读)

三、细腻品读,读出诗意(悟诗情)

1.诗歌的语言无时不在敲打着我们的心灵,就让我们进一步走进诗歌,感知诗意。

2.请同学们根据老师的提示,用简洁的语言分别概括四个小节的内容。(多媒体展示)

母子　夫妻　母子　家国

3.学生回答,教师归纳板书:母子之别　夫妻之别　母子之别　家国之别

4.第1、3小节的母子之别是不是重复了?(第1小节是生离,第3小节是死别,死别更令人痛彻心扉。)

5.来,捧起课本,读第1、3小节,读出递进感来,读出作者内心感情的变化。(生齐读)

6.这位母亲,生他养他的母亲,更是战乱时代带他逃亡的母亲,从上海到香港,从香港到越南,到昆明,到重庆,但是从没有放弃教育儿子,而就是这样一个母亲,如今却已经是阴阳两隔,我们再来感受一下,这种揪心的感觉……

一男生读(很不错的感觉)

女生再读,"——后来啊,……母亲在里头……"这一小节。

四、优美解读,读出诗境

1.通过朗读,你觉得这首诗表达了作者什么感情?(思乡、对祖国的思念)

2.在作者眼里乡愁都是什么?(生说师板书:邮票、船票、坟墓、海峡)

3.诗人借助的这四个意象所表现的乡愁一样吗?(不一样。四个诗节分别表现的是母子之情、夫妻之爱、丧母之哀、恋国之思。前三个诗节写的是家愁,最后一个诗节写的是国愁。)

板书:邮票——母子情　船票——夫妻情　坟墓——生死别　海峡——家国恋

4.再次朗读这首诗,读出意境和感情(生齐读)

5.大家发现没有,这首诗中"头"字重复了很多次,有"这头""那头""外头""里头"。你觉得还可以用其他的词语吗?(我们一般用的是"这边""那边""外边""里边"。)

6.那我们把全诗的"头"都换成"边"再来朗读一下全诗,体会一下感觉有什么不一样。(生齐读)("这头""那头"给人的感觉是在两段距离的尽头,很遥远。"这边""那边"似乎隔得很近,没有那么遥远。)

7.说得不错。再来读第1、2两个小节,除了距离的远,体会一下还有什么不

同？（生换读第1、2小节）（“这头”“那头”语音上给人的感觉要厚重一些，而“这边”“那边”发音却是轻飘飘的，厚度不够。）

8. 说得妙极了！来，再比较着读最后一小节，读出距离的遥远和情感的沉痛。（齐读）

五、丰富连读，读出诗情

1. 乡愁是余光中不变的情结。他为什么对大陆有着如此深厚的感情呢？这就需要我们对他的身世作一番了解。（请看大屏幕：余光中，1928年生于南京，祖籍福建，1949年去台湾，当时仅21岁，再还乡时已经64岁。余光中从60年代起就创作了不少乡愁诗，是台湾著名的乡愁诗人。70年代初创作了《乡愁》，他说：“我20分钟写出的是20年的思乡之情。”）

2. 齐读全诗，体会诗人蕴藏了20年的思乡之情。（生齐读）

3. 有感情地读，个人读，小组赛读，配乐读。

六、寻美之旅，竞聘“审美家”

1. 读得好美啊！现在我们来竞聘“审美家”。请用这样的句式说话：“我觉得________写得好，好在____________________________”（小组深入地讨论，待会儿我们来交流。）

比如说，我觉得“邮票”“船票”“坟墓”“海峡”这几个意象选得好，好在它们都代表着分离，如油画的着色逐渐加深，层层推进了诗情的抒发。

➢ 我认为“小时候”“长大后”“后来”“现在”这几个表示时间的词用得好，好在准确地表示了人的成长历程。

➢ 这几个词还准确表达了情感的变化。感情随时间推移而越来越浓，逐渐升华。

➢ “这头”“那头”“外头”“里头”这几个方位词用得好，好在空间变化。

➢ 我认为“小小的”“窄窄的”“矮矮的”“浅浅的”这几个词用得好，好在准确形容事物的形状，以小而轻的形象承载了浓浓的乡情。

教师引导：邮票小小，乡愁“大大”

学生回答：船票窄窄，乡愁“宽宽”

坟墓矮矮，乡愁“高高”

海峡浅浅，乡愁“深深”

➢ 美在结构，寓变化于统一。节与节之间整齐均衡，每节内部长短句错落有致，显现出层叠式的建筑美。

➢ 美在韵律。重章叠词的运用，造成一种循环往复，一唱三叹的旋律，为全诗营造了一种低回惆怅的基调。

➢ 美在对称。“邮票”“船票”“坟墓”“海峡”四个意象对应了四幅画面：母子别、夫妻别、生死别、故国别。

➢ 美在简约、凝练。作者精心选择了四个意象，凝聚了一份浓得化不开的乡情。

七、寻美之旅，竞聘"摄影家"

1. 诗可以读，可以唱，可以画，还可以演。

我们来竞聘摄影家。你愿成为一位导演吗？如果让你把这首诗拍成MV，你选哪一节？想一想，该拍什么画面？配什么音乐？演读，说想象的话。（学生分组讨论）

➢ 我选第2节。我的镜头里出现这样的画面：一个秋天的早晨，一位风尘仆仆的年轻人，手拿一张窄窄的船票，步履匆匆地挤到轮船上。晚上，躺在船舱里，他甜蜜地回忆着与妻子共同劳动，一起高兴地端详着自己的孩子的情景。我配二胡曲《江河水》。

➢ 我也选第2节。慢镜头推出：我与妻子跑着，跑着，终于，手握在了一起！

➢ 我选第1节。我采用倒叙手法拍摄，时间是春天。

➢ 第3节。我回到阔别多年的故乡，跪倒在母亲的坟前，我配贝多芬的《安魂曲》。

➢ 第4节。我把时间定为除夕，我的一家人贴福字，过大年！

➢ 我选第4节。我这样拍：一位白发苍苍的老人，站在白沙滩，指着大陆方向，对孙子说：这，才是咱们的家！我选配《彩云追月》这支曲子。

2. 大家的想象力都很丰富！古诗词中写乡愁的诗句很多，谁能背出几句？（几生背诵）

3. 又如现代席慕蓉的诗《乡愁》（多媒体展示），品析。

八、联想想象，体会乡情

1. 读一首诗，不但要去品味、去体验、去想象，还要去再创造。让我们放飞想象，就"乡愁是……"这个话题书写自己离家时的真切感受。

比如说：乡愁是故乡牛背上的短笛，吹响的是绿色的乡音。

➢ 乡愁是一轮明月，镜子似的明月，照着家乡，也照着我。

➢ 乡愁是父亲宽广而厚实的脊背，是慈母"临行密密缝，意恐迟迟归"的无尽牵挂。

➢ 乡愁是王安石"春风又绿江南岸，明月何时照我还"的悠悠思绪；是苏轼"但愿人长久，千里共婵娟"的美好祝愿；是李白"举头望明月，低头思故乡"的千古绝唱。

➢ 乡愁是一枚青苹果，它在幼小时，有一种酸涩的味道，它一旦成熟，就有一种叶落归根的冲动。乡愁是一部戏，是一部别开生面的戏；乡愁是一本书，是一本包蕴丰富、耐人寻味的书。

➢ 乡愁是什么？燕子的呢喃？月亮的哭泣？还是重复的记忆？

2. 乡愁是串串驼铃，声声叩响游子的心扉；乡愁是一杯月色，斟满的是绵绵的思念；乡愁是颗颗露珠，折射长途跋涉的身影；乡愁是悠悠涟漪，让岁月在心湖荡漾。

九、联想想象——感受诗歌的画面美

1. 一道天然的海湾，隔断了海峡彼岸同胞回乡的脚步，却隔不开他们浓浓的乡思和思乡的歌声。或许是一朵浮云，或许是一段乐曲，或许是一幅画面，都能串成优美的诗情。诗中有画，这是多数抒情诗所共有的一个特点。

请同学们一起静思片刻，然后选择这首小诗的任何一小节，展开丰富的联想和想象，用你细腻、优美而又抒情的笔触描绘出属于你心中的那一幅优美图画，不少于150字。（课件展示）

教师示范一：

夕阳西下，我坐在沙滩的礁石上，倾听着来自远方的声音。夕阳就像是一团熊熊的火焰，似乎永不燃尽，但我知道，夕阳会离我远去，就像这海浪一样，有一天我也会听不到它的声音。一串串脚印在沙滩上，望不到边，那正是我走向家乡的路。我问苍天，向着大海母亲喊道："妈妈！"可是我却听不到任何的回答。人言落日是天涯，望尽天涯不见家。我听见了海浪拍打礁石的声音，这海浪是来自祖国的，可对面的亲人们，你们能听见这里的声音吗？

教师示范二：

深秋的傍晚，村口，小路向远方延伸。一位少年，目光坚定，背着一个大包，步履匆匆。一位母亲，满脸伤感，提着一个行李箱，吃力地跟着。只听见他们脚下的落叶嚓嚓地响。到了分手的路口，不能再送了。少年停了下来，母亲也缓缓放下箱子。母亲盯着少年的脸，悠悠地说："别忘了来信。"少年用力点点头。片刻，母亲再次提起箱子，慢慢递给少年："路上小心，晚上不要忘记加衣服。"少年没有回答，提起箱子转身走向前方。母亲还在原地，她的眼光随着少年的背影一起一伏。母亲久久伫望，目光深情而又专注，夕阳的余晖给她的面孔添上了一圈朦胧而美丽的光晕。

2. 请同学们停下手中的笔，让我们一起聆听最精彩的想象。（学生结合写作要求进行评价。）

3. 诗中有音乐，诗中有图画，诗中还有语言与新奇的美，正是这一切构成了诗歌的情景交融，使整首诗充满了意境之美。一枚小小的邮票，一张窄窄的船票，一方矮矮的坟墓，一湾浅浅的海峡，它们共同传递出的情感是一种淡淡的忧伤。这里有母子之情，夫妻之爱，丧母之哀，恋国之思。我们发现，作者运用借物抒情的手法，借助这些意象所要表达的已不仅仅是一种个人的忧伤，更是一种民族的忧伤，国家的忧伤。所以说，虽然是一种淡淡的忧伤，却是一种浓浓的意境之美啊！（课件展示）

4. 让我们一起再次通过朗读吟诵，来体会诗歌中所蕴含的崇高的情感。（学生齐读）

5. 央视曾经对余光中进行过采访，诗人说："故乡已经找不到了，那种感觉已经找不到了，长江黄了，胡同不在了，沧桑感也不一样了。"他再也回不到那个故乡了，见不到母亲了，回不到那个最初的岁月了，《乡愁》里有回不去的乡愁啊，有歌词说的，"到不了的地方叫做远方，回不去的地方叫故乡"，这种回不去的感觉就是乡愁，我们每个人都有回不去的岁月啊，我们回不到天真的搬个梯子就能摘到星星的童年，回不到过去的天真烂漫，所以这是每一个人的乡愁，我们每一个人心中都有乡愁，它呼唤我们回归，回到心中的那个故乡，回到那个永远也不肯老去的最初，最后让我们用心用情地再读课文：小时候……

6. 实在不忍心打断我们同学满是"乡愁"的思绪，每个日落的黄昏，每个月圆的夜晚，每阵阁楼的雨点，每阵西风里断雁的叫声，都会牵动游子的离愁别绪，都会勾起对故乡的眷恋，乡愁是一棵没有年轮的树，永远不会老去。

7. 今后无论走到哪里，同学们都不要忘记故乡，月是故乡明，回家的感觉真好！谢谢大家！

（https://wenku.baidu.com/view/844a3b0eec630b1c59eef8c75fb fc77da2699795.html）

案例评析：

《乡愁》是现代诗，这个教学设计美轮美奂，荣获全国公开课一等奖，有太多值得借鉴之处。

首先，紧扣诗歌的特点，教师将教学目标定为"深情地朗读、细腻地感受、诗意地仿写"。这符合新课程标准对诗歌教学的要求。

其次，教师围绕目标，扎扎实实地进行各环节的教学。从开始的创设情境、感受诗歌之美，到初读诗歌、细腻品读、优美解读、丰富连读，一步步引导学生感受诗歌之美。同时还采用学生个人读、齐读、教师指导语调、语速等多种方式引导学生朗读。

最后，教师将诗歌和绘画结合，让学生进行诗意地仿写。这在第六、七、八、九环节都有所体现，在不知不觉中将学生带入美好的境界。同时，第六环节"寻美之旅，竞聘审美家"，既能让学生畅所欲言，进行个性化解读，又巧妙完成了课堂内容的总结，可谓一箭双雕。

三、散文

散文作为古今中外文学作品的一朵奇葩，有着迷人的风采与魅力。教材中所选入的作品，大多情谊浓厚，文采优美，构思缜密，语言具有情感和哲理，艺术表现形式异彩纷呈。

（一）教学目标

义务教育语文课程标准对**散文**教学的要求具体如下：

1. 能在三分钟内通读 1500 字左右的散文类文章；
2. 能根据上下语境推断出生词、多义词、关键词的含义；
3. 能运用浏览的方法快速判断散文的基本类型；
4. 能说出叙述散文所叙之事，文章的结构线索，以及作者是如何借所叙之事来传递感情的；
5. 能说出写景散文的一般特点，并判断作者是借景言志，还是借景抒情；
6. 能说出文章是写实还是虚构；
7. 能依据文章的一般特点及表达方式，区分文章所使用的主要表达方式；
8. 能依据不同的散文类型，说出文章的基本内容；
9. 能用概念图的形式画出文章的结构，并用几个简单的词语标出文章的思路；
10. 能找出文中的中心句，并依据中心句，说出文章所表达的情感；
11. 能在自主研读的基础上，依据文章所写的内容，用两到四句话概括文章的主题；
12. 能够针对文章的关键地方提出有质量的问题；
13. 能整合文章有争议的地方，说出自己的观点和看法，并能用文章中的相关语句或有关细节来证明观点的合理。

（二）教学方法

1. 诵读法

散文不仅美在情思，还美在语言。诵读容易使学生从优美的韵味和流动的气脉中产生妙不可言的感觉，一篇文章读好了，鉴赏的目的就基本达到了。

所以，欣赏散文的第一步，就是要让学生去读。朗读是初步感知散文语言理趣之美的最好方法，它能将学生的情感与作品的情感积极交融，产生强烈而深厚的情感反应，进而深入体味文章丰富的内涵。诵读又离不开联想和想象，在这个过程中，学生不自觉地调动自己的情感，进入到领悟语言美的神韵之中。

2. 比较法

散文的特色，是在比较中才能分晓的，没有比较就没有特色，因此散文教学无论是分析语言还是分析内容，都需要比较。

比如，可以比较同一作家的不同作品，如《春》和《荷塘月色》思想情感的比较；可以比较不同作家的不同作品，如《济南的冬天》和《春》写作技法的比较；可以比较不同作家的类似作品，如杏林子的《生命生命》和克伦·沃森的《生命》，就思想内容进行比较。散文学习重在以点带面，把学生的视野延展开来。

3. 代入法

新课程标准强调语文教学需要尊重学生的自主性。散文鉴赏应该由学生自己完成，教师不可越俎代庖。老师需要做的是尽可能创设环境，让学生在自读、自悟、体会中感知和理解。

比如教《济南的冬天》时，老师的做法是：

1. 先让学生自由朗读，注意语速、语调、语气，体会表达的感情，然后自选最喜欢、最感兴趣的语段，去阅读背诵；

2. 比较阅读老舍的《济南的秋天》，小组合作讨论其异同；

3. 济南知多少？搜集信息，展开交流；

4. 假如你是一位导游，冬季带领游客来到济南，追随老舍的足迹，请你设计一下导游词；

5. 领悟作者的写景方法，并运用这种方法描写校园四季和家乡四季。

经历了这样代入的过程，学生对课文自然容易有更深的认识。

4. 体悟法

散文中，处处充盈着先哲与时贤的人文精神，他们高尚的心灵世界，可以影响学生的心理结构。新课程语文学习特别强调体悟这一心理过程。

体悟法主要通过以下三个步骤来完成：

首先，文本研读，认真细致地研读课本，仔细地分析作品，体味作品的景是怎么渗透作者的情，情与景是怎么交融的。只有理解了这些，才能理清作者情感的脉络，才能了解作者所抒发的情感，获得一个完整的艺术形象。

其次，融情于景，把自己的感情与作者的感情，通过文本沟通起来，产生共鸣，在不知不觉中被作者创造的艺术氛围所熏陶。

最后，联想与想象的运用，入境还要借助于读者自身的想象与联想。只有这样才能真正走到文本中去。

5.破眼法

破眼法就是抓住文章的关键词来突破，由点连线，由线带面的一种教学方法。

关键词可以寻找作者的思想感情，这往往是文中的主线，抓住这些句子进行教学设计，往往能够起到四两拨千斤的效果。如《荷塘月色》中就有“这几天心里颇不宁静”的句子。再如：《故都的秋》中“北国的秋，却特别来得清，来得静，来得悲凉”。

关键词也可以寻找文眼。文眼好像一篇课文的窗户，抓住并打开它，便能居高临下，窥见全篇。如《六国论》教学中，抓住“六国破灭，弊在赂秦”一句，来层层分析六国灭亡的原因，就可以很容易把课文梳理清楚。再如《风景谈》中“自然是伟大的，然而人类更伟大”，这句话就是文眼，找到并抓住它，便可牵一发而动全身，治繁从简，治杂从约。

破眼教学，教师的作用体现在一个“导”字上，以教师为主导，以学生为主体，着眼于培养学生自主自学能力，最后达到不需要教的目的。

文学作品之散文教学设计

(三)案例分析

案例2-12：《春》教学设计

春

【学习目标】

1.领会作者赞美春天，积极进取的思想感情。

2.学习作者细致观察，抓住特征多角度地描写景物的方法。

3.学习选用鲜明、准确的语言和比喻、拟人等修辞方法有感情地描绘景物。

【重点难点】

1.学习抓住特征、用准确的语言描写景物的方法。

2.分析文章的结构层次，领会多角度多侧面地描写景物。

3.通过各种感觉，有感情地描写景物。

4.揣摩文章中修辞方法的表达作用。

【教学过程】

一、准备阶段：让学生背诵有关春天的古诗、唱春的歌曲

二、情境导入:(播放《春天在哪里》歌曲,师生同唱)

1.一曲《春天在哪里》即将拉开今天学习的序幕。同学们都经历了十几个春天了吧!能不能简单地说说你对春天的感受?

2.感受真深刻!现代著名作家朱自清先生对春有怎样的感受呢?下面,让我们一同走进朱自清的散文《春》,去享受繁花似锦、如诗如画的春天!(师板书课题:《春》,齐读课题)

3.关于朱自清,同学们知道多少?(每人回答限制7秒)

4.学习这篇课文,我们要完成以下学习目标(出示字幕:学习目标)

美读课文　品味语句　体会情感

三、自学指导

1.同学们,能不能完成这些目标?

2.按照以下学习指导,开始自学吧!(出示字幕:学习指导,时间3分钟)

①自由地朗读课文,说说这是一个________的春天。

②这篇文章按顺序主要写了什么?(盼春、绘春、赞春)

③"绘春"部分描写了春天的哪几幅图画?

四、展示交流:春天里的风景

1.初读课文后你有什么感受?(几生说)这是一个________的春天。

2.你觉得这篇文章主要写了什么呢?(生说师板书:盼春、绘春、赞春)

3.作者写得很有条理,谁来读读盼春这一部分?(一生读、齐读,读后评价)

4."绘春"部分描写了春天的哪几幅图画?(生说师板书:春草图、春花图、春风图、春雨图、迎春图)

5.你最欣赏哪幅图画,说说你喜欢的理由。(提示:从字、词、句、修辞手法、感官等来赏析)

★春草图

1.咱们先来看看春草图,哪个字词或句子写得不错,谈一谈你的见解。

生:"偷偷地",写出了小草的活力,小草神不知,鬼不觉地钻了出来,更体现出小草生命力的顽强。"钻",表现了小草生命力的顽强。

2."偷偷"是贬义词,分明是一种不光彩的行为嘛,怎么能用到小草身上呢?(贬义词作褒义词用了,能突出作者对小草的喜爱。)

3.师:不光喜爱,还流露出作者惊喜的心情来。

4.师:把这种喜爱之情融入你的朗读中,就能读出味来了,试试好吗?(一生读)

5.师:果然读出小草顽强的生命力来,来,同学们,一起把作者这种喜爱、惊

喜的心情读在脸上。(生齐读)

6."偷偷"两个字贬义词褒用了,你能不能再举一个贬义词作褒义词用的句子?(如:枫叶红了)

7.写完小草以后,作者又写了"坐着,躺着,打两个滚…",一连用了几个动词,这是写什么的?(写人)

8.这句其实运用了动静相生的写法,创造了一个春草勃发、儿童嬉闹的动人意境。

9.作者这样写,突出了人们什么心情?(高兴、兴奋、愉快)

10.是啊,快乐的人与美丽的景合为一体,体现了一种人与大自然的和谐美,来,读出这种感觉来。(生齐读这一节)

11.(师打开课件)由这幅春草图,你可以联想到什么词语?你会想到什么诗句?(几生:野火……浅草才能没马蹄、草色遥看……)

★春花图(课件打出"春花图")

1.我喜欢"桃树、杏树……赶趟儿"这句话,从"你不让我,我不让你",可以看出花开得很多。

师:你能读出"多"的感受吗?(学生读)

2.我喜欢"赶趟似的…",因为它描写出了春天百花竞相开放的形态。

师:读一下这个句子,读出它的竞相开放来。(一生读)

3.来,咱们继续交流。

4.实写:色彩绚丽的桃花、杏花、梨花,虚写了桃儿、杏儿、梨儿,由春花想到了秋实,并且采用了比喻、排比、拟人的手法。

5.闹:"花下成百成千的蜜蜂嗡嗡地闹着"的"闹"字用得好,既有热闹的意思,又有闹腾的意思。一个"闹"字很精彩,把这样的情景表现得很形象。

6."闹"字既写出了视觉的感受,又写出了听觉的感受。既有声音,又有形象,还表现了蜜蜂像孩子一样活泼好动。(师:一字用好,境界全出)

7.这个"闹"字,让人想到了一句诗"红杏枝头春意闹"。

8.师:这一节里,作者为什么写了成千成百的蜜蜂和蝴蝶?(花香才会招蜂引蝶)

9."散在草丛里"的"散"用得好,这个词给人的感觉是十分随意、自然,像是天然点缀,不是人工刻意装饰的。(师:也许是天女散花吧,想得真好!)

10.师:春是有声音的,只要你用心倾听,就会听到大自然的絮絮低语,(师打开春花的图画)看看这些图画,大家想象一下,桃花、杏花、梨花会说什么悄悄话呢?

11.多么匀称、和谐的春景呀!来,同学们,让我们一起走进这幅和谐的画卷中！（生齐：桃树、杏树、梨树……）

12. 读得真好，我好像被深深地陶醉了一回。

13. 由这幅春花图，你可以联想到什么词语？你会想到什么诗句？（几生发言）

★春风图（课件打出“春风图”）

1. 这一节从触觉、味觉、听觉等方面写出了春风温暖、鸟语花香的特点。

2. “‘吹面不寒杨柳风’，不错的，像母亲的手抚摸着你”中的“抚摸”一词用得好，我读这句话时，感到有阵阵柔和的春风吹进我的胸怀，充满了温暖，充满了爱。（说明春风很柔和）

3. 作者把春风比作母亲的手，用了比喻的修辞方法，生动地写出了春风温暖、柔和的特点。

4. 你被母亲的手抚摸过吗？（抚摸过）

师：有什么感觉？（生说：温暖、亲切、慈爱）

师：“抚摸”一词传递着柔和、芳香和喜悦。

师：回答真精彩！抚摸是一种温暖，是一种幸福，是一种慈爱。春风本无形，作者笔下的春风却是有情有意。请你读一读这一句，传递你被抚摸时的感受好吗？

5. 我们一同来感受这种幸福的感觉。（生齐读）

6. 师：同学们想想看，春风除了像母亲的手抚摸着你以外，我们还可以怎么说？

（春风____________________着你。如：像老师的手、像爷爷的胡须扎着我的脸蛋儿）

7. 师：想象力真丰富，我们一起为他们鼓掌！

8. 还有哪个词用得好？“卖弄”一词用得好。（师：换成“展示”行吗？）

生：用“卖弄”好，因为小鸟想让大家听听它的歌喉。

生：用“卖弄”表达了作者对“鸟儿”的喜爱之情。“卖弄”虽然是贬义词，但在这里当作褒义词来用了。

生：用“卖弄”好，鸟儿将巢安在繁花嫩叶当中，鸟儿有了自己美丽的家园，通过卖弄喉咙来表现一下高兴的心情。如果用展示就不会呼朋引伴，因为展示是发挥自己的特长，别人主动来听。而“卖弄”是炫耀的意思，自然要呼朋引伴。

9. 说得多好啊！你想对小鸟说什么？（师打开小鸟图）

10. 由这幅春风图，你可以联想到什么词语？你会想到什么诗句？（几生发言）

11. 多么令人愉悦的美景啊！来，让我们一道去感受那亲切柔和、温馨惬意的春风吧！（生齐："吹面不寒杨柳风"……）

★春雨图（课件打出"春雨图"）

1.（师打开春风图）在作者的笔下，春雨最具有诗意，"像牛毛，像花针，像细丝"排比句用得好。

2."斜织"着，写得好，使人联想到，春姑娘是一位心灵手巧的织匠。

3.写草儿的青哪个词用得好？（逼）说说理由。（因为小草颜色鲜艳有点刺眼。）

师：小草勃勃的生命力真叫人无法抵御！

4.描写春雨的词怎么说来着？（生说）描写春雨的诗怎么说来着？

5.春天，就是具有一股永恒的魅力！因为，蒙蒙细雨之中——

（——有撑起伞慢慢走着的人，有披着蓑戴着笠的农民……）

★迎春图（课件打出"迎春图"）

1.师：多美的春天啊！于是，家家户户，男女老少，都涌出户外，拥抱春天，放飞希望。

2.师：于是，人们舒活舒活筋骨，抖擞抖擞精神，正如一句名言说得好"一年之计在于春"。

五、升华主题

1.（师打开课件）看到这些多姿多彩的图画，于是作者情不自禁地赞叹道——（生齐："春天像刚落地的娃娃……"）

2.最后这三段很明显作者运用了什么修辞手法？作者把春天比作刚落地的娃娃、小姑娘、健壮的青年，写出了春天的哪三个发展阶段？

像娃娃——"新"（万物复苏，新的生命开始）　　（初春）（生说师板书）

像小姑娘——"美"（百花争艳，景色动人）　　（仲春）

像青年——"力"（春天充满活力）　　（暮春）

3.作者认为春天像娃娃、像小姑娘、像健壮有力的青年，你认为春天像什么？

生：春天像神笔马良，勾勒出五彩缤纷的世界。

生：春天像火炉，驱散了严寒，送来了温暖。

生：春天像一道方程式，它的解属于奋斗者。

生：春天像一首曲调优美的歌，唱出了大自然的鸟语花香。

生：春天像指南针，为孜孜不倦、努力向上的人指明了方向。……

4.同学们对春天的设喻，可以和课文的三个比喻句相比美。看到这么美的春天，我们也会和作者一样由衷地发出这样的赞叹——（生齐："春天像刚落地的娃娃……"）

5.走进姹紫嫣红、鸟语花香的春天，谁都会发自内心地赞叹道（生齐读："春天像刚落地的娃娃……”）

六、展示交流：春天里的人

1.春天的风景好美哟！春天里的人呢？他们又在做些什么，想些什么？首先请你们诗意地表达。（点击课件显示：诗意地说）

草地上的人

花下的人

风中的人

雨里的人

户外的人（学生思考）

2.老师举个例子，例如风中的人，牧童用笛声应和着鸟鸣、轻风、流水的声音，人与自然共同为春谱曲，所以老师给了一个诗意的命名："同一首歌"。勇敢地尝试，相信你们会比老师说得更好。

➢ 我说花下的人：花前倾诉、花样年华、沐浴花雨、花香中的遐想

➢ 我说雨里的人：雨夜春忙、播种希望

➢ 我说草地上的人：绿中的点缀、相约青草地

➢ 我说户外的人：风中的希望、随风飘荡的希望、放飞梦想、同在一片蓝天下

➢ 我说风中的人：与春天同呼吸、与春天共舞、春之歌

3.同学们，这所有徜徉在春天里的人给你的整体感觉是怎样的？能概括地说说吗？（点击课件显示）概括地说：春天里的人是__________________的。

➢ 春天里的人是忙碌的。

➢ 春天里的人是幸福的。

➢ 春天里的人是朝气蓬勃的。

➢ 春天里的人是充实的。

➢ 春天里的人是充满希望的。

➢ 春天里的人是精神抖擞的。

➢ 春天里的人是满怀信心的。

➢ 春天里的人是充满幻想的。

➢ 春天里的人是快乐的。

➢ 春天里的人是美好的。

➢ 春天里的人是浪漫的。

➢ 春天里的人是不知疲倦的。

➢ 春天里的人是喜气洋洋的。

➢ 春天里的人是飞翔的。

4.太精彩了，老师真不忍心打断你们！希望我们都能飞翔在大自然的春天，

更希望我们能飞翔在人生的春天！其实，当我们在春天里飞翔的时候，只要你用心倾听，你会发现大自然会对我们轻声地说话，告诉老师，你们听到了什么？（点击课件显示：大自然与人的对话）

春草告诉我　春花告诉我　春风告诉我

春雨告诉我　泥土告诉我　柳条告诉我

提示：可以充满情感地说，也可以富有哲理地说。

➢ 春雨告诉我：春天是对人类心灵的净化。春雨荡涤了人类的灵魂……

➢ 泥土告诉我：做什么事都要脚踏实地。（生命是一棵大树，愈是同泥土为伍，愈是有云彩做伴……）

➢ 春花告诉我：只有勇于竞争，才能使人生灿烂。（用爱成就理想，用心托举希望……）

➢ 春风告诉我：将你的理想放飞吧！（与梦想一起飞翔……）

➢ 春草告诉我：只要根扎得深，就不怕风雨的残暴。（把信念扎入地下，才可能将生命探向蓝天……）

➢ 春花告诉我：不努力是结不出果子的。（不在春天开花，就不能在秋天结果……）

➢ 柳条告诉我：做人要谦虚。因为柳条是下垂的。（谦虚是一种美丽……）

5. 同学们，你们把春天真正地读在脸上了，读进了心里。真了不起！

七、用一句话说春天

你能用一句诗意的话来说说春天吗？比如说：（出示字幕：春天是一位飘着芳香的少女。春天是一幅清新明朗的画。春天是从冬眠中醒来的岁月。春天期待一种绽放的心情。春天，鸟巢是树的风景。春天，彩虹是天空的发卡。花朵站在枝头欣赏春天。）

八、结束语

同学们，只要我们热爱生活，热爱生命，珍惜青春年华，就一定能够创造一个属于自己的春天！

（https://wenku.baidu.com/view/1380b4cf5ff7ba0d4a7302768e 9951e79b896962.html）

案例评析：

这个教学设计荣获全国教学大赛一等奖。最明显的有两大优点。

其一，教师将这篇写景散文的教学目标定为“美读课文、品味语句、体会情感”，纵观整个教学过程，其目标不仅得到了扎扎实实地落实，而且在每个环节都充分体现了语文的本体性原则，学生在听、说、读、写中得到了成长。

其二，以学生为主体，重视学生的个性化解读。比如：教师问“你最欣赏什么图画，说说你喜欢的理由”，不仅让学生畅谈，而且加以指导，提示学生要“从字、词、句、修辞手法、感官等来赏析”，这样才不至于偏离教学目标。在“升华主题”环节，教师提问“作者认为春天像娃娃、像小姑娘、像健壮有力的青年，你认为春天像什么?”，并对学生的比喻大加赞赏，认为“可以和课文的三个比喻句相比美”。这样，学生学习的动力才会更足。

四、戏剧

戏剧作为文化艺术百花园中的一朵奇葩，不同于小说、散文、诗歌等文学样式，是一种由语言文学、音乐、美术、舞蹈等多种因素构成的综合艺术。同时作为一种叙事性文学，戏剧有着完整的故事情节，性格鲜明的人物形象，尖锐激烈的戏剧冲突以及个性化的人物语言。很多优秀的中外戏剧作品感染、影响着一代又一代人，成为人们重要的精神食粮。

（一）教学目标

义务教育语文课程标准对**戏剧**教学的基本目标是：

1. 能自读课文，在 20 分钟以内通读 10000 字左右的戏剧剧本节选。

2. 能解词释义，根据上下文语境推断出陌生词语、多义词语、关键词语在文中的含义。

3. 能运用浏览的方法快速判断戏剧的剧种：外国戏剧、中国戏剧；古代戏曲、现代戏剧；话剧、歌舞剧；独幕剧、多幕剧。

4. 能列出剧本涉及的角色及旁白，了解并复述剧情梗概和创作时代背景。

5. 能注意剧中人物的表情、语气、语调，有感情地朗诵剧本，把握人物情感，初步体味戏剧语言与小说语言的差异，知道戏剧语言的特点。

6. 能透过台词，揣摩潜台词，分析人物对话，体会不同角色的语言风格。

7. 能运用概念图的形式画出文章结构，并用几个关键词语概括戏剧情节发展脉络。

8. 能依据剧本情节发展，简单总结戏剧中的矛盾冲突。

9. 能抓住人物的语言和人物在戏剧冲突中的表现进行分析，结合自己的感受，提出对戏剧人物爱或憎的理由。

10. 能结合故事情节，探究文本，学写简易剧评，提高鉴赏能力和审美水平。

11. 尝试表演剧本，在合作体验中加深对戏剧作品的体悟，深入领会作品的内涵，发展实践能力和创新能力，养成合作、分享、积极进取等良好的个人品质。

(二)教学方法

1.兴趣+鉴赏+评论

兴趣:这主要是为了让学生了解戏剧的基本结构和剧中人物的性格特点。在教学《雷雨》时,教师可以先对剧情内容进行简单概括再让学生自读课文。这种方法的目的是利用剧情来激起学生的阅读兴趣。在朗读之前,教师可以给学生布置任务:标出关键的字、词、句;分析剧本的结构;初步了解剧中人物的性格特征。

鉴赏:欣赏戏剧文学主要有两大技巧。一是善于领会巧妙的戏剧冲突;二是善于分析鲜明的人物形象,体会人物的语言和潜台词。《雷雨》中的潜台词特别多,例如:周朴园让繁漪去看病。周朴园:"你应当听话!"这句话体现了周朴园的地位和他对自己的家庭定位。这句台词的重点不是命令的动作"听话"而是"应当"。"应当"一词表现出了周朴园在这个家中的绝对权威,它强调的是一种态度,他认为在这个家庭中每个人都应该无条件地服从他。

评论:主要是指评论剧情、人物以及写作技巧。教师可以作引导性谈话:"这场戏人物典型、结构紧凑、思想深刻、剧情复杂,具有较高的鉴赏价值和深远的社会意义,值得我们进一步研究和评价。"然后顺理成章地让学生对剧情和人物进行评论。比如学生可以从以下三个角度对《雷雨》进行评论:(1)从爱情角度评论:作者采用插叙回忆的写作手法,揭示了周朴园和侍萍之间的关系,以此来控诉社会的罪恶;(2)从亲情关系角度评论:父子、母子、兄弟以及周朴园与鲁侍萍的这四种亲情关系相遇在同一个场合中,让父子相见不相认却相仇,让母子相见不相识却相怨,让兄弟相见不相识却相仇,让周朴园和鲁侍萍相见不相亲却相恨;(3)从阶级关系角度评论:周朴园与鲁侍萍相认,周朴园和鲁大海相遇,母子相遇不能相认,兄弟相逢形同仇人。

2.分角色朗读+质疑讨论+读写训练

姑且以《罗密欧与朱丽叶》为例来加以分析。

分角色朗读:这个剧本中人物众多,教师可以将全班学生分成两个大组,每个小组成员都分配一个对应的剧中角色,进行分角色朗读。其中最重要的角色就是男女主角了,可以让朗诵较好的一男一女两名学生来朗读,这样更能体现出剧中人物的情感。

质疑讨论:在课前预习和分角色朗诵的基础上,教师可以让学生针对课文内容提出问题,教师从中选出有价值的问题组织学生讨论。例如:导致罗密欧和朱丽叶爱情悲剧的最主要原因是什么?什么是"罗密欧与朱丽叶效应"?罗密欧和朱丽叶对于自己是蒙太古家族或凯普莱特家族的人各是什么态度?

读写训练：学完课文后，教师可以鼓励学生去读原著，这样可以进一步深入了解节选部分，更好地培养学生阅读和欣赏戏剧的能力。教师可以鼓励学生编写《罗密欧与朱丽叶》的情节发展提纲、人物性格提纲并尝试将剧本改编成小说。另外教师还可以布置学生写《罗密欧与朱丽叶》的读后感，培养学生的写作能力。

3.读读＋听听＋看看＋评评

以《哈姆雷特》为例来加以分析。

读读：教师可以让学生先根据课文后面的问题以及知识点提示大概了解《哈姆雷特》的内容，然后自读课文。

听听：教师播放分角色朗读的录音，让学生一边听录音一边欣赏课文，这样学生更能直接体会到哈姆雷特等角色的情感。

看看：让学生更直接了解课文内容的方法是播放《哈姆雷特》的影片。通过观看影片，学生更容易理清里面各个角色之间的关系，以及戏剧的前因后果，直接感受到哈姆雷特和奥菲莉娅之间的爱情，明白哈姆雷特在父亲去世后是如何一步步从一个温室中的小王子，成长为一个战士的，是如何把自己父亲的死亡真相调查清楚并报仇的。观看影片还可以让学生更牢固地记住故事情节，有利于降低授课难度。

评评：学习完《哈姆雷特》之后，教师可以让学生选择自己喜欢的一个人物进行评论。其中最值得评论的莫过于主人公哈姆雷特了，因为主人公的性格特点比较突出，一共经历了四个阶段：快乐（父亲去世时他还是一个单纯无忧的王子）、忧郁（父亲的惨死、母亲的改嫁、王位的丢失）、延宕（认为自己应该有正当的名分并且让克劳迪斯的恶行得到惩罚）、行动（杀了克劳迪斯报仇）。另外还可以让学生说说自己喜欢的句子。

4.学生为主的双演式

双演式戏剧教学模式是以建构主义学习理论为依据，以学生的活动为主要教学方式，在“双演”中进行体验的戏剧教学模式。双演式教学模式分为预习、初演（分组、理解剧本、小组成员安排角色、小组排练、选择演出）、观看（录像）、讨论（改进剧本与演出效果）、复演、写作六个步骤。

在学习《窦娥冤》时，教师可以按照这种模式让学生把剧情演一遍，然后观看一次录像，从中发现自己的表演以及对课文的理解有什么不足之处，自己对剧中人物的特点是否把握得足够准确。通过演出，学生可以清楚地了解窦娥为什么是冤枉的，她是如何被冤枉的，以及窦天章是如何为窦娥平反昭雪的。参与演出可以使学生更直接地体会到人物的情感，有利于其对课文内容的掌握。复演不但能验证学生是否真正掌握了课文内容以及剧中人物的情感，还能培养学生的表演能力以及创作能力。

（三）案例评析

案例 2-13：《雷雨》教学设计

雷　雨

【教学目标】

1. 了解剧情和人物之间的关系；
2. 把握戏剧冲突；
3. 品析人物语言（台词、独白等）；
4. 了解周朴园性格的复杂性。

【教学实施】

第一板块：演读课文，整体感知戏剧内容，了解剧中人物关系

1. 演读课文。布置演读任务，做好分工，提出演读要求，课前做好准备。演读分为三个小组，每一个小组指派一名同学负责，具体任务是：自由组合人员，做好角色分工，课前进行排演。演读要求：①尽量按照戏剧的舞台说明、台词和动作要求，进入角色，进行演读；②体会所扮演角色的性格特点，把握人物的思想感情；③动作与台词协调，情感真切。演读要注意通过语境体现情境，再由情境体现人物心境，进而表现人物鲜明的个性特点。

演读分工：第一小组演读内容为鲁侍萍与周朴园追忆往事，“你不是新来的下人……侍萍的相貌有一天也会老得连你都不认识了”（两人演读）。第二小组演读内容为周朴园与侍萍现在的矛盾，“（忽然严厉地）你来干什么？……这一点钱你不收下，将来你会后悔的”（三人演读）。第三小组演读内容为周朴园与鲁大海的矛盾，从“（见侍萍）妈，您还在这儿？”至结尾（五人演读）。课堂上按照顺序到讲台前面分组演读。

2. 评选优秀演读小组和最佳演员。全班同学根据演读要求和各小组演读情况评选出优秀演读小组 1 个、最佳演员 3 名（每小组各 1 名）。

3. 剖析课文思路。课文节选自《雷雨》第二幕。课文可分为两个部分。第一部分，写三十年后周朴园和侍萍再次相见，这部分又以侍萍说明自己的身份为界，分为两个层次。第一层：写周朴园和侍萍过去的矛盾；第二层：写周朴园和侍萍现在的矛盾。第二部分，写周朴园与鲁大海父子、侍萍与周萍母子会面，表现周朴园和鲁大海的激烈的矛盾冲突。

4. 理清剧本中人物关系。《雷雨》第二幕中出场人物主要有周朴园、鲁侍萍、

鲁大海和周萍。这四个人原本是一家,但由于周朴园和鲁侍萍感情的裂变,后来由一家分变为两个不同的家庭,其关系由此变得极其复杂和微妙。他们之间的关系已超出了家庭和血缘的意义,表现为以周朴园为代表的资本家与以鲁侍萍为代表的下层人民之间的矛盾冲突,以及以周朴园为代表的资本家与以鲁大海为代表的工人之间的尖锐的阶级冲突。其人物关系可用下图表示:

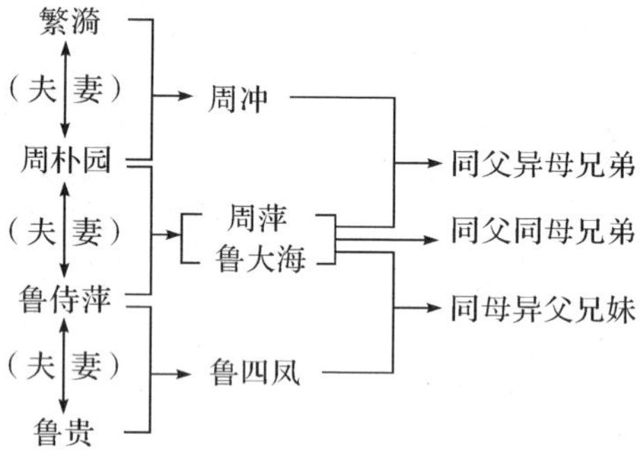

第二板块:品析语言,把握尖锐的戏剧冲突和鲜明的人物个性

没有冲突,就没有戏剧。戏剧冲突是剧本中人物与人物之间,人物与环境之间,人物内心的各种动机之间的抵触、摩擦和撞击。戏剧冲突是通过人物的语言来表现的。戏剧中人物的对话和独白构成了人物语言的主要内容。

主要从以下几个角度品析课文语言:

1. 舞台说明性语言。课文开头有一段舞台说明性文字:“午饭后,天气更阴沉,更郁热。低沉潮湿的空气,使人异常烦躁。”这段文字的作用是什么呢?讨论明确:交代故事发生的时间,渲染了一种“阴沉”“郁热”的舞台气氛,烘托出人物烦躁、郁闷、不安的情绪,预示着一场雷雨的到来,为下面剧情的展开设置了一种令人压抑的背景。

2. 人物叙述性语言。鲁侍萍为找女儿四凤来到周家,鲁侍萍认出了周朴园,但周朴园并不知道眼前的这个下人就是侍萍,在这种特定的情境下,二人开始了对话。对话从“无锡口音”开始,围绕在无锡发生的“一件很出名的事情”展开,对话中,鲁侍萍和周朴园追忆往事,侍萍诉说了自己的悲惨遭遇。在周朴园和侍萍的对话中,有这样一处细节:周朴园在谈到三十年前的侍萍时,称她是“一个年轻小姐”,还说她“很贤惠,也很规矩”,而鲁侍萍却否定三十年前的自己,说“她不是小姐,她也不贤惠,并且听说是不大规矩的”。这段看似矛盾的对话构置了戏剧冲突,刻画了人物性格,也推动了情节的发展。周朴园这样称呼三十年前的侍萍是为了维护自己的身份和地位。周朴园以为侍萍已经投河死了,因此极力美化侍萍,并且从各方面表示出他对“第一个妻子”的纪念,以掩盖他的灵魂。同时也是为了弥补他灵魂的空虚,使精神得到自我解脱。鲁侍萍这时表面上否定自己,实质上揭露了周朴园的隐私。一方面揭露周朴园伪善的阶级本性,另一方面诉说出多年来郁结在内心深处的悲哀和怨恨。

3. 对话情态性语言。请看下面对话语言:

周朴园(沉思)无锡?嗯,无锡,(忽而)你在无锡是什么时候?

周朴园(沉思)三十多年前,是的,很远啦,我想想,……

周朴园 嗯,(沉吟)无锡是个好地方。

周朴园(苦痛)哦!

周朴园(汗涔涔地)哦。

周朴园(惊愕)什么?

周朴园(忽然立起)你是谁?

周朴园(忽然严厉地)你来干什么?

上述对话语言都包含了人物的感情、态度与神色,从中可以透视人物的内心世界。周朴园与鲁侍萍对话,开始是"沉思",因为那件"很出名的事情""离现在有三十多年了","沉思"表明勾起了周朴园对往事的回忆。"沉吟"则表明一个资本家对下人说话的漫不经心。"苦痛"说明侍萍的话触及了周朴园的内心痛楚,揭露了周朴园对侍萍始乱终弃的丑恶行径。"汗涔涔地"表明周朴园做贼心虚,窘态毕现,显出一副狼狈相。当周朴园突然知道自己意念中已经死去的侍萍还活着而且他的孩子也还活着时,周朴园惊得发愣,表现出极度的惶恐与不安。"忽然严厉地"问,表现周朴园咄咄逼人,面目狰狞。

4. 台词动作性语言。动作语言是指人物的语言流向(人物语言间的交流和交锋),起着推动或暗示故事情节发展的作用。它不是静止的,它是人物性格在情节发展中内在力的体现。请看下面台词:

周朴园 那你走错屋子了。

鲁侍萍 哦。——老爷没有事了?

周朴园(指窗)窗户谁叫打开的?

鲁侍萍 哦。(很自然地走到窗前,关上窗户,慢慢地走向中门。)

周朴园(看她关好窗门,忽然觉得她很奇怪)你站一站。(侍萍停。)

这段台词,不仅展示出人物丰富的内心世界,而且引起人物的外部动作,具有很强的动作性。侍萍的一句"老爷没有事了?"平静的话语隐含着侍萍内心复杂的感情:我现在站在你的面前,难道你就真的不认识我了吗?真是太冷酷无情。周朴园看到侍萍关窗户的动作,非常熟悉,因而觉得十分"奇怪"。于是引起了周朴园对侍萍身份的关注,推动了戏剧情节的发展。

5. 交锋问话性语言。在周朴园与侍萍的语言交锋中，周朴园先后四次问到侍萍的身份：

①你——你贵姓？

②(抬起头来)你姓什么？

③(忽然立起)你是谁？

④(徐徐立起)哦，你，你，你是——

第一次问是一种平和而略显迟疑的语气；第二次问带有惊讶与疑惑的语气；第三次问表现其疑惑，体现周朴园问话时内心的惊恐与慌乱；第四次问是在侍萍详细地诉说自己的遭遇之后，周朴园顿然明白眼前站着的就是三十年前被自己遗弃的侍萍，此时，他手脚慌乱，六神无主，说话前言不搭后语，这就生动地描写了周朴园当时极为复杂的心理：他不想目睹这一现实，但又不得不承认这一现实，而又非常希望这不是现实。这一连串冷酷无情的质问深刻表现了周朴园自私、虚伪的本质。

第三板块：课堂辩论，探究人物性格的复杂性，整体把握文学形象

1. 提出辩论要求，做好辩论准备(课前完成)。辩论主题：如何看待周朴园对鲁侍萍的感情？有人说，周朴园是一个地地道道的伪君子，他对侍萍的感情完全是虚伪的；有人说，周朴园对鲁侍萍的怀念是出自内心。那么周朴园对鲁侍萍的怀念究竟是真情还是假意？请同学们课外阅读《雷雨》全剧，并查找相关资料，为课堂辩论做好准备。辩论方式：分为正方和反方两组，每组 4 人，均由主辩手和辩手构成。正方观点：周朴园对鲁侍萍的怀念是真实的；反方观点：周朴园对鲁侍萍的怀念是虚假的。

2. 开展课堂辩论。正方、反方根据辩题，针锋相对，展开辩论。教师注意引导，鼓励学生大胆地发表见解，并用理由支撑自己的观点。这是第三教学板块的主要内容，尽量让正反双方辩论充分。

3. 教师点评，归纳综合。究竟如何看待周朴园对鲁侍萍的感情？对这一问题我们不能孤立看待。从总体上来看，周朴园对侍萍的感情有假也有真，但是虚假大于真实。

应该承认，周朴园对侍萍的怀念是真实的。第一，从周朴园的经历来看，他曾经结过两次婚，两次都不如意。人在家庭生活不如意时，容易怀旧，这自然会使周朴园怀念起与侍萍度过的快乐时光。一个人对初恋总是难以忘怀的。如果说周朴园是假装的，那他装给谁看呢？何况侍萍还为周朴园生过两个孩子呢！第二，周朴园一直保存着侍萍的“遗像”“遗物”，屋里的摆设和三十年前侍萍在时一样，这些家具是以前侍萍顶喜欢的，三十年了，他还留着，是为了纪念侍萍。他每年记得侍萍的生日——四月十八。侍萍生了周萍，受了病，总要关窗户。这些习惯他都一直还保留着。试想，他对一个自己认为已经死了的旧情人留恋到如此程度，难道说这是虚假的吗？第三，周朴园当初与侍萍分开是迫于家庭的压力，封建婚姻等级观念不允许周朴园与“下等人”结婚，因此周朴园附和了家庭的逼迫抛弃了她。由此看来，周朴园对当初的侍萍是有过一份真爱的。但是周朴园怀念的并不是站在他面前的鲁妈，而是当年那个年轻貌美、知书达礼、贤惠体贴的梅小姐，是已投河自尽而不会对他构成威胁的梅小姐，是他年轻时的恋人。从这个角度说，周朴园的怀念又是虚伪的。当三十年后老得不成样子的鲁侍萍站到周朴园的面前时，他惊恐不已，凶相毕露，严厉地说：“你来干什么？”后来他终于使用了金钱收买的手段，“这是一张五千块钱的支票，你可以先拿去用。算是弥补我一点罪过。”侍萍接过支票，把它“撕”了。一个“撕”字，表现侍萍对周朴园的愤怒，显示了侍萍性格的刚强，维护了侍萍自身的尊严。同时把一个充满铜臭味的资本家的丑恶灵魂刻画得入木三分，淋漓尽致地揭露了周朴园虚伪、冷酷、自私、假善真恶的本质。

4.讨论：周朴园和鲁大海相见后的对话表现了周朴园怎样的性格特点？

明确：周朴园在自己的儿子鲁大海面前，依然摆出资本家对待工人们的冷酷面孔和傲慢态度，先明知故问，继而教训，接着嘲讽，最后宣布开除鲁大海。由此看出，周朴园集狡猾和残忍于一身。鲁大海怒斥周朴园，揭露其罪恶，周朴园在包修江桥时故意叫江堤出险，还唆使矿警开枪打死工人，这就更加暴露出他的残忍与狠毒。

5.探究“雷雨”标题的象征意义。

明确：“雷雨”的标题既指戏剧情节发生的自然气候，又指这个家庭内部由酝酿到爆发了一场毁灭性的雷雨：四凤、周冲触电而死，周萍开枪自杀，繁漪、侍萍都疯了……自然气候与家庭风暴就是当时社会矛盾日趋尖锐的一个缩影。整个故事的背景、情节都与雷雨有关。作者用象征的手法告诉人们：在半殖民地半封建社会沉闷的空气里，一场变革中国现实的大雷雨即将来临。

（王世发.《雷雨》教学设计[J].中学语文教学参考，2005(12).）

案例评析：

《雷雨》是一部很重要又有难度的作品。重要是因为提到中国话剧史，《雷雨》是绕不过去的里程碑。难度是因为欣赏戏剧需要一些专业化的知识，而且剧中主题、人物至今都没有统一的定论。这位老师运用板块式结构教学《雷雨》。整个教学分为三个大的板块，以演读课文，整体感知戏剧内容为切入点，帮助学生了解戏剧梗概和人物关系；以品析戏剧中富有个性化和动作性的人物语言为重点，引导学生把握尖锐激烈的戏剧冲突，认识人物性格特点；再围绕“周朴园对鲁侍萍的怀念是真情还是假意”这一主问题展开课堂辩论，探究人物性格的复杂性，把握人物形象，揭示戏剧的社会意义。

在品析语言方面，老师引导学生从舞台说明性语言、人物叙述性语言、对话情态性语言、台词动作性语言、交锋时问话性语言等角度来进行，从而更好地把握尖锐的戏剧冲突和鲜明的人物个性。

整个教学过程，有学生分角色朗读、有品析、有辩论、有探讨，形式多样，不失为成功的戏剧教学案例。

第三节　文言文

文言文承载着中华五千年的文明，体现了鲜明的民族特性。文言文学习可以让学生认识到中华文化的丰富博大，吸收民族文化智慧，热爱祖国的语言文字，传承传统文化精神。

一、教学目标

义务教育语文课程标准对**文言文**的教学目标如下：

1. 能正确使用常用古代汉语字典、词典；

2. 能根据上下文语境解释或断定某个实词、虚词在文中的含义；

3. 能根据上下文语境解释或辨别某个实词、虚词在文中的用法；

4. 能根据上下文语境区分或辨别出与现代汉语不同的句式和用法；

5. 能根据原文的基本意思将指定的文言语段用自己的话表达出来；

6. 能根据要求在文中画出符合要求的字词句段；

7. 能归纳出所阅读的文言文材料的内容、要点，并用自己的话概括该文言文材料的中心思想；

8. 能用自己的话分析概括出在叙述某一事件或说明某一道理时作者自己的观点或态度；

9. 能用自己的话评析阅读材料中的形象、语言风格、特色和表达技巧；

10. 能有条理地、恰当地、用自己的话、清晰地评价文章的思想内容和文章中作者的观点和态度。

二、教学方法

1. 多读

读是学生直接接触课文的开始。对于文言文教学，一定要坚持以读为本。

现在大多数学生对学习文言文不感兴趣。一学文言文就头痛，读一篇文言文总是结结巴巴，即使像《岳阳楼记》《出师表》《陈情表》《项脊轩志》等脍炙人口的名篇也读得索然无味。究其原因，主要是教师讲得太多，而学生“欠读”太多。

文言文教学应以学生的诵读来贯穿整个教学活动，一般应有读通、读懂、读活、读透四个步骤：

(1)读通。学习一篇文言文，第一步就是要让学生读准音，把课文读得顺畅。首先，不懂的字词要查字典读准音，尤其是一些多音多义字。其次读准节奏。多读几遍，朗朗上口之后，学生就有了整体感知，然后教师再稍做解释。

(2)读懂。即让学生通过对照课文的注解，进一步理解课文。教材选文大都属于“浅易”之列，疑难词句课后多有注释，剩下真正难以理解的地方，在教师的指导下读上三五遍，词句含义用法大多也就明确了。

(3)读活。文章是“死”的，但通过读会使文章“活”起来。正如马建君先生说的，“读出文章的韵味情致，读出作者的喜怒哀乐，读出学生的真情实感，以至于与作者水乳交融，为作者之悲而悲，为作者之乐而乐，为文中谈天说地而晓理，为文中慷慨激昂而奋发”。如《赤壁赋》的感情线索是“乐—悲—乐”，要理解写景中蕴涵的情理，就要多读几遍，把握作者的思想感情，并在读中使自己的感情与作者的感情产生共鸣。

(4)读透。这是对文章艺术的客观审视，通过诵读，把握文章的艺术特色。如《赤壁赋》第一段写景句，用了三组脍炙人口的骈俪语句，写了风、月、山、水，很有音韵美和意境美。这只有通过多次的诵读才能体味到。

2. 多练

练是使知识转化为能力的必要手段，是文言文教学过程中的重要环节。练的主体是学生，但教师必须做到两个方面：一是要有准备，学生在阅读中会出现什么情况，会提出哪些问题，哪些语句翻译起来有困难，教师都要有清楚的估计，要做到心中有数。二是要有计划，成系统，突出重点。教师应该循序渐进地组织训练，用系统的知识武装学生，帮助学生建立起合理的知识结构，而不能用支离破碎、杂乱无章的知识去充填学生的头脑。

3.讨论

教材中所选的文言文是世代流传、脍炙人口的名篇。虽然时代演变到了今天，但作为传统文化来说，人文精神的核心却始终如一。因此学习文言文不能仅仅是对知识的掌握，更应该是对人的素养的提升。

文言文教学不能简单地把它作为古汉语教，而是既要教古文，又要教做人，进行人文积淀。

比如史传文学的教学中，《苏武牧羊》可以让学生通过讨论更深层地感受苏武在民族生死存亡的关头，宁为玉碎，不为瓦全，不屈服于强敌的侵略，挽救民族命运的精神。讲《烛之武退秦师》《冯谖客孟尝君》《信陵君窃符救赵》这几篇课文时，让学生通过讨论感知古代“士为知己者死”的时代风尚，从而引发学生对现世的思考以及急人之困的大无畏精神的学习。一句话，文言文教学对于传统文化的继承责无旁贷。

文言文教学设计

三、案例分析

案例 2-14:《醉翁亭记》教学设计

醉翁亭记

【教学目标】

1.背诵全文。

2.基本理解课文内容。

【教学设想】

《九年义务教育初中语文教学大纲》规定，文言文的教学内容和要求重点要放在熟读和背诵上，同时能够基本理解课文的内容。基于此，本文教学从熟读课文开始，通过反复诵读，使学生对课文大意有初步感知；然后指导学生以二人小组和全班讨论的形式疏通全文大意。这是基本理解课文内容的基础。

对于基本理解课文内容这一教学目标，拟抓住贯穿全文主线的一个“乐”字，体会作者文中蕴涵着的与民同乐的政治理想。若学生能对此有所体会或了解，即达到了这一教学目标。

【课时安排】

两课时

第一课时

【教学重点】

1. 熟读课文，疏通全文大意。

2. 抓住“乐”字，基本理解课文内容。

【教学过程】

一、看“阅读提示”

了解作者欧阳修和本文写作背景，了解本文主要内容。

二、读课文

1. 教师范读或播放课文，朗读录音。

要求：学生听清字音，必要时在书上注汉语拼音。

2. 教师提出字词，请学生读准字音。

方法：出示卡片或小黑板。

3. 学生试读课文。

要求：放声朗读。

4. 学生互读课文。

方法：二人小组互读，要注意纠正对方的读音错误，各读一遍。

5. 请一位学生朗读，集体纠正其读音。

（或请四位学生，每人读一段。）

明确：从正音入手，引导学生反复朗读课文是为了熟悉课文内容。以上学生已经听读了两遍，自己读了两遍，对课文内容大致有了了解。本文语言浅易，熟读利于学生疏通全文大意。

三、疏通全文大意

1. 两人组成一个小组，参考注解，疏通全文大意。没有注解的语句可凭借学过的文言常识解决或查阅工具书解决；解决不了的画下来待全班集体讨论解决。

明确：引导学生善于利用书上注解和工具书独立学习，这也是在培养学生的自学能力。设立二人小组讨论全文大意，是为了互相启发并利于调动学生学习的积极性和主动性。

2. 集体解决疑难。

方法：二人小组提出在疏通文意中遇到的问题，由其他小组同学帮助解答。学生们都解决不了的教师适时点拨或给予解答。

学生可能提出的问题如下。

(1)林壑尤美。

(2)山行六七里,渐闻水声潺潺,而泻出于两峰之间者,酿泉也。

(3)作亭者谁?山之僧智仙也。

(4)山间之朝暮也。

(5)山间之四时也。

(6)歌于途。

(7)行者。

(8)临溪而渔。

(9)酿泉为酒,泉香而酒洌。

(10)杂然而前陈者。

(11)起坐而喧哗者。

(12)已而夕阳在山。

(13)然而禽鸟知山林之乐,而不知人之乐。

明确:学生阅读中遇到问题由谁来解决呢?同学之间互相启发自己解决最好,必要时教师可适当点拨或讲解。学习是学生的事,教师要尽可能调动他们自己解决问题的积极性。若能如此,久而久之学生独立学习的能力就会增强。

3.学生各自疏通全文大意。

方法:把课文翻译成现代文,再将之口述一遍,要出声音。

四、再读课文

齐读或各自放声读。

要求:注意找出表达全文主旨的一个字画出来。

五、布置作业

1.熟读全文。

2.完成课后练习。

第二课时

【教学重点】

1.抓住“乐”字,基本理解课文内容。

2.背诵全文。

【教学过程】

一、读课文

集体读或个人读。

二、讨论问题

1. 找出表达全文主旨的一个字

明确：乐。

2. 文中写出了谁“乐”？

明确：太守乐，众宾乐，滁人乐。

3. 太守、众宾为何而“乐”？

明确：太守为山水而乐，宴酣而乐，与民同乐。众宾客是从太守游而乐。

4. 文中怎样写出了滁州百姓之乐？

明确：“至于负者歌于途，行者休于树，前者呼后者应，伛偻提携，往来而不绝。”

5. 滁人欢乐情状全是从太守眼中看出的。从写滁州百姓之乐中可以体会出什么内涵？有没有太守之乐在里边？

明确：享受“山水之乐”的不仅有太守及其宾客，还有滁州的百姓。一州之人，人人都可以纵情山水。“滁人游”写得有声有色——有歌声和呼应声，有负者和行者，有老人和孩子。百姓如此兴高采烈地出游是因为生活安定富足，而这又和太守励精图治有关。太守为此而乐也为能与民同乐而乐。这是他的政治理想。

（以上四个问题由浅入深引导学生理解作者在文中抒写的“乐”的主要内涵。最后一个问题难度较大，教师适当讲解也是必要的。但不必发挥得过多，点到为止。）

三、背诵课文

逐段背诵。每段限定背诵时间。

指导背诵，重点引导学生从内容理解入手，尽量不死背。例如第一段，共十一句，分作三层来理解、背诵。前四句放在一起背，是由远而近写景（第一句除外）。第五到第九句放在一起背，这里写作亭者、命名者、“醉翁”之号的由来。最后两句放在一起背。其他段的背诵也是如此，先分层，将内容相关联的句子放在一起背，便于记忆。

（有前边熟读的基础，加上本文语言朗朗上口，因此学生能够比较快地背下来。若课上时间不够，教师可选其中一段，进行背诵指导，为的是教给学生背诵的方法。另外“一段中如何分层”不是本课教学重点，提出将相关内容的句子放在一起背，只是为了便于背诵，只要学生容易背下来，一段中怎样分层不必较真）。

四、布置作业

1. 背诵全文。

2. 完成课后练习六。

（戴余金. 初中阅读教例剖析与教案研制[M]. 南宁：广西教育出版社，2005：197.）

案例评点：

这是特级教师宁鸿彬的一个教学案例。整个设计，宁老师巧用一个“乐”字把两堂课都贯穿了起来，提纲挈领，化繁为简，巧妙地达到了既引导学生整体感知课文内容，又训练学生概括能力的目的。

深入分析一下：

1. 一个“乐”字，贯穿各个教学环节

本教案设计严密，一环扣一环，每一个环节都考虑到学生可能遇到的问题和会发生的情况，而且说明了为什么要这样设计。本教案一共安排两课时。

第一课时，重点是熟读课文，疏通全文大意。

第二课时，抓住了“乐”字，基本理解课文内容。

四个环节安排了不同形式的活动内容，但最后归结到找“乐”字上。“乐”不单是贯穿文章的一条线索，也成了贯穿课堂各个环节的一条线索。

2. 一个“乐”字，推进学生活动进程

宁鸿彬说学习是学生的事。在这个教学设计中，精心安排学生的各种活动，听说读思，步步都离不开全体学生的参与。

在第一课时疏通文意的基础上，找到了这个“乐”字，接着第二课时引导学生围绕这个“乐”字来开展活动，谁乐？为什么乐？怎样乐？这些问题，由浅入深，一步一步推进了学生在课堂上的活动。

3. 一个“乐”字，升华文章主旨

抓住了“乐”字，通过学生一系列的活动，解决了以上的问题后，顺理成章地引出了文章主题——与民同乐，把乐的境界提升到了更高的层面。

案例评析文言文

案例 2-15：《桃花源记》教学设计

桃花源记

【教学目的】

1. 感受桃花源优美的环境、淳朴的人情、和平安定的生活。

2. 理解陶渊明虚构这一桃源胜境的目的。

【教学过程】

一、导入新课：播放歌曲《梦入桃花源》营造气氛

二、明确学习目标

1. 了解本文所描绘的理想社会，感受宁静的田园生活，正确理解作者的理想。

2. 肯定陶渊明对理想社会的大胆追求，激发生活在新时代的自豪感。

三、朗读桃花源

1. 教师范读课文，提醒学生注意字音、句读、情感。

2. 学生自由朗读课文，依据注释疏通文意，并积累文言词汇。

3. 归纳古今异义词，一词多义等语言现象。

4. 学生选择自己喜欢、有感悟的句子背诵，并说说理由。

5. 朗读比赛(男生 VS 女生)。

四、桃花源访谈节目——《新闻会客厅》

朗读比赛后，大家是不是和老师一样对桃花源十分向往？今天我穿越时空的隧道，把1600多年前桃花源的村民请到了我们的“新闻会客厅”的演播室，听他们讲述一下桃花源的故事。(学生自愿客串桃花源村民代表走进新闻会客厅)

现场采访：各位观众朋友大家好！欢迎收看本期的新闻会客厅，一说起世外桃源，大家总会放飞思想的野马，浮想联翩勾画你心中的世外桃源，今天，我们有幸请来了桃花源中的村民代表，通过当事人之口，揭开桃花源的神秘面纱。

1. 各位村民，欢迎你们来到“新闻会客厅”，我们想知道当初你们为什么要远离尘世，建造你们的桃花源村？什么原因促使你们做出这样的决定？

自先世避秦时乱。

2. 提及桃花源我们都想入非非，那到底什么样？你们能给我们介绍一下你们这个村子四周的地理环境吗？

中无杂树，芳草鲜美，落英缤纷，林尽水源，便得一山，山有良田美池桑竹之属，阡陌交通，鸡犬相闻。

画外音：环境美不美？美！怎么美？一个词语形容：神美(神秘，美丽)

观众活动：想象一片桃树林，花开争妍，微风拂过，片片桃花瓣簌簌飞落，一个静谧的山村依稀出现在树树掩映环抱中，仙境般美丽。齐读感受。

3. 村里人日常生活怎样？

其中往来种作，男女衣着，悉如外人；黄发垂髫，并怡然自乐。

4. 村里人如何相处？是与世隔绝吗？

遂与外人间隔。问今是何世，乃不知有汉，无论魏晋。

画外音：这里人们性格是那么善良淳朴。

5. 你们村中有什么风俗习惯？比如，来了客人你们怎么招待？

见渔人，乃大惊，问所从来，具答之。便要还家，设酒杀鸡作食。村中闻有此人，咸来问讯。余人各复延至其家，皆出酒食。

画外音：村里人是那么好客。

通过村民的介绍，我们大体了解了桃花源中的情形，下面请观众们充分发挥想象力，用自己的语言描绘一下你脑海中的桃花源。

总结：桃花源中风土人情是热情好客，善良淳朴。环境优美，人与人，人与自然处处体现一种和谐之美。

感谢桃花源村民代表，本期“新闻会客厅”到此结束。谢谢收看。节目结束了，我们的比赛仍在继续，“限时背诵比赛”。

6. 节目的最后，请“桃花源的村民”用一句话概括一下桃花源的特点或自己的生活感受。

五、赏读课文

刚才我们收看了“桃花源访谈”节目。通过所见、所闻，我们知道桃花源实在是令人陶醉。它给大家留下了怎样的印象，用一两个词语概括。

（一）感受桃花源的美好

1. 桃花源美在何处？试以“桃花源之美，美在__________，不信你看（听、闻）：______________________________。”的句式描绘一下桃花源的美。（后一空，可以直接引用课文中的话，也可以根据课文内容用自己的话描述。学生回答，教师归纳。）

2. 小结感受：陶渊明在《桃花源记》中为我们展现了一幅怎样的生活画卷？（教师归纳）桃花源的确是一幅美丽的画，美在自然，更美在人情，它风景秀丽，它宁静和谐，它民风淳朴，这里人人劳作、人人平等、关系融洽，没有剥削、没有战乱，人民安居乐业、丰衣足食，真是一个温暖自足的理想王国啊！（板书）

（二）感受《桃花源记》的美好

过渡语：一篇不过三百来字的《桃花源记》令桃花源这一景点声名鹊起、驰名中外，它跨越千年，仍经久不衰，传诵古今，魅力何在呢？大家可以从语言（句式、用词）、结构、写法等方面来再次品读这篇美文。下面，请同学们快速就近形成学习小组，探讨《桃花源记》的美。（学生回答，教师归纳）

无论是通篇纵览还是逐一咬文嚼字，无处不让人感到此文美不胜收：叙事简洁，情节曲折；层层设疑，引人入胜；读来朗朗上口，富有音乐的韵律美。它既是一幅绝美的画卷，又是一首动人的曲子。

六、探究考证

当我们徜徉在桃花源中流连忘返时，我听到这样一种观点：桃花源根本不存在，它是作者虚构的理想社会！你同意吗？四人一组探究考证，考证桃花源是否存在，证据何在？

1. 不存在！证据：（课文中句子）既然桃花源不存在，陶公为何虚构这样一个社会？引入时代背景介绍，作者生平介绍。

士族、地主把持朝政，社会黑暗，作者抑郁不得志，辞官归隐，于是创造了一个没有压迫没有剥削的世外桃源寄托自己的理想，但是由于时代局限，是不能实现的。

2. 存在！桃花源存在于陶公的心中，存在于我们每个人的心中，相信和谐理想的存在，有陶诗为证“采菊东篱下，悠然见南山”。

七、感悟桃花源

感悟理想，和谐，并为之奋斗！

八、结束语

1. 如今祖国各地不是桃源，胜似桃源，倘若陶公地下有知，他也应该无比欣慰！其实古往今来许多仁人志士也一直在为自己理想中的桃源奋斗不息。古者如墨子、屈原、杜甫……今人如鲁迅、方志敏、焦裕禄……举不胜举呀。千百年来，“桃花源”已经成了人们的理想的化身，衍化成了一种“桃源情结”。我希望在21世纪的今天，同学们也能志存高远，将个人的利益与社会的需要结合起来，向着理想勇往直前。

2. 同时出示一些谈理想的名人名言。

（https://wenku.baidu.com/view/c4100327ae1ffc4ffe4733687e21af45b307fe25.html）

案例评析：

这个教学设计颇为用心。具体体现在：

首先，洋溢着鲜明的时代气息。比如采用“桃花源访谈节目——新闻会客厅”这种学生喜闻乐见的方式，使学生在轻松愉快中了解了桃花源的风土人情等。

其次，“赏读课文”环节不仅让学生“感受桃花源的美好”，而且要进一步“感受《桃花源记》的美好”，从这两个不同的角度切入，尤为巧妙。

最后，在“探究考证”环节，针对桃花源是否存在进行讨论，从而悟出陶渊明虚构这一胜景的目的。

本章小结

1. 记叙文教学的要点在于六要素、顺序、思路、主题、艺术手法等。
2. 说明文教学的要点在于说明顺序、方法、语言以及说明对象的特征。
3. 议论文教学的要点在于论点、论据、论证和关键词语的含义。
4. 小说教学的要点在于人物、情节、环境、主题等。
5. 诗歌教学的要点在于诗眼、意象、感情基调、诵读等。
6. 散文教学的要点在于把握其“形散神不散”的特点、语言、写作手法等。
7. 戏剧的教学要点在于矛盾冲突、人物特征、剧本语言。
8. 文言文教学的要点在于常用的实词、虚词,特殊句式、翻译、作者观点。
9. 能够用课程标准的理念来分析教学案例。

讨论题:

《勇气》是语文版教材七年级上册课文。请先阅读原文。

勇　气

狄斯尼

在英国举行的那次相当拘谨的军人午餐会上,大家谁也不认识谁。我坐在一个美国伞兵身边。他是第一〇一空降师——巴顿英雄部队的,约摸二十岁。像多数跳伞运动员一样,他长得比一般美国军人颀长些,而且肩膀很宽,看上去是个孔武有力的硬汉子。他胸前闪耀着的勋章绶带比我记忆中任何将级官衔以下的人都要多。他开头有些怯生生的,不很健谈。但是过了不久,他的拘束消失了,给我讲了下面这个故事。

在大规模进攻开始的前一天(进攻法国前二十四小时),盟军向诺曼底空投了伞兵,这个年轻人就是其中之一。不幸的是,他在远离预定地点好几英里的地方着陆。那时候天差不多亮了,老早已经在脑子里记熟了的标志,他一个也没有找到,也见不到任何战友。他吹响了用以集合队伍的尖声警笛,却得不到任何响应。焦虑不安的几分钟过去了,他再吹一遍,还是一个人也没有来。他于是知道原定计划出毛病了,他现在是单枪匹马,完全落在敌人控制的土地上了。

他懂得必须马上找个地方隐蔽起来。他着陆的地点是在一个整洁的、收拾得挺漂亮的果园里的一堵石墙附近。在熹微的晨光里,他看见不远处有一栋小小的红色屋顶的农家。他不知道住在里面的人是亲盟国的呢,还是亲德国的,但是他总得碰碰运气啊。他朝那房子奔去,一边温习着寥寥可数的几句法语,那是专为应付这种紧急情况而学的。

听到敲门声，一位年约三十岁的法国女人开了门。她长得并不漂亮，虽不是笑容满面，但是她的眼光却善良而镇定。她显然是刚从做早饭的灶间出来的，她的丈夫和她的三个小小的孩子——其中一个是婴儿，坐在一张高椅子上——坐在饭桌旁边，惊异地盯着他。

“我是一个美国兵。”伞兵说，“你们愿意把我藏起来吗？”

“哦，当然啦。”法国女人说着便把他带进屋里。

“赶快，你得赶快。”做丈夫的说，他迅速地把这个美国人推进壁炉旁边的一个大碗橱里，“砰”的一声关上橱门。

几分钟后，六个德国士兵来了。他们已经看到这个伞兵降落，而这一栋又是附近唯一的房子。他们搜查得干净利落，转眼之间就找到了这个美国伞兵，把他从碗橱里拖了出来。

那位仅仅是由于藏起美国人而“犯罪”的法国农民，在被拉出厨房的时候，想要招呼他妻子一声，但是一个德国士兵一拳打在他的嘴上，他就说不出话来了。德国人命令他站到院子里，他并没有受到审讯，也不能向妻儿说一声再见，根本无所谓手续不手续，就被当场枪毙了。妻子呜咽，孩子放声大哭起来。

德国士兵知道怎样发落敢于掩护敌人的法国老百姓，不过对于如何处置他们的这个美国俘虏，却显然有一场争论。于是他们暂时把他推入一间棚屋里，把门闩上。

棚屋后边有一个小小的窗口，由此望去，可以看到田野边缘的那片树林。那伞兵蜷身挤出窗口，向树林奔去。

德国人发现他逃走了。他们一边跑到棚屋后边来追他，一边向他开枪。子弹没有打中目标。不过从当时的情况看来，逃脱是没有什么希望的。

他刚跑进树林——没什么灌木和杂树的法国树林——就听到周围都是追兵互相吆喝着。他们分散开来，正在很有次序地进行搜索。声音从四面八方传来看来，抓住他只不过是时间问题了。他没有什么机会了。

对，还有最后的一次机会。伞兵振作起来押了这一注。他拼命往回跑，避开一棵又一棵的树，离开树林，再次跑进田野。他跑过了棚屋，穿过院子，院子里还躺着那位被杀害的法国人的尸体。这个美国兵又一次来到这户农家，敲响了房门。那位法国女人很快打开了门。她满脸苍白，泪眼模糊。他们面对面地站了也许一秒来钟。她没有向她丈夫的尸体看上一眼，一直看也不敢看他一下。她直直地注视着这个美国青年的眼睛，他的到来使她变成了寡妇，孩子们变成了孤儿。

“你愿意把我藏起来吗？”他问。

“哦，当然啦。快！”

她毫不迟疑地把他送回壁炉边的碗橱里。他在碗橱里躲了三天。法国农民的葬礼举行的时候他是呆在那儿的。三天之后，诺曼底地区解放了，他得以重返部队。

德国人再没有来过这户农家。他们想不到需要再来搜查这间房子，因为他们不理解他们所要对付的这种人民。也许，他们理解不了，人类的精神竟然能够达到这样的高度。两种勇气打败了他们——智胜他们的美国青年的勇气和那位法国女人的勇气——她毫不犹豫地给了美国伞兵第二次机会。

我被这真实的故事里的两位主角迷住了。我常常想到他们，并把这个故事多次讲给美国驻法国和意大利的战士们听。不过我缺乏口才，总也不能圆满地表达出我对这两位卓越人物的看法。直到全欧胜利日以后，当我准备回国的时候，碰上了一位空军将领，他才把我感受到的确切地说出来了：

"青年伞兵有的是拼命的勇气。"他说，"在牢笼里，他看到了而且抓住了唯一的出路。他是个勇敢机灵的孩子。不过那位法国妇女的勇气呢，是经常同你在一起，永远不会让你丢脸的。她是一个幸福的女人。"

"幸福?"我惊奇地望着他。

"对，幸福。"将军重说一遍，"她懂得她信仰的是什么。"

实战演练：

研究下面这位老师的教学设计，回答以下问题：

1. 这节课的教学目标达成了吗？请结合教学步骤分析。

2. 这堂课的问题设置如何？为什么？

3. 这个教学设计有哪些可取之处？请结合一点深入论述。

勇　　气

【教学目标】

知识和能力：

通过环境烘托人物语言、动作、神态等描写，学习人物性格的刻画方法，从而把握人物形象，并通过议论性的语句体会作者思想感情的倾向；

过程和方法：

看录像、听音乐、读课文、讨论、探究、在教师指导下自主合作学习；

情感态度：

营造相应的情感氛围，感受战争的残酷，树立和平的信仰，培养为正义事业献身的勇气。

【教学步骤】

一、新课导入、背景介绍

大屏幕投影一组以和平为主题的照片，并以歌曲《让世界充满爱》作为背景音乐。电脑课件显示课文题目、作者，并以“飞机、坦克的战斗画面”为背景图片暗示课文内容。放“诺曼底登陆”录像，介绍战争形势。

二、初感课文

（一）自读课文。

（二）复述课文。

情境创设：假设现在正在举行二战胜利庆功会，你就是那个美国伞兵，并作为伞兵代表上台为大家讲述这段难忘的经历。

三、深入分析

（一）电脑课件显示主问题：美国伞兵两次向法国农妇求救，是偷生还是求生？这种行为称得上勇气吗？你如何理解美国伞兵的勇气？

操作方式：观点相同的学生就近组成小组；不同小组间展开辩论。

问题焦点：究竟是什么激发了美国伞兵如此强烈的求生欲望？

（二）电脑课件显示主问题：法国农妇为救美国伞兵，丈夫被敌人枪杀了。文中那位将军却说她是一个幸福的女人。你认为她幸福在哪里？

要点：将军认为法国妇女是幸福的，不是针对法国妇女的个人利益，而是针对她为民族解放做出的贡献而言的。这个法国妇女不但拥有坚定的信仰而且付诸了行动，在通往和平、争取解放的路途中做出了贡献，实现了自身的价值，所以说她是幸福的。

（三）口语练习：想象一下当美国伞兵第二次敲开法国妇女的家门时，两人的心理活动。每组选出两位同学，以第一人称的身份表演两人的心理对白。

四、小结

本文向我们展示了一位美国伞兵与敌人拼到底的勇气，一位法国妇女为捍卫和平置生死于度外的超凡勇气。这两种勇气虽然产生在不同的人身上，体现的侧重点也各有不同，但它们有着共同的特征，就是渴望和平、捍卫和平。

五、情感态度

展示一组体现战争给人类带来灾难的图片，并以《让世界充满爱》为背景音乐。让学生看图片、听音乐、谈感受。向学生发出呼吁：捍卫我们的和平！

【板书设计】

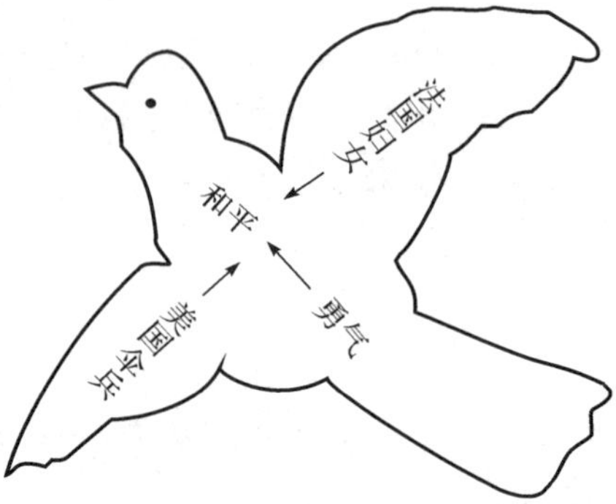

(https://www.thn21.com/teach/44975.html)

本章测试

◆ 多项选择：

1. 说明文的主要特点有(　　)。

A. 知识性　　B. 科学性　　C. 客观性　　D. 生动性

◆ 判断题：

2. 小说是以刻画人物为中心，通过完整的故事情节和特定的环境描写来反映社会生活的一种文学体裁。(　　)

3. 诵读法非常适合议论文教学。(　　)

4. 散文最大的特点是“形散而神不散”，所以在教学中要抓住文章的线索来施教。(　　)

5. “破眼教学”中教师的作用主要体现在一个“导”上。(　　)

◆ 填空题：

6. 议论文的思想内容是作者用________表现出来的，议论文的学习能够有效地训练学生的逻辑思维。

7. 小说是以________为中心，通过完整的故事情节和特定的环境描写来反映社会生活的一种文学体裁。

8. ________是诗歌教学最常用的一种方法。它更能使人体会到汉语言的音韵之美、形象之美和情感之美。

9. 文言文教学不能简单地把它作为古汉语教，而是既要教古文又要教________，进行人文积淀。

10. 文言文教学应以学生的________来贯穿整个教学活动，一般应有读通、读懂、读活、读透四个步骤。

◆ 简答题：

11. 记叙文教学中应该主要抓住哪些要素？

12. 请列出课程标准对说明文的教学目标(至少三个)。

13. 请列出课程标准对散文的教学目标(至少三个)。

14. 怎样进行文言文教学？谈谈你的理解。

推荐书目

1. 戴余金. 初中阅读教例剖析与教案研制[M]. 南宁：广西教育出版社，2005.

(这本书先概述了初中语文阅读教学的现状及发展趋势，然后分别从文学作品、实用文和文言文三个视角研究成功课例、普通课例的特点，并提供了优秀课例的生成过程及实践反思。最后从文本运用、教材设计、教师指导书的编写等方面解读优秀教案形成及得失的原因。)

2. 贺卫东. 中学语文教材研究与教学设计[M]. 西安：陕西师范大学出版总社有限公司，2012.

(这本书最值得借鉴的是文体教学部分。它先呈现某种文体教学的价值意义，再说明新课标教材中该文体的编写状况和特点，然后重点论述该文体教学的原则、目标、重点、难点，并辅之以案例片段和评析，最后提出该文体教学通常存在的几个误区以及修正方案，具有很强的指导性。)

3. 中公教育教师资格考试研究院. 初级中学语文学科知识与教学能力[M]. 北京：世界图书出版公司，2013.

(这本书主要是针对教师资格证的考试人群。依据大纲，理清规律，重点突破。其中教学设计和教学实施部分梳理得相当系统。教学实施的“阅读教学”部分，按照阅读教学的内容、基本程序、方式方法和实施案例(分文体)详加讲解，实用性很强。)

第三章　写作教学

学习要求

熟悉新课程标准提出的作文教学的理念，了解当前学生作文教学中的问题。了解“生活作文”的概念，并能在作文教学中有效地指导学生。争取写“下水文”，愿意“面批”，也掌握指导学生自我修改作文的方法。能够激发学生写作文的兴趣，能够组织高效的作文讲评课。

写作是运用语言文字进行表达和交流的重要方式，是认识世界、认识自我、创造性表述的过程。写作教学是指老师指导学生运用语言文字表述自己所见、所闻、所感的实践活动。

第一节　写作教学的新理念

一、教学目的

全日制义务教育语文课程标准对写作教学做了如下要求：

➢ 写作是运用语言文字进行表达和交流的重要方式，是认识世界、认识自我、进行创造表述的过程。写作能力是语文素养的综合体现。写作教学应贴近学生实际，让学生易于动笔，乐于表达；应引导学生关注现实，热爱生活，表达真情实感。

➢ 在写作教学中应注重培养观察、思考、表现、评价的能力。要求学生说真话、实话、心里话，不说假话、空话、套话。激发学生展开想象和幻想，鼓励写想象中的事物。

➢ 为学生的自主写作提供有利条件和广阔空间，减少对学生写作的束缚，鼓励自由表达和有创意的表达。

为使得这些理念更加具体和便于操作，语文课程标准进一步制定了各阶段的写作教学目标。

初中阶段写作教学目标：

➢ 写作时考虑不同的目的和对象。

➢ 写作要感情真挚，力求表达自己对自然、社会、人生的独特感受和真切体验。

➢ 多角度地观察生活，发现生活的丰富多彩，捕捉事物的特征，力求有创意地表达。

➢ 根据表达的中心选择恰当的表达方式。合理安排内容的先后和详略，条理清楚地表达自己的意思。运用联想和想象丰富表达的内容。

➢ 写记叙文做到内容具体；写简单的说明文，做到明白清楚；写简单的议论文，努力做到有理有据；根据生活需要写日常应用文。

➢ 能从文章中提取主要信息进行缩写；能根据文章的内在联系和自己的合理想象进行扩写、续写；能变换文章的文体或表达方式等进行改写。

➢ 有独立完成写作的意识，注重写作过程中搜集素材、构思立意、列纲起草、修改加工等环节。

➢ 养成修改自己作文的习惯，修改时能借助语感和语法修辞知识，做到文从字顺。能与他人交流写作心得，互相评改作文，分享感受，沟通见解。

➢ 能正确使用常用的标点符号。

➢ 作文每学年一般不少于 14 次，其他练笔不少于 1 万字。45 分钟能完成不少于 500 字的习作。

课标体现了写作的基本理念，突出为以下几点：

(1)写作教学应该培养学生对写作的兴趣和自信心。

兴趣是人们对某种事物或活动产生动力的激发剂和推动器。兴趣是最好的老师。要培养学生独立写作、自主写作的习惯，兴趣和自信心是不可缺少的前提。学生只有对写作产生浓厚的兴趣，才能乐于写作，勤于写作，善于写作。所以要把培养学生写作的兴趣和信心，放在写作教学的重要位置。

(2)写作教学应引导学生感受生活，体验人生。

当前相当多学生存在着写作恐惧症，一到写作文便感到无话可说，无事可叙，无情可抒，勉强写出来的作文也是思想贫乏，内容空虚，情感矫饰，其中很重要的原因就是缺乏生活体验，缺乏对生活的观察感悟和思考。因此教师在写作中要引导学生关注现实，热爱生活，要组织开展各种有益的活动，让学生在生活中认识自己、开发自己，感悟自然、社会和人生。这样写出来的作文才能有充实的内容，才会充溢着鲜活的灵性。

3. 写作教学应开阔写作空间，鼓励学生自由表达。

要使学生独立写作，自主写作，就必须为学生扩大写作的空间，放开学生的手脚。为此，教师应该鼓励学生走出课堂，走进生活，走进社会。大千世界，纷繁万端都可以是写作的素材。

同时要尽可能地放开对学生写作的束缚，让学生想说什么就说什么，想写什么就写什么，想怎么写就怎么写，鼓励学生多写观察笔记、生活练笔、读书笔记等，让他们自由自在地写自己喜欢的内容。

此外还可以减少对学生写作的统一要求，可以不限文体，不限时间，不限内容，不限字数。

总之，要让学生在开放的写作空间里，“海阔凭鱼跃，天高任鸟飞”，给他们尽可能大的自由。

写作教学的目标

二、写作教学的现状

中学的写作教学现状如何呢？来看几篇有代表性的文章（以中学常写的几种文体为例）。

1. 记叙文

案例 3-1：《上学路上》

去年冬天的一个早晨，我坐车去一位同学家。车上人真多，行了几站，我才好不容易挤到一个座位。刚坐下，我便发现车门口上来了一位老大娘。我想让座，但又不大情愿，便索性闭起眼假装没看见。

汽车继续跑着，突然，我听到后面座位上有人说：“老大娘，您坐这个位置吧！”我转头一看，原来是个八九岁的小男孩，指着他的座位对老大娘说……

小男孩站在我身边，我仔细地打量了他，却发现他左腿的裤管空荡荡的。噢！他是个残疾人！我顿时感到脸发烧，脑袋嗡嗡直响。多好的孩子啊！自己是残疾人却把座位让给别人，而我又是多么自私啊！

（倪文锦. 初中语文课程教学法[M]. 北京：高等教育出版社，2003.）

点评：这是一个小学生的作文。这类文章是否看起来似曾相识呢？前几年，天津市中考作文《上学路上》，众多十三四岁的中学生，或编造捡钱包交给警察，护送双目失明的老大娘回家；或编造公共汽车上让座，帮助老人推车子，又或编造帮助妇女抱孩子等，似乎全市丢失的钱包，都被他们捡到。全市老人乘车、盲人都被他们碰到。这种像捡票子、送“瞎子”、让位子、推车子、抱孩子“五子登科”式的作文广泛存在。用韩军老师的说法，中国中小学生在作文中编造谎言，已成为一道举世罕见的“风景”。

再来看篇高中的作文(片段)。

案例 3-2：小品文

我在山上坐着，在水旁坐着，它们不收留我，也不谴责我，不驱逐我，只静静地照出我一颗凡心，告诉我俗缘未尽，因此不肯将一波一谷荡入我的胸怀。我准备离开了，未诉相思，亦不敢留心愿。我站起身，在微雨的晨风中理清了发辫，凝望着这不肯收留我的山水，默默地道一份谢，谢它给我这一份宁静，一份真实，而今后，我将老老实实地将我尘世的路认真走完。可是，我是谁的女儿呢？我何时能回到母亲的怀抱？不问了，不问了，这是一份信念，在前面。

(倪文锦.初中语文课程教学法[M].北京：高等教育出版社，2003.)

点评：猛一看，这篇文章辞藻“优美”、笔墨“精彩”，但细细品读，作者到底要表达些什么呢？让人云里雾里。对这类文风，吕叔湘曾经直率地表露过：“我是非常抱歉，一点不能欣赏。”朱自清也曾对这类调调的文章做过批判，认为：中学生学写的“小品文”多数是“委琐叫嚣”，“像哪儿捡来似的”的门面话，“到处滥用文学的感情和用语”，“失去了文学真正的意义”。

必须明确的是，中学生写作教学的目的不是培养未来的作家，只是培养学生用文字表达自己的真实情感而已。所以这类文章不应频频得奖，因为这无形中会诱使大多数学生向这种文风看齐，而练就了这样一副笔墨，究竟为啥、究竟能干啥？

2.议论文

案例 3-3：《吸收和给予》

吸收和给予

——绿树的启示

绿树，郁郁葱葱的枝叶显示着蓬勃生机。它们不仅能够美化环境，还可以抵挡风沙，净化空气，控制水土流失……然而，为了这一切，绿树必须深深地扎根于土壤之中，吸收水分和养料。每当望着街道两旁苍绿的树木，我都不禁感慨万分。是呵，绿树从土壤中吸收了养料，而它们的吸收不正是为了给予吗？

在我们这个社会里，具有绿树精神的人不胜枚举。

严凤英，是我国著名的黄梅戏艺术家，她为我国黄梅戏的发展作出了卓越的贡献。而她的给予正是来自于一种可贵的吸收……

山西榆次市截瘫病研究所治瘫专家高锡朋大夫，三十年如一日……

还有中科院副研究员赵忠贤……

这样的事例，数不胜数。这些具有绿树精神的人……

反之，社会上还有一些人只知吸收，不知给予……

作为我们青年一代，特别是青年学生，应该……

（倪文锦．初中语文课程教学法[M]．北京：高等教育出版社，2003.）

点评：这是一篇典型的学生应试作文。在提出问题、分析问题、解决问题的思路下，首先摆出一个观点，然后再举几个正面的例子，接着从反面论证。最后再表决心。为了得到更高的分数，例子既要举大家司空见惯的，也要举几个现今的实例，以显示“身在教室，心怀天下”。这种作文训练的方法颇为简单，只要掌握一定的套路，事先多准备一些例子。考试时直接套上去，就可以得到一个比较满意的分数。

3．说明文

案例 3-4：《我的文具盒》

我的文具盒就如同一座两层的小阁楼，顶层由几个并排的笔筒和两个长方形的“小屋”组成。笔筒中装着各式各样的笔，钢笔、圆珠笔、自动笔和涂改笔，都在这块小天地中生活着；“小屋”里住的当然是橡皮擦了，它似乎有些不高兴，大概是因为今天又来了个新成员——圆规，使它那本来就不大的小天地显得更加拥挤了。底层住着“长条将军”——格尺和削笔刀，从“长条将军”那翻来翻去、得意的神态中，就不难看出，这里一点也不拥挤。

（倪文锦．初中语文课程教学法[M]．北京：高等教育出版社，2003.）

点评：只要翻开中小学生作文选，如果有说明文，一般都会看到这类文章。我们知道，说明文有平实说明文和生动说明文两种，生活中绝大多数的还是平实说明文，而写作教学中，似乎老师们更欣赏的是“生动”说明，而这所谓的生动，又仅仅只是采用比喻、拟人手法而已，这未免把说明文写作教学理解得太过狭义了吧？

上述这几个作文片段都出自各种各样的中学生优秀作文选，从中可以看出中学作文的现状。所谓“优秀”就是要求学生向这些作品看齐。而这些闪光的记叙文、无病呻吟的小品文、格式化的议论文和生动的说明文，无疑与课程标准所要求的“感情真挚健康”相冲突。

总之，当前中学生作文基本是千篇一律、千人一面、缺乏个性色彩，作文教学一直呈低效状态，作文教学的现状不容乐观。

当前作文中的问题

三、写作教学的注意事项

依据课程标准的要求和学生当前作文的状况，教师在写作教学中尤其应该注意以下几个方面。

1. 引导学生**说真话、抒真情**

既然写作是一种表达和交流的方式，那么它最重要的原则就应该是“心口如一”。写作教学应该鼓励自由表达，强调写真情实感。

在中小学作文教学中，无话可说是学生写作的最大困难。山东荣成市实验中心曾经对学生进行了一次问卷调查，结果显示在“作文的困难”一项中选择“没什么可写”的占到了52%。叶圣陶先生曾说：

> 学生胸中有积蓄吗？那是不必问的问题，只要衡量的标准不太高。不说二十将近的青年，就是刚有一点知识的幼童，也有他的积蓄。幼童看见猫儿圆圆的脸，眯着眼睛，抿着嘴，觉得它在那里笑，这就是一种积蓄。

这就告诉我们学生时刻都在生活，随时都有对生活的观察、感受、体验和认识，只要老师引导得当，不被应试思想禁锢，放低要求，学生自然会说真话、抒真情。

我们看下叶圣陶是怎样指导自己孩子作文的：

> 纳凉时，叶老端坐在庭院的藤椅上，让孩子把当天写的东西朗读给他听。叶老倾听着孩子朗读，从不轻易说“写得好”与“写得不好”之类的话，比较多的是“我懂了”和“我不懂”。如若叶老说：“这是什么意思呀？我不懂。”其子女就得调遣词语或重新组织句子，尽力让父亲听得明白。直至叶老说：“噢，原来是这么一回事，我懂了”时再继续读下去。

叶老对孩子作文的要求只是达意，能交流。这其实就应该是我们对学生习作的基本要求。

2. 培养学生形成良好的**写作习惯**

习惯比能力更能产生深远的影响。老师应努力使写作成为学生的一种生活方式，比如写日记、随笔、读书笔记等。这些零散的小写作练习，虽然看似微不足道，但却能逐渐增加写作积累，潜移默化地培养出好的写作习惯。

3. 重视学生之间的合作与交流

写作是愉快的，让学生体验到文字表达的愉快和成就，会进一步激发学生写作的积极性。老师应该想方设法创造一些展示交流学生作品的机会，以此激励学生。比如，通过班级展示、校刊、网络等，把学生的作品引向外面广阔的世界。

第二节　写作教学的设计

进行作文教学指导简单地说就是要解决写什么、怎么写、怎么改和怎么讲评这几个问题。

一、写什么

1. 生活作文

课程标准将写作与生活紧紧联系起来，突出了**“生活作文”**的价值取向。标准强调写作要“根据日常生活需要”“重在从学生的生活视野和感性经验中取题立意”“写作要感情真挚，力求表达自己对自然、社会、人生的独特感受和真切体验”。

国外写作教育十分关注生活。看一组国外的作文题目：

➢ 大学作文题

1. 假如一个平常的日子被加上了 4 小时 35 分钟，你将会做什么不同的事？（芝加哥大学作文题）

2. 开车进芝加哥市区，从肯尼迪高速公路上能看到一个表现著名的芝加哥特征的建筑壁饰。如果你可以在这座建筑物的墙上画任何东西，你将画什么？为什么？（芝加哥大学作文题）

3. 你曾经不得不做出的最困难的决定是什么？你是怎么做的？到目前为止有什么具体的成功给了你最大的满足？（普林斯顿大学作文题）

4. 你认为什么思想、发明、发现或创造到目前为止对你的人生产生了最大的影响？请简要说明。（普林斯顿大学作文题）

➢ 高中作文题

1. 用三个形容词来准确地描述自己并简要地说明选用这几个词的原因。

2. 学校是否应该硬性规定学生穿校服？（议论文）

3. 学校是否应该有配枪的校警？（议论文）

4. 你赞成让 16 岁的学生拥有选举权吗？（议论文）

5. 人类会犯错误，但是他们也有伟大的瞬间，我认为其中一个伟大的瞬间就是……（要求：写一篇结构清晰的短文，文章中你需要解释为什么你认为那一瞬间是最伟大的。）

➢ 小学作文题

1. 你认为谁应对第二次世界大战负责？

2. 你认为避免战争的最好办法是什么？

3. 乘坐的轮船沉没了，你漂到了一个荒岛上，你将怎么生活？

4. 任选一个州，介绍这个州的风土人情。

5. 任选一种动物，以杂志的形式作介绍，不仅要有文字，还要有插图。

（沈建军. 微型写作课程实践研究[M]. 上海：上海教育出版社，2014.）

可以想见这类题目，自然利于克服学生作文“假、大、空”的弊病，学生也会带着极大的兴趣完成。

国内有的老师在写作过程生活化方面做出一些有益的尝试。包建新老师在指导学生写“父母亲”这个题目时要求学生：

1. 找一张父母亲的老照片，询问父母在什么时候、什么情境下照的，让他们讲讲那个时候发生的与父母亲有关的故事。

2. 询问父母亲的长辈和兄弟姊妹，了解在他们心目中父母亲的情况。

3. 给父母亲写一封信，表达自己对曾为某种原因而使父母亲遭受伤害的愧疚。

4. 写作对象是父母亲，可以记述事件，可以表达情怀，可以议论观点。题目根据自己的体验确定。

（包建新. 语文教学设计与案例分析[M]. 杭州：浙江大学出版社，2012：220.）

这种写作打破了那种一个小时左右、固定在教室完成一篇文章的做法，在时间和空间上给学生思考、腾挪的自由，创设了写作生活的真实状态。这样能使写作自然融进学生生活。

这样的写作，不仅仅是完成一篇作文，而是通过写作，让学生与父母展开心灵的对话，写作水平也会随着生活内容的加深、学生人格的成长而不断提高。大而言之，写作不仅仅培养学生的写作技术性能力，更重要的是要培养立足于生活的、具有主体的价值判断能力的人，具有把握自身、洞察人类发展能力的人。写作过程生活化的追求，就是写作教学从“目中无人”到充满人文、人性关怀的过程。

2. 实用文

培养学生具有“适应实际需要的写作能力”是课程标准的另一个取向。

早在半个多世纪前朱自清先生对此就有过论述。他认为“写作练习是为了应用”，基于此，他认为：

> 中学生的写作训练，该拿报纸上和一般杂志上的文字作贴近的目标，特别是报纸上的文字。报纸上的文字不但指报纸本身的新闻和评论，还包括报纸上登载的一切文件——连广告在内而言。这有三个好处：
>
> 第一，切用而且有发展；
>
> 第二，应用的文字差不多各种体裁都有；
>
> 第三，容易意识到各种文字的各种读者。
>
> （https://www.sohu.com/a/117014805_497728）

美国曾经做了这样一个调查：

> 列出一个普通美国人杰克·奥布赖恩高中毕业想要参加工作时两周内的写作统计：写了两份广告，填了一张保险估价单，一张所得税表，写了两份理由说明，一封抗议信，一封收款信，一封家信，一封申请书。

从中不难得出**“写包围着你”**的结论。

作为一个现代人，本着“实用”的观点，的确应该学会实用文的写作。实用文不仅包括书信、条据之类，还包括学校生活和日常生活所需要写的其他文体，诸如读书笔记、实验报告、发言稿、会议记录、通讯报道、调查报告等。为了适应目前和将来学习、生活和工作的需要，必须重视实用文的写作，学会写常用的实用文，应是中学毕业生必须具备的语文基本能力之一。要让学生在课外做个有心人，购物时得到的产品说明书，报刊上登载的各种广告，布告栏内张贴的各种告示，都可以作为仿写的训练材料。

作文指导之写什么

二、怎么写

学生作文的过程是一个复杂的心理过程，它涉及注意、感知、记忆、想象、思维、情绪等多种心理活动。学生写作能力的形成不仅要有观察能力、想象能力、思维能力做基础，而且还需要较强的阅读能力。所以，严格说来，写作能力是无法通过老师的讲授或指导来得到的。

鲁迅先生谈及自己的写作经验：

从前教我们作文的先生，并不传授什么《马氏文通》，《文章作法》之流，一天到晚，只是读，做，读，做；做得不好，又读，又做。他却决不说坏处在那里，作文要怎样。一条暗胡同，一任你自己去摸索，走得通与否，大家听天由命。但偶然之间，也会不知怎么一来——真是"偶然之间"而且"不知怎么一来"，——卷子上的文章，居然被涂改的少下去，留下的，而且有密圈的处所多起来了。于是学生满心欢喜，就照这样——真是自己也莫名其妙，不过是"照这样"——做下去，年深月久之后，先生就不再删改你的文章了，只在篇末批些"有书有笔，不蔓不枝"之类，到这时候，即可以算作"通"。

（出自鲁迅《二心集》中的《做古人和做好人的秘诀》）

我国现代著名教育家叶圣陶也有类似的做法。

叶老从不给孩子教授作文入门、写作方法之类的东西。他仅要求其子女每天要读些书。至于读点什么，悉听尊便。但是读了什么书，读懂点什么，都要告诉他。除此之外，叶老还要求其子女每天要写一点东西。至于写什么也不加任何限制，喜欢什么就写什么：花草虫鱼、路径山峦、放风筝、斗蟋蟀、天上飞的、地上爬的、水里游的、听人唱戏、看人相骂……均可收于笔下。

（https://wenku.baidu.com/view/ae8344fd905f804d2b160b4e767f5acfa0c7 8347.html）

由此可见，**多读多写**是作文成功的唯一之道，并无技巧可言。

那么老师是否在作文教学中就完全起不到作用了？也不是。老师可以做的是，要想方设法激发学生写作的兴趣，保护学生写作的热情。

1. 尽量激发学生写作热情

只要"心中有生"就会找到很多好的办法。这里介绍本人的一些尝试。

（1）情境作文

比如将写作和书信结合起来。三八节提前一周布置作文，要求学生给妈妈写一封信，表达感谢和祝福，写好以后不需要交给老师，而是直接填写地址，通过邮递寄到家里。下周把妈妈看过或写过感受的作文交上来。看起来似乎与普通作文差不多，只是有一点改变，但是效果决然不同。这次作文收获了满满的感动，它不仅是一次成功的作文训练，还让学生充分体验到了创作的快乐，他们从妈妈脸上的表情、欣悦的微笑，甚至潸然而下的泪水中感受到很多……

案例 3-5：初一学生习作

最最亲爱的傻妈妈：

哈哈！妈妈，您是知道我向来讨厌妇女节的。算了，不说了，今天是您的节日,向您祝贺,也向全世界的妇女祝贺。

妈,您为我所做的事,我表面上满不在乎,其实心里却很感激:在未考求实中学之前,您为我东奔西走,用操碎了心太不贴切,想来想去只好换个一夜竟白头。可我辜负了您的希望,整天惹祸,前几天还因为回家晚,害得您到处找。真是过意不去。不过您放心,儿知错了,一定改!

娘,您有所不知。我虽这么高兴,心底却有两件憾事。每当摸到您的左臂,我的心就不觉一颤:小时候我睡觉很不安稳,您就用左臂护着,怕着凉,以至于您的手臂每逢阴雨天气就会疼痛不止。每当看到您的眼睛,我就会感到一丝愧疚。刚会爬的时候,我不知打哪儿拿来一根铁丝,您怕伤着我,赶紧去夺,不料铁丝竟擦入了您的眼睛,虽然没瞎,但却留下了永恒的疤痕。看到这里,您也许会笑着说:"这不算什么。"不,它算,而且很大,大得我一生都无法偿还。

您是妈,我是儿子,就应该这样。天真的我时常这样想,也就心安理得地接受您的爱十二年。而现在我……

妈,您是知道的,我不愿欠债,更不喜欢还债。而命中注定您为我付出的一切的一切,都无法偿还。那么就让我花点儿时间,去报答其中的一小部分吧!哪怕是一丁点儿,扫地擦桌……以便在离您远行的时候,在回首往事的时候,我能安慰自己"妈妈的爱总算报答了一点。死后也不会被打入十八层地狱了"。

妈妈,别劝我去学习,那是我自己的事,而您应该得到的就别推脱。

最后,请原谅对您不尊,和处处惹您生气的我。

祝

今年三十明年十八

点评:这篇习作最大的特点是洋溢着鲜活的个性。小主人公一会儿称呼"娘",一会儿称呼"妈",最后"祝妈妈今年三十明年十八"的祝福语更是把其调皮捣蛋、荒诞不经的个性彰显无疑,同时也自然展现了少年活泼幽默的特性。相信妈妈在读到这封信时,会发出会心一笑"这就是我那个没大没小、疯疯癫癫的傻儿子"。

(2)实物还原

说明文写作教学采用这个办法能取得比较好的效果。

操作步骤是:首先将学生分为两组。第一组同学面对讲台观察一件物品,第二组背对讲台。老师要求第一组同学仔细观察,稍后将其形状、结构、功用等,讲给没有看到实物的第二组同学,目的是让对方通过你的描述,能在心中还原出实物。

其次老师把实物收好。第二组同学转向讲台,教师从第一组挑选两名同学上台说明，遇到难说清的地方，可以运用打比方、作比较等多种说明方法，组内其他成员都可以帮忙。第二组同学有不明白的，也可随时提问，给双方充分的交流机会。

然后教师将实物拿出，问第二组同学心中所想的是否这样，并要求他们对第一组同学的说明进行评价。在这个环节第一组同学会发现原来自己以为说得很清楚，而对方居然理解得不一样，甚至偏差很大，而第二组同学也会发现哪个细节没有介绍。交流的双方都能从中受益很多。

最后全班讨论，写好这件物品需要从哪些方面写，不可忽视哪些细节，采取什么样的说明顺序、说明方法才能取得更好的效果等。讨论后让学生课下完成作文。经过几轮这样的训练后，学生再写说明文，就有了明确的读者意识，在动笔前会把自己放在读者的位置去考虑。

(3)巧写人物

提前一周布置作文题目："他(她)真________"，要求学生所写人物必须是本班的，可以通过外貌、语言、动作、神态的描写让人猜出所写人物，但是不得出现该生名字。下次作文课，让学生宣读自己的"大作"。如果同学们都能猜出所写人物，高分过关；如果部分人知道，勉强过关；如果被写人物也在猜测，作文不过关。这个作文活动给班级带来极大的快乐，小作者初步体验创作的快乐，被写者感受到同学的友爱，参与者充满欢乐，全班其乐融融。

案例3-6：初一学生习作

他真逗

他，一个只比我低小半头的"笑星"，曾用多少笑话，使人捂着肚子，笑弯了腰的他，在我们班大显身手。不说别的，只听他自编自创的"窝头歌"，就能使你体会到笑出眼泪的感觉。那婉转的乐曲和优美动听的歌词，准能使你大饱笑福。他开始唱了，先是挺起胸，再伸伸腿，一手叉腰，一手在嘴上，拢起个半圆，便鼓足劲高唱起来："让我一次吃个够，给我俩窝头……"

他不但歌唱得好，文采也是数一数二。记得语文老师在讲《古诗五首》时，他竟不出半小时，就将五首诗全部艺术加工。例如："西塞山前白鹭飞，桃花流水鳜鱼肥"，经他一改变成了："西塞山前烤鸭肥，汴京啤酒烧鸡腿"。我听后，立刻被他这么优美的诗，打动得笑了十来分钟。

他，还是表演的天才。他表演的大猩猩简直以假乱真。长长的脸一沉，双腿叉开半蹲，双手握紧，垂在脑门的上方，左右晃动着，逗得大家笑得仰不起头来，而且他表演的“猩猩点灯”在全班轰动一时。

他，就是这么个人，不该笑的时候笑，该笑的时候也笑，自己爱笑也让别人跟着笑，把笑声中的欢乐，和欢乐中的笑声，都带给别人，也留给自己。

说到这儿，大概已经有百分之九十九点九，不，应该是百分之百，百分之一百二十的同学猜出他是谁了吧？

案例 3-7：高一学生习作

他真能侃

大眼睛，微黑的面庞，高高的眉心，洪亮的声音……无处不在显示着他的睿智。他最大的特点就是能侃。

高一时，课间偶闻一个洪亮声音正充满自信地说：“我认为曹雪芹写晴雯比写林黛玉更成功。”

回头一看，才见原来是他，正坐在桌上，双手插兜，和另一男生大侃《红楼梦》，只见他说得是眉飞色舞，滔滔不绝，“我认为…… 我认为……”不断钻入我的耳朵。再看另一男生，在那只有用耳朵的份儿了。看样儿这男生挺爱听，炯炯有神地盯着他，那目光好像，不！几乎可以说是带着钦佩了。这无疑是给他注入了兴奋剂，他手一挥，不知又要发表什么高见，巧！不识趣的上课铃声响了，破坏了这一幅动人的“教授”图，他无奈地从桌上滑下来，又无奈地移回座位，还不忘回头看一下他的可爱听众，一副意犹未尽的样子，那大眼睛里分明写着：下课继续！

点评：

案例 3-6 中，初一这个学生平时作业常常不写，但这次作文触发了他的兴奋点，加上自己对好友的深厚了解，使他下笔如有神助。案例 3-7 中，这个学生仅仅用三百多字抓住一个片段就写活了人物。

(4)“一画多写”

要求学生自选一幅自己喜欢的漫画，要求：写一段话描述画面(150 字)；根据画面写一首打油诗，紧扣画面，句式大体整齐，尽量押韵；写一段议论性文字(150 字)。

这次写作活动给学生相当大的空间，学生可以根据自己的兴趣选择漫画，个别有绘画基础的同学，甚至自己创作。虽然没有学过写诗，但是学生写的打油诗，精彩纷呈，显示了充分的才干。老师会惊奇于学生的视野居然如此宽广……

以上这些活动的目的都是激发学生的兴趣，一旦点燃学生心底的创作欲望，学生的才情会让老师大为赞叹，佳作也一篇胜似一篇，写作教学自然就进入良好的循环。

案例 3-8：学生打油诗三首

学生打油诗之一：

人逢喜事精神"丧"

赵家娶媳妇，钱家嫁姑娘
孙某得贵子，李某要升职
这边请"莅临"
那边求"赏光"
携礼去"朝贺"
归来一空囊
请柬好似只只手
掏光钞票剥衣裳
面笑心毒人人畏
只好强作笑脸，心流泪
真可谓俗语只改一个字
——人逢喜事精神"丧"！

学生打油诗之二：

门铃声声催人急
来到门前腰先低
特制猫眼如此矮
全为方便看看礼
透过猫眼往外看
看见一条大鲤鱼
一声“有礼”快“请进”
“先礼后宾”是规矩

学生打油诗之三：

大爷？孙子？

大爷欠债今未还
孙子上门讨债难
虽说欠债心不虚
硬是不给没法办
看罢心中生疑团
当今乾坤怎倒转
为何讨债那么难
请君也来议议看

点评：

这次作文活动是在一个市属普通高级中学的高一年级班上进行的，学生语文基础知识并不扎实，对作文兴趣也不大。但是这次活动却唤起了大多数同学的写作热情，收获了巨大的成功。笔者体会较深的有三点。

首先，学生涉猎之广令人称奇。

为找图片，学生费了九牛二虎之力，当时是20世纪90年代初期，网络远没有现在这么普及。有的学生通过报纸、期刊、描画图片等方式，个别学过素描的甚至直接创作。漫画内容涉及生活的方方面面，绝不是平时教师看到的封闭在教室里学生的视野。

其次，打油诗水平之高令人咋舌。

平时上课没有进行过打油诗的专门训练，这次学生可算是赤膊上阵，但真应了一句话——“高手在民间”。学生水平之高、内容之有趣也是超乎想象的。很多作品令人爱不释手。这也充分说明了当作文拟题能拟到学生心里去时，能唤起学生多么大的兴趣。

最后，学生“才子”之多远超所见。

平时老师眼前所见总是那几个尖子生，但合适的作文题目，会让更多思维不受约束、表达更为自由的学生一下子冒了出来，这才发现，原来更多的“才子”是处于隐形状态，教师学会利用合适时机，激发他们的热情，再跟进表扬，巧加引导，能使全班形成愉快的写作环境，从而真正达到学生乐写、爱写、自由表达的目的。

(5)游戏作文

有的老师采取“保护鸡蛋”的游戏活动进行作文训练，就是很好的尝试。要求学生贴身带一枚鸡蛋，时间为一整天，鸡蛋完好无损的为赢家。最后要求学生把整个过程写成作文。像这类活动给学生创设了写作情境，写作时不会出现无从下笔的尴尬，学生参与热情也会比较高。

案例3-9：学生习作

保护鸡蛋

——难忘的游戏作文

周五的活动课上，班主任老师笑语盈盈地组织我们做了一个特别好玩的游戏——保护鸡蛋行动。

大家兴趣高涨，十分激动，嚷嚷着马上开始。于是，老师便从一个纸篮子里拿出了很多小巧的鸡蛋，给我们一人发了一个下来，规定我们必须好好地保护这些小鸡蛋一天时间，到最后一节课时，谁的鸡蛋能够安然无恙，谁就赢了。

哈，真有意思！一向对游戏不感兴趣的我也来了兴致，小心翼翼地接过老师发给我的那枚精致小巧、表皮光滑的鸡蛋，轻轻地捧在手心，放在桌子底下，丝毫不敢怠慢，好像鸡蛋里藏着可爱的小鸡仔一样。

我万般疼爱地用两手环绕成一个半圆弧形，形成一个安全的保护罩把我的小鸡蛋好好地保护起来，感觉到鸡蛋在我的手心里滚来滚去，我觉得有一种温暖的奇异感觉，特别踏实，特别安心。就在这时候，隔壁的一个同学突然惊叫一声，伴随着这骇人的惊叫声，他可怜的鸡蛋就已经"香消玉殒"了。

白色的鸡蛋壳碎得四分五裂，金黄色的蛋黄流了一地，汩汩地在地上缓缓跳着舞似的，我们都发出遗憾的叹声，也更加小心翼翼地保护好自己的鸡蛋。

老师哭笑不得地责怪道："你啊你，是不是个男子汉啊，这么小一个鸡蛋都守不住，我这儿可没有多余的鸡蛋了！"听了这话，打碎了鸡蛋的永永可伤心了，耷拉着脑袋，没精打采，像遗失了自己重要的宝贝。

下课了，可是，没有人像往常一样朝着大门处蜂拥而上，因为，现在的我们任务重着呢，再也不是孤单的个体了，有需要我们保护的小鸡蛋了啊！大家一个个俨然化身为尽职尽责的鸡妈妈，老老实实地坐在座位上，一动不动地像个木偶，也有的禁不住寂寞，忍不住佝偻着身子小心地蹲下来，去和自己手掌心中的鸡蛋逗乐、说话，画面十足的滑稽可笑。

我坐在座位上，手臂却始终往下耷拉着，像被人打折了骨头似的，因为我不想把我的宝贝鸡蛋拿到台面上来，那样太危险了。所以，我只得把整个身体的重心往下压，把手臂环绕成一个圆形，十根手指好好地托着我的鸡蛋，不敢做一点幅度大的动作，唯恐惊着了鸡蛋宝宝。

说来也是好笑，明明是保护一只小小的鸡蛋，可我们一个个紧张得跟什么似的，好像保护着国家珍稀物品一样。这时候，我们才终于体会到鸡妈妈孵蛋的不容易。

时间长了，我这个姿势也终于坚持不住了，我很想去上个厕所，放松一下，可是，又很害怕自己的鸡蛋离开了我的庇护会灭亡，怎么办？越这么想着，我越紧张，越紧张，就越想上厕所，到底带不带着鸡蛋到厕所去呢？我的脑子里像裹了一团浆糊，慌乱得很。

关键时刻，我的同桌琳琳挺身而出，她让我放心去做自己的事，她可以先帮我照看好鸡蛋。我感激死了，临走时，还是不放心，灵机一动，我把自己的鸡蛋轻轻地捧出来，撕下几张素描纸，把鸡蛋的表皮包裹得严严实实、密不透风，还用几本大书做成了一道结实的围墙，四面都有保护，鸡蛋想滚都滚不出去。

我争取做到快去快回，一溜烟跑进厕所，方便了一下之后又赶紧跑回教室。双脚还没跨进教室，我就听到一阵清脆的响声："啪嗒！"是鸡蛋壳掉在坚硬冰冷的地面上发出的声音。紧接着，周围嘘声一片。

遭了！不会是我的鸡蛋遭殃了吧，我的一颗心顿时提得老高，像在荡秋千似的，手心沁出了细密的汗水，紧张得话都说不完整了，扒开人群，跑到我的座位，开口第一句话就是："鸡蛋、鸡蛋，我的鸡蛋呢？"

"你的鸡蛋好着呢！"同桌说。我半信半疑地倾身去看，还好，我的鸡蛋完好无损地躺在我为它制作的避风港里睡大觉呢。时间不知不觉间过去大半。不少同学的鸡蛋都还完好无损。

越接近规定的时间，我越紧张，越忐忑不安，生怕老天突然和我开个玩笑，让我的鸡蛋报销在这儿了。好在，直到最后一刻，我的鸡蛋都还和我保持着默契，乖顺地躺在我的手心，一点儿事没有。

当我自信满满地拿出我的鸡蛋给老师检验时，心里的压抑和害怕都瞬间烟消云散，心底里剩下的只有满满的骄傲和自豪。

啊，真是一次有意思的活动啊，保护鸡蛋，无意中让我的责任心得到了提高，也让我的意志得到磨炼，真好！

（http://www.epedu.com.cn/chuyizuowen/381472.html）

点评：

无话可说，无事可写，是学生作文最常见的问题。很多同学抓耳挠腮，绞尽脑汁也凑不够字数。

在这个案例里，老师给学生提供了一个有趣的游戏活动。让学生在"保护鸡蛋"的活动中体会自己心态的变化，然后把这个过程写成作文。相比以前的生编乱造，这次作文，大多数同学就能做到言之有物。

2. 传授开拓写作思路的方法

写作是个复杂的过程，写作指导也是同样。常规的指导包括指导审题、构思、立意、谋篇布局等，新的教学理念认为老师要适当减少写作前对学生的指导，以免限制学生丰富的想象力。

在此介绍两个国际上甚为流行的开启学生写作思路的方法。

(1)头脑风暴法

“头脑风暴法”：指选定一个话题让学生以个人或小组的形式思考、讨论，将大脑中想到的一切信息、想法、观点等随意写下来。与话题有关的任何稀奇古怪的想法，都允许提出并记录下来，作为下一步思考的材料。

“头脑风暴”的作用主要是刺激和引导学生探索写作内容及其多种可能性。一旦学会运用这种方法，就会发现很多想法、信息、物象、主意滚滚而来，作文有写不完的材料，可以有效解决“没有内容可写”“不知写什么”“开头难”“内容空洞”等问题。

(2)自由式写作

自由写作的要求是：往下写不要停止！如果真的写不下去了，就写“我想不出该说什么”。这种方法可以帮助学生克服或打破“思路阻塞”的现象。

“头脑风暴”和**“自由式写作”**这两种训练方式可以促进学生发现个人经验中有用的细节，促进想象力的发展，养成良好的写作思维习惯，为日后完整而规范的创造性写作奠定基础。

3. 教师要示范写好“下水文”

“下水文”是指老师根据学生作文的命题要求亲自动笔写成，并用于指导学生的文章，也就是教师写的范文。下水文具有示范性、指导性和激励性的作用。

叶圣陶先生一直提倡教师写下水文：

他说：“语文老师教学生作文，要是老师经常动动笔或是做跟学生相同的题目，或者另外写些什么，就能更有效地帮助学生，加快学生的进步。”(叶圣陶. 教师下水[N]. 文汇报，1961-7-22(2).)“自己动手写能体会到写文章的甘苦。自己的真切体会跟语文教学结合起来，讲解就会更加透彻，指导就会更加切实，批改就会更加恰当。”

著名语文教育家刘国正先生说：

“你要教会学生写文章，自己要先乐于和善于写文章，教起来才能左右逢源。犹如游泳教员自己要专于游泳，钢琴教师自己要精于弹琴，道理是很简单的。”(刘国正. 也谈教师下水[G]. 北京：人民教育出版社，1984：46-47.)

特级语文教师于漪说：

“教师要学生走这条学作文的道路，自己必须先探路，亲尝甘苦，洞悉关隘沟坎，寻觅跨越的良策。不如此就难以取得指导学生作文的主动权。”（于漪．谈教师的“下水”与“半下水”[G]．北京：人民教育出版社，1984：44-45.）

苏联教育家苏霍姆林斯基也说过：

“学生不会写作文，最简单的原因是教师不会写作文。”

教师下水文是提高作文教学质量乃至提高整个语文教学质量的一项重要措施，下水文是作文教学的必需品。

下水文的作用体现在：

(1)激发学生的写作兴趣。学生写作时看到老师也在写东西，他们会想：“啊，老师都教我们了，都是老师了，还在那儿写文章呢。”学生写作的欲望会更强烈。

(2)培养学生积累素材。展示教师下水文的过程，也是向学生展示作文成形的过程。教师以切身经历告诉学生要想写好作文，在于平时的积累，多读书，多做读书笔记。

(3)引导学生感受生活。对于学生来说，不是缺乏生活，而是缺乏对生活的思考，而教师下水文就可以引导学生做生活的观察者、感受者、发现者和记录者。

(4)拓展学生写作思维。在作文过程中，学生不可避免地会遇到许多难题，正当其思路闭塞而处于山穷水尽的境地时，教师不失时机地介绍自己的写作体验，把自己的文章亮相给学生，给之以具体启示，这就很有可能把他们领到柳暗花明的世界。

(5)指导学生更为得法。老师写了下水文知道了作文的甘苦滋味儿，亲自经历了，批阅学生作文的时候，就会知道学生在什么地方用心了，什么地方还用心不够。什么地方学生还真是下了很大的功夫，什么地方学生下了功夫，但是也还是没有写得符合要求。这在讲评的时候就会一语中的，不费功夫，提高教学的效率。

(6)融洽师生关系。常言道：“亲其师则信其道。”下水文成为连接老师和学生的桥梁，有利于营造平等民主和谐的气氛，从而带动作文教学的顺利开展。宁波中学教师纪勇认为：

语文教师不能只是天桥的把式——会说不会做。教师也要写文章，不论是写什么样的文章，对学生来说都是一种很大的激励力量。他们看到老师也有文章发表，会增强自信心，会相信老师说的是经验之谈。老师教学的威信也自然树立起来了。

课程专家顾之川老师在公开场合不止一次表达这样的观点：

下水文能给广大青年语文教师以深刻的启迪，因为一个语文教师有写作体验和没有写作体验对学生的写作指导效果大不相同。没有写作体验，教师的指导往往隔靴搔痒；有了写作体验，教师的指导就能对症下药。这也是新课程改革的一个重要理念——注重亲身体验。体验不仅指学生，教师也要体验。师生的共鸣往往产生于共同的体验，而共鸣是教学的崇高境界。我衷心希望青年语文教师都能写一点下水文。

（欧亚萍.小学语文教师下水作文刍议[J].作文教学研究，2010(3)：28-29.）

三、怎么改

作文指导之怎么写

作文完成后怎么改呢？一般的做法是学生上交作文后，老师在一定时间内（一般是两周）批改完。因为人数多，批改时很难做到精批细致，不过是打个分数或者写几句评语，即便这样，批改一次作文最少也要耗时七八个小时（以 50 人一个班级而论）。几周后发放作文本时，学生或许早就忘了上次作文内容。拿到作文本，匆匆看下冷冰冰的分数和无关痛痒的评语，便开始写下一次作文。这次作文中所犯的错误，下次作文中很可能再次出现，耗费老师大量心血的批阅丝毫没起到作用。

学生们提起作文就怕，老师们想起批改作文就头痛。这样低效的作文批阅过程，正在一天又一天地循环着……

一位有心的老师曾经做过调查：

一次作文，全班 53 人，共画出错别字 223 个，到下次收回作文时，只有 9 个同学改了 57 个错别字，至于病句，教师画了红线，打了问号，但学生并不修改。课后找学生谈话，有的说“不知该怎样修改”，有的说“顾不上修改”，有的说“不明白教师为什么修改”，多数同学默不作声。

如图 3-1 所示：

学生反映		教师需要
不知怎么修改	→	教给修改的方法
顾不上修改	→	给学生留足够的时间
不明白教师为什么修改	→	指明原因，当面教导
绝大多数默不作声		

图 3-1　作文批改小调查

可见传统的批改很难调动学生的积极性、主动性。一是批改量大，占用时间多，因而反馈慢。二是尽管老师也很辛苦，但是效果并不好，激不起学生兴趣。因此，这种传统的批改法必须进行改革。

那么怎样批改学生作文才有效呢？课标给出了明确的建议：

要注意考查学生修改作文的态度、过程、内容和方法。通过学生的自改和互改，取长补短，促进相互了解和合作，共同提高写作水平。

叶圣陶先生早就宣传这种观点：

能不能把古来的传统变一变，让学生处于主动地位呢？假如着重在培养学生自改的能力，教师只给点拨，该怎么改让学生自己去考虑、决定，学生不就处于主动的地位了吗？能培养学生自己改的能力，这是终身得益的。

"改"与"作"关系密切。改的优先权应该属于作文的本人，所以我想作文教学要着重在培养学生自己改的能力。

（叶圣陶．叶圣陶语文教育论集[M]．北京：教育科学出版社，2015．）

由此可见，要把批改作文的大权交给学生。以学生为批改的主体，老师只是略加调拨、指导，逐渐培养学生自己修改作文的习惯和能力。

这样做的好处，一是学生能够在近乎"同等水平"上互相帮助，取长补短。二是可以直接培养学生动脑、动手、动口，去发现问题、分析问题、解决问题，从而促进写作水平的提高。

注重学生的自我修改也是各国母语作文教学的成功经验。

1．自我修改

（1）国内的尝试

国内有的老师已经先行一步（参见案例 3-12），他们坚持认为学生自改作文应是整个作文训练过程中的一个重要环节。实践证明，学生反复而认真地修改一篇作文，往往比写一篇新作文更能有效地提高写作能力。教学中老师对学生作文的精批细改，往往会促使学生形成习作时的一种惰性——写作文是我的事，改作文是老师的事。习作中出现的许多问题，学生本来能够通过自己的修改得到解决，可是由于教师在教学中的大包大揽，替代了学生主动参与的机会，学生便放弃自评自改。为此，老师应尝试在作文的批改上，先略批粗改，然后发下作文本进行讲评，再引导学生根据教师的讲评和批改提示，对自己的作文进行详批细改，之后教师和学生交流其作文改前和改后内容的不同，让学生认识到：只有认真修改自己的习作，才能使自己的作文水平不断得到提高。

(2)国外的做法

国外“自我修改”一般分为两步：

➢ 评价

1.读你的草稿。

2.对照下列要求评价自己所写的。

优秀

※我的开头很精彩。

※我写了很多细节来说明“五 W”(何事、何人、何时、何地、何如)。

※所有的句子有条理,并围绕一个主题。

※最后一部分说了故事怎样结束的。

※我有什么感受和我学到了什么。

※只有一点拼写错误。

➢ 修改

1.看下面关于自述的句子,哪些建议能使你的自述写得更好。

※划掉不需要的句子。

※另外写一个结尾,你更喜欢它吗?

2.和伙伴合作修改。

3.修改故事。

4.校对你的自述。(略)

(http://heb.xdf.cn/shaoer/201611/298310302.html)

点评:这种方式采取先自评再修改。每项都有明确的要求,便于操作。

2.同伴互改

(1)国内尝试

在小学作文教改上取得优异成绩的袁浩老师,在进行作文评价时采用两步走:一是教师公布评价标准,让学生对照标准进行自我评价;二是通过班级和小组讨论,让学生相互评价。具体而言,在评价作文时,教师首先对教学目标进行分解,确定每次作文的评价标准。教师将评价标准呈现给学生,要求学生对照标准重新审视、分析自己的作文。学生评价完各自的作文之后,最后教师再组织学生,进行班级讨论,要求学生围绕以下问题在全班汇报交流:“我作文的内容是什么?我认为我写得比较成功的地方在哪里?为什么说这里写得好?我觉得什么地方写得不符合要求?我是怎么改的?为什么这样改?”其他同学对其自评结果提出意见。采取这种方法可以发挥学生的主观能动性,改变传统写作教学评价中那种“学生写作文,教师改作文;教师写评语,学生看评语”的单一做法,使得作为主体的学生参与到写作教学评价过程中来。

（袁浩等.袁浩小学写作教学心理研究与实践[M].济南：山东教育出版社，1997.）

魏书生自20世纪80年代起，一直在倡导同伴互改的方法，他的影响最大也最为深远。在《作文——学生互相批改》一文中他提到：

学生能学会批改吗？回答是肯定的。差学生也能学会吗？也能。

➢ 怎么批改作文？

我逐渐要求学生都能从以下十个方面写出具体的评语，每个方面给5分，满分为50分。

1.格式是否正确。刚入学，让学生感觉写作文、批作文都不难，只写一条关于格式的批语。批作文的时候也抽签，谁都有可能抽到任何一个人的。打开作文一看格式正确，便拿出红笔，写上批语：格式正确。批文用减分法，此项不减分，此文为满分50。

2.卷面是否整洁。显然这一条又是大家都能看得出来的。后进同学批改别人作文指出卷面不整洁时，下次自己写作文也注意卷面了。

3.错别字几个。要将错字在原文处打上标记，并且写到批语处，再在后面写上正字。有的粗心的同学错字挑不出来，怎么办？我们就搞流水作业。甲、乙、丙丁轮换着批一篇文章。甲批错别字6个，乙发现本文错别字不是6个，而是7个，那么甲就要对为什么漏掉这个错别字写出一百字的说明书。丙又发现本文错字是8个，那么甲、乙同学都要被追究责任，各追加一百字的说明书。这样使粗心的同学也认真起来，批改的时候，手里抱着大字典，唯恐漏掉了错别字。发现错别字，每两个扣1分，最多扣5分。10个以上也不再多扣。

4.有几处病句。挑出一篇作文中的病句，凡病句，都要在下面划上横线，写出病在何处，再在文后批语中，写清病句几处，每处病句减1分，减至5分，不再多减。

5.标点符号有几处明显错误。强调句号、引号、叹号、问号的使用。明显错误的地方，有一处扣1分，超过5分不再多扣。

以上五条，都是写文章最低的要求。学生经过三四篇文章的批改实践，就能够掌握这几条要求了。熟练掌握之后，再过渡到后五条要求。

6.看文章的中心是否鲜明、集中。这两点在作文指导时就具体论述。批改指导时，再结合两三篇具体例文，加以指导，学生就能批得符合实际。

7.看文章的选材。包括三点：①是否围绕中心；②是否符合生活实际；③是否具有典型性。这三点首先强调的是第一点，随着作文水平的提高，才提出选材具有典型性的要求。

8. 看文章结构。包括三点：①层次段落是否清晰；②过渡是否自然；③开头和结尾是否照应。

9. 看表达方式。主要看其是否符合作文指导的要求。如写记叙文《他进步了》，要求夹叙夹议，本文是不是做到了。写说明文《芦苇》，要求说明中有描写的成分，文中有没有。写散文《家乡赞》，要求记叙、议论、抒情相结合，文中结合得怎么样。

10. 看语言是否简练、流畅、深刻。语言简练就是不重复、啰嗦、简要、精练。流畅是指文章读起来很顺，不疙里疙瘩。深刻是指文章的见解精辟，能抓住事情或问题的本质。

后五条要求，每条5分，不做太具体的规定，由批改人酌情减分。在多数情况下，批改作文都在语文课上进行，老师指导，学生抽签互批。每个人都要在作文本上写出十个方面的具体批语，一般情况批语的篇幅都要有作文本的一页那么多。最多的批语，有的达到500字。

➢ 学生互相批改作文有什么好处呢？

①经过多次批改实践，学生不仅准确地记住了写作文的基本要求，而且对这些要求理解得越来越深刻。他会指导别人应该怎样写，不应该怎样写，自然也就增强了自己的作文能力。

②每个人都有机会看到多名同学的作文，这样容易发现、学习别人的长处。别人的缺点短处，自己引为借鉴，也是好事。学生的思想多了一个相互交流、开放的机会。

③每次批改作文，抽签一般都换一个人，每人只批一本，负担不重。每次又都换人，批的人有新鲜感，有兴趣。每次自己的作文本又换人批，看不同学生对自己的批语，当然也有新鲜感，有积极性。增强了同学们发现错误的能力，还使同学之间研究学习的风气更浓了。

④教师只看一部分同学的批改结果，当然节省了大量的时间。可将节省的时间用于研究新教法，进一步提高教书育人的效率。

学生对同伴批改作文有什么看法呢？魏书生记述了这样一次谈话："一名同学问我：'老师，你猜我最爱上什么课？''不是体育，就是美术！''都不对，我最爱上批改作文这节课。''为什么？''我特别愿看别人的作文，又很愿给人家挑毛病。'"

……

（魏书生. 魏书生与民主教育[M]. 北京：北京师范大学出版社，2015.）

(2)国外做法

美国学者提出自改八查的办法。具体指：一查错别字；二查语句是否通顺；三查标点是否正确；四查卷面是否整洁；五查内容是否具体；六查有无真情实感；七查详略是否得当；八查是否有条理。

资源链接

美国中学语文研究性写作检查修改参照标准

1. 论文主体的主要观点是否支持中心论点？找出分论点和中心论点衔接不够紧密的地方，然后圈出来。

2. 如何改善观点之间的组织？尝试一下。复制你的论文，将其拆散，将分论点以另一种方式组织，看看是否更流畅。

3. 哪一个主要论点需要更多支撑？想想什么是你的读者所不知道的。找出需要进一步支撑的观点圈出来。

4. 哪些细节需要进一步充实、删除或者阐明？想想哪些是你的读者想知道的，或者想要得到证实的。找出需要改善的细节画出来。把不合适的细节删掉。

5. 前言具有哪些特征能使读者想读完全文？修改你的前言，直到答案变得清晰。

6. 哪些段落、观点之间的过渡需要加强？找出过渡需要完善的地方画出来。

7. 哪些从句可以消除赘语以更紧凑？哪些独词句不够有力或不够准确？在那些需要改进的词或从句旁作个记号。改进一些句子的结构以达到理想的表达效果。

8. 结语部分是否概括了文章的主要观点？是否重申了写作目的？修改结语直至达到上述要求。

(王尚文、吴克强. 中学语文教学研究[M]. 北京：高等教育出版社，2002.)

3. 老师面批

面批就是指老师当面批改学生作文。传统的作文批改一般是分数或评语。学生不一定明白老师修改的原因，而学生又很少来主动询问，所以效果甚低。而面批，由于是面对面，能够当面及时沟通交流，学生可以从中悟到写作之道。

当然面批的不足是时间成本太大。为此，每次作文，老师只要有目的地面批三四人，这样一个学期下来，也基本与班级同学都有过接触。面批的效果远远高于“背对背”式的

作文指导之怎么改

冷冰冰的批改方式。

面批应选择那些中等程度以上的，也就是说掌握一定的写作方法，具有一定修改能力的学生。

面批时首先应该肯定学生作文中存在的优点，使其消除紧张感。针对不足也不要全部指出来，只抓住一点深入谈。这样才能有收效。

四、怎么评

作文讲评是作文教学中生动、有效的一环，是作文指导和批改的总结和提高。因此每次作文以后，教师应当对全班同学做必要的讲评。讲评的任务是对学生作文的优缺点和存在问题进行综合分析，并引导到规律上的认识，帮助学生提高写作能力。

1.讲评方法

作文讲评的方式、方法很多，比如综合讲评、佳作讲评、专题讲评、对比讲评、样本分析、写作经验交流等，这里介绍两种日常教学中最常用的方法。

(1)佳作讲评。做法是选择一两篇学生的佳作让学生讨论，教师选择范文的目的是引导学生明白这次作文可以这样开头、选材、布局、结尾，让同学从中悟出“本次作文这样写就能成功”。用范文开路可以让更多的学生学有所依。

(2)样本分析。做法是选择一两篇中等偏上的作文(打印好发给大家)，师生共同讨论分析。所选择的这一两篇作文在思想内容和表达上都有不少长处，又都有一些不妥当的地方，这个不妥当主要是思想内容和布局谋篇方面的。通过讨论分析，使全班同学知道这篇作文的得失在哪些地方，并从中受到启发。

2.讲评要求

(1)要**抓住重点**。作文讲评不能面面俱到，也不能只抓一些枝节问题，而要抓住重点。教师要在每次讲评中都抓住一个具体的训练重点，用来体现普遍性的问题。例如针对教材的每组单元都安排一个重点训练项目，教师可以将之与学生作文结合起来评论。要把学生作文中主要的、共同性的问题和训练的重点呼应起来，挂起钩来。

(2)要赋予学生成就感。现在很多作文讲评课，前一半是少数优秀学生作文的“赏析会”，后一半是对大多数人的“批判会”，这样无形中就打压了大多数学生。好的作文讲评应该是千方百计地发现学生的优点进行表扬，赋予学生成功感，这才能让学生越来越喜欢写作。

(3)要调动学生的自觉能动性。作文讲评不能只是“教师讲学生听”而应该是师生共评。无论是品味优秀作文还是分析作文的得与失，教师都不能简单地把结论灌输给学生，而要引导学生参与进来，甚至让学生当主角，这样才能真正起到作用。

第三节　案例评析

按照写什么、怎么写、怎么改和怎么评的思路分别进行评点。

一、写什么

案例 3-10：国外作文训练——《体验荒岛生存》

体验荒岛生存

贺词：

祝贺你被推选为“荒岛生活小组”的成员之一。你将和你的同伴在一个无人居住的荒岛上生活一个月，从而显示年轻人的机智、勇敢和适应环境的能力。你将要做出许多决断、探险，并且要描述出你们在荒岛上发生的各种事情。

勃林岛：到了勃林岛，你将进入一个热带天堂，它堪称野生动物世界。你在这里将看到平时所说的绿色世界中见不到的鸟类和鱼类。但是要注意：许多动物对人类抱有敌意，比如毒蛇和凶猛的山猫。许多奇异的果子可以作为食物，也可能含有致命的毒素。然而最主要的困难是岛上没有水源；除非能够想出聪明的储存雨水的办法，因为岛上几乎天天下雨。

克劳维斯岛：这个岛屿的气候凉爽宜人，不难找到饮用水和食物；但是只有蔬菜类植物，没有可供肉食的动物，也没有办法捕鱼。岛上长满了树木，常常下大雨。人住在岛上犹如被郁郁葱葱的绿色所环绕。夜里很冷，得住宿在棚屋里。

阿波埃岛：岛屿地势较低，涨潮或暴风雨来临时，常有被大水淹没的危险。平时气候温暖干燥，岛上只有一条小溪，下雨时存水，平时干涸。岛上罕见植物唯一能找到的、可食的植物就是椰子。鱼类很丰富，但是要走到几百米以外的海滩上去捕捉，因为附近的水域都很浅。

1. 仔细地研究所有岛屿的信息。
2. 为每个岛屿列表写出它们的有利条件和不利因素。

3.根据岛屿和你们自己的条件来选择居住的地方。

4.用一段简短的文字说明你们小组选择该岛的理由。

5.利用所提供的信息,画图表示岛屿的特点并说明你们自己的情况。

选择旅伴:

奈森·范里西:男,13岁,身体强劲有力;任性,具有独立性,不喜欢求助于人;怕蛇。

克里格·温斯太利:男,11岁,身体不十分强壮;为人随和受人欢迎;喜欢炊事并善于此道;有哮喘病。

席格·维英:女,12岁,乐于助人、健谈,善于把他人低落的情绪鼓动起来;平时做事有点杂乱无章;不适合当领导;近视眼。

裘丽雅·凯恩:女,12岁,能干理智;勤恳,处理问题果断、有主见;对持有不同意见的人有时急躁;不吃荤菜。

鲍林·汤玛斯:女,13岁,活泼健康,校足球队最佳队员之一;善于实践,手工设计精巧;怕做家务;只吃便宜食品。

配置设备:

在上岛之前允许各小组选择一些设备:六种生活必需品和两种奢侈品。配置的物品应满足小组每个成员的需要。

1.你选择的六种必需品是什么?说明选择它们的理由。

2.你选择的两种奢侈品是什么?说明选择它们的理由。

3.小组的每个成员都应有一个日记本,记录自己的经历和感受。现在已是出发的前一天了。你已经知道了自己的伙伴、已有的设备,已经对小组选择的岛屿有了许多了解。在第一篇日记里写下自己准备进驻岛屿的感想。

4.现在写第二篇日记,其中应写出登上岛屿时发生事情、你和小组其他成员的感受;尤其是当看着运载你们的船只返航渐渐远去,直至消失的时候,你的感受是什么。

(1)思考小组成员在岛上生存必须做的事情是什么。

(2)列出小组必须做的重要事情的明细表。

(3)列出这些事情的顺序,把最重要的事情放在表格的上层,次要的放在下面。

(4)列出做好每一件事和解决每一个问题的途径和方法。

(5)思考你们小组开始岛上生活的实际情况,写下第一天生活的完整的日记。

……

(S. John, G. Frank, and K. David. *The Oxford English Programme* 1, *Special*: *On My Island*. London: Oxford University Press, 1991: 88-95.)

案例评析：

学生言语表达兴趣的缺失，是我国目前作文教学的一个严重问题。解决这个问题的有效方法之一是设置真实的任务情景，寻找社会生活中学生感兴趣的话题，并给他们布置一些任务，然后加以设计，这才能激发学生的兴趣。因为，真正的写作兴趣和动机来源于有具体目的、明确对象的言语交流，包括真实问题、真实情景、真实任务的"真实的"写作，对学生来说，这才是"有意义的"作文。这样的作文能唤起学生内心深处自我交流和与人表达的欲望，触发其内心深处的情感机制和写作动机，帮助学生发现写作的真正价值。

国外的这次写作训练任务颇有借鉴之处。这是一次模拟真实生活中的任务写作案例，它与中小学生的野外郊游经验直接相连。在这个作文练习的专题中，写作课程编排了以上信息，向学生展开了一个他们完全不熟悉的荒岛生活的情境，其中有自然环境、物质装备、生活事件、人际关系等等。学生要求根据岛上的实际情况评估风险，选择适合自己的搭档和工具。通过讨论，逐渐加深对模拟野外生存条件的认识，形成对完成一次野外生存任务的心理预演，学生的心理预演其实就是写作的思路。

这种虚拟的情景极大地调动起学生的好奇心，激发了学生的想象力。交代情境、风险评估、选择工具、选择侣伴、克服困难，最后顺利完成任务，这样一步步铺陈内容，从写作教学的角度说，它不仅创设了写作情境，还直接创造了写作内容。这种任务情境的创设，使学生写作时，不至于内容空洞。

二、怎么写

案例 3-11：国内作文训练——人物的外貌描写

形神兼备　各尽其妍

——人物的外貌描写

【教学目标】

1. 抓住人物外貌的特点进行描写。
2. 抓住人物的精神进行外貌描写。

【教学过程】

一、导入语

今天我给大家上一堂作文课：人物的外貌描写。你第一感觉是什么呢？猜我会讲什么？有同学说那还不简单，不就是写眼睛、鼻子、衣服等，但要写好不容易。其实，好的描写能够把人物外貌活生生地展现在读者面前。看人不光看外表，最要紧的，是透过外表看心灵深处，以及这个人的整个生活。

有这样一个笑话，说是抓一个小偷，贴出告示：个子不高不矮，身材不胖不瘦，脸色不黑不白，眼睛不大不小，鼻子不高不低，嘴巴不宽不窄，小偷抓得到吗？为什么？没有抓住特征。因此写人就要抓住人的特点，写出人的精神品质，让人一看就有深刻的印象。

二、初次感悟（第1次口头作文）

前后桌同学合作，一个猜，一个说，任选一张图片上的人物（鲁迅、李咏、成龙），用2～3句简洁的语言描述。用“他（她）________。”的句式开头。

写作要求：任选一张图片，抓住人物个性化的外貌特征，用3句话进行描述。不透露人物的姓名。完成后，读一读，让大家来猜一猜，评一评。说说在你大脑中印象最深的一个，说说为什么印象那么深。如何把这个形象用文字表达出来。这里有什么小窍门吗？

三、写法探究

形式：小组自主、探究、合作。

内容：探究课文和课外名著中的4个人物外貌描写片断。

思考：如何让人物外貌给人留下深刻的印象？受到什么启发？

要求：先请同学个人读，其他同学独立思考。然后由学习组长来主持讨论，每位同学把自己的想法写在纸上，然后再交流讨论。时间3分钟。探究结束后，组长汇报本组的探究成果。

经典回忆：《一面》《背影》《红楼梦》《陌上桑》等片断（详见附件）。

学生口头汇报，教师讲评探究成果：

1.抓住特征，追求神似，形神兼备，忌面面俱到，浮于表面。

画眼法：鲁迅先生说：“要极省俭地画出一个人物的特点，最好是画他的眼睛。我以为这话是极对的，倘若画了全副的头发，即使画得逼真，也毫无意思。”（鲁迅《南腔北调集·我是怎样做起小说的》）鲁迅先生所说的这种“画眼睛”，就是选取那些最能表现人物精神、性格的外部形象的某些特征来刻画人物。

2.运用拟人、比喻、对偶等修辞，联想丰富，语言生动。

3.侧面烘托：不直接写外貌，却处处在表现人物的外貌。例如采桑女子之美，使得耕者、锄者归来彼此抱怨，因为看罗敷耽误了劳作。作者不直接写罗敷之花容月貌，而是虚晃一枪，宕开一笔，细述观者之反应，以此烘云托月，表现罗敷光彩照人。

小结：抓住人物的特征，做到形神兼备。要把握人物的年龄、性格、身份等显著差异，写出人物的个性。忌千篇一律，千人一面，忌面面俱到，浮于表面。

四、精雕细琢(第2次写作)

再次选取一张图片或自己的同学进行细致观察,结合学习心得,写一段100字左右的文字。让读者能从你的外貌描写中,了解到这个人物的个性特征或精神品质。限时5分钟。

注意:特征包括身材、相貌、言谈举止、脾气性格、兴趣爱好、个人特长……

小组内互评互改,写好评语。

修改要求:(用不同颜色的笔修改)

1.内容上看是否反映抓住人物外貌的特点,看是否反映人物的精神品质。

2.语言上看是否通顺、连贯、有文采。

探究学习之后,让学生根据先前所得的启示,再次练笔。通过学生作品展示,咬文嚼字,创设修改平台,比较描写同一人物的几篇作品,找出闪光点和不足之处。每个学生通过前后两次写作,找一找需要改进的地方。

五、昨夜星辰

展示教师的"下水作文"和学生的习作。学生齐读。

1.你深邃的目光,如电,如剑,洞穿着整个中国历史。你直立的须发,贯注着正义之气,直逼霄汉,接日月之光芒,在天宇间回荡。你严肃的面庞,紧锁的眉宇,凝固着历史的沉思。你默默地读着中国,我们默默地读着你。我们看到一盏昏暗的油灯,我们看到你指尖燃着的纸烟,我们看到你披了短衫静坐的身影,我们看到国人的灵魂在你面前跳动,然后,我们看到那力透纸背的文字,从你的笔尖流出,化作匕首,化作投枪,指向国人灵魂的深处。

2.他有一双很小的眼睛,笑起来眼缝几乎合在了一起。我们都看不见他的眼珠,不过他那胖胖的脸庞,加上从那眼缝中射出的柔和之意,让人一眼望去,就有老实巴交的感觉。额头上垂下来几根毛发,似"潘长江头型"。他的嘴不大,几乎每时每刻都在笑,笑的时候露出了洁白的牙齿。

3.她是一个活泼开朗的女孩。她的睫毛很长,仿佛在眼皮底下挂了长长的珠帘,一双眼睛像夏夜星空中的星星那样璀璨,像秋天小溪流水那样清澈。这双敏锐的眼睛,蕴含着聪慧与胆量,难怪都叫她超级女生。她有一头乌黑的直发,通常情况下,额前的刘海也被一支红色的蝴蝶发夹夹了起来。她蹦蹦跳跳,那只蝴蝶也学她一样蹦蹦跳跳,真有趣!

六、课外作业(第3次写作)

回家后好好地观察父亲或母亲,做一次肖像描写;

向父母要他们结婚或年轻时的照片,做一次肖像描写。

把两次肖像描写做一个比较,以书面形式发表随感。

题目自拟,写自己的爸爸、妈妈,但是作文由爸爸妈妈批改。

七、学生归纳学习感受，齐读名人名言

学生先讲感受：对外貌描写的新发现。

接下来听听作家老舍怎么说的：

人物的外表写作关键在于一个“情”字，足以烘托出一个活的人物，不可泛泛地由帽子一直形容到鞋底；没有用的东西往往是人物的累赘：若只贪形容得周到，而一切并无用处，便使读者失望。

结束语：

感谢老舍！是他，让我们再次感受写作的精髓：写人的外貌要抓住外貌特点和精神品质，做到形神兼备；运用修辞，生动形象；侧面衬托，融入真情。只有这样，笔下的人物才会活生生立在我们的面前。让我们用一双慧眼洞察人间万象，用一腔真情谱写人世间的众生相。

附：

他的面孔黄里带白，瘦得叫人担心，好像大病新愈的人，但是精神很好，没有一点颓唐的样子。头发约莫一寸长，显然好久没剪了，却一根一根精神抖擞地直竖着。胡须很打眼，好像浓墨写的隶体“一”字。

（阿累《一面》）

我看见他戴着黑布小帽，穿着黑布大马褂，深青布棉袍，蹒跚地走到铁道边，慢慢探身下去，尚不大难。

（朱自清《背影》）

（林黛玉）两弯似蹙非蹙罥烟眉，一双似喜非喜含情目。态生两靥之愁，娇袭一身之病。泪光点点，娇喘微微。娴静似娇花照水，行动如弱柳扶风。心较比干多一窍，病如西子胜三分。

（曹雪芹《红楼梦》）

行者见罗敷，下担捋髭须，少年见罗敷，脱帽著梢头。耕者忘其犁，锄者忘其锄。来归相怨怒，但坐观罗敷。

（汉乐府《陌上桑》）

从我记事时起，祖母给我的印象是：有些麻子的脸上布满了皱纹，脸皮松松地向下耷拉着，眼睛常发红、流泪；不多也不黑的头发向后挽在一个像小碟子似的黑发卡里；背有些驼，常穿件黑色大襟褂；一双小脚，走起路来“噔噔”响。

（《我的祖母》）

他的头发，那才叫绝，又浓又密又硬。这还不去说它，其中偏有两根“傲然不群”，从“腹地”探出头来，伸长了脖子，像看什么总看不够似的。哈哈，好一个“怒发冲冠”！

（《我们的“V”老师》）

（沈建军.微型写作课程实践研究[M].上海：上海教育出版社，2014：90.）

案例评点：

纵观整个作文教学过程，有三个训练重点：快速写作，探究交流，反复修改。

首先，课的前半部分重在点拨，激发学生写作的兴趣，放飞学生联想与想象的翅膀，使之尽快进入写作的情境之中。

其次，课的中间部分是写作指导。利用课内外经典回忆的方式，大量提供素材，共享资源，指导学法，摸索写作的规律和经验。

最后，课的后半部分重在交流和修改。修改部分做得很有特色。在老师的指导下，由组长牵头完成互改互评，由字词标点到章法修辞，进行全面修改。再由小组向全班推荐范文，由同学进行二度创作。习作讲评采用学生之间互评，老师评学生，学生评老师，家长点评等方式，提高了学生多种能力，避免了像“欠生动”“欠具体”等模糊评价。

这样的教学设计，把读者、作者、班级、家庭联系起来，实现教师和学生平等对话，将作文教学的过程变成师生交往，积极互动，共同发展的动态过程，营造出一种和谐的教学氛围。学生在整个过程中始终处于主动地位，自主学习，自主发展，这也体现了新课程标准对作文教学的要求。

案例评析

三、怎么改

案例 3-12：国内作文自主修改案例

作文讲评课中学生自主修改的案例

【案例背景】

我国著名教育家叶圣陶对学生作文评改有许多精辟想法，他说：“我当过语文教师，改过的学生作文不计其数，得到一个深切体会：徒劳无功。”他认为“修改作文的权力首先应该属于本人，教师只起引导和指点的作用，该怎么改，让学生自己考虑决定，养成自己改的能力”，“学生对自己的作文进行自评自改的过程，就是他们写作水平提高的过程”。

执教几年来，对于作文我最大的感受是学生害怕写作，教师也视写作为畏途。因此，在实际的教学过程中，每次作文练习时学生往往叫苦连天、痛苦万分，即使搜肠刮肚也只能凑得只言片语，写的作文简直是一塌糊涂，不但语句不通顺、条理不清楚、详略不当、主题不突出，而且枯燥无味；教师绞尽脑汁、费劲唇舌也始终打不开学生的灵感之门，更令人感到心烦的是，一翻起学生的作文簿，真不知道该如何批改，干脆写一个“阅”字。所以，学生们有的说：作文太难写了，再努力也得不了高分；有的说：老师的要求太高了，不是说这里不好，就是说那里不行；有的说：我每一次写作文，老师都写一个“阅”字，我也不知道我写的作文到底怎么样了。

这样的教学从表面上看，几乎占满了作文课堂教学的所有时间，教师似乎也已经尽心尽力了，但从学生学习的效果来看，效率其实并不高。孔子说过：“知之者不如好之者，好之者不如乐之者。”那么，要从根本上提高作文课堂教学的有效性，我认为，首先要做到的就是除去学生身上的“苦”，还学生一个尽情绽放的写作空间，让他们在自评自改的过程中“自得其乐”。下面就谈谈我个人在作文教学中的一些实践和思考。

【案例描述】

片段一：佳作激趣——想改

展示文学名家关于写作不断进行修改的故事，请学生谈自己感受。

例：王安石由汴京南下扬州，又乘船西上回金陵（今江苏省南京市），路过与京口（今江苏省镇江市）隔江相望的瓜洲时，船靠码头，不再走了。他站在船头上，极目西望，但见青山隐隐，江水滔滔，春风绿野，皓月当空，触景生情，更加怀念起金陵钟山（又名紫金山）的亲人来了。他走进船舱，拿出纸笔，略一思索，就写了一首题名《泊船瓜洲》的诗：

京口瓜洲一水间，钟山只隔数重山。春风又到江南岸，明月何时照我还？

写完后，王安石觉得“春风又到江南岸”的“到”字太死，看不出春风一到江南是什么景象，缺乏诗意，想了一会，就提笔把“到”字圈去，改为“过”字。后来细想一下，又觉得“过”字不妥。“过”字虽比“到”字生动一些，写出了春风的一掠而过的动态，但要用来表达自己想回金陵的急切之情，仍嫌不足。于是又圈去“过”字，改为“入”字、“满”字。这样改了十多次，王安石仍未找到自己最满意的字。他觉得有些头疼，就走出船舱，观赏风景，让脑子休息一下。

王安石走到船头上，眺望江南，春风拂过，青草摇舞，麦浪起伏，更显得生机勃勃，景色如画。他觉得精神一爽，忽见春草碧绿，这个“绿”字，不正是我要找的那个字吗？一个“绿”字把整个江南生机勃勃、春意盎然的动人景象表达出来了。想到这里，王安石好不高兴，连忙奔进船舱，另外取出一张纸，把原诗中“春风又到江南岸”一句，改为“春风又绿江南岸”。

为了突出他反复推敲来之不易的那个“绿”字，王安石特地把“绿”写得稍大一些，显得十分醒目。

一个“绿”字使全诗大为生色，全诗都活了。这个“绿”字就成了后人所说的“诗眼”。后来许多谈炼字的文章，都以他为例。

生1：在我看来，国内外许多名著都是在出版前经过多次的修改删补，可见，即使是名家，也不见得一次就能够写出一篇不用修改的文章，这告诉我们在平时写文章时要多加修改，好的文章是改出来的。

生2：我们可以看到名家表面看来风光无限，但是实际上他们成功的背后，要付出很多艰辛和努力，我们现在学习的文章有很多都是经过作者苦心的修改。作为初学者，我们在写作的时候也要注重修改，这是写出好作品的必要条件。

这一环节的设计主要是想让学生从故事中获得对自己写作有益的启发和感悟：其实好的文章并不都是一次就能写好的。作文成功与否，很大程度上还取决于写作之后的修改，名家尚且如此，更何况我们初学写作的人呢？让学生明白文章不厌百回改的道理，并让他们树立一种“自我修改意识”，这对下面环节的进行起到了铺垫作用。

片段二：精点范评——试改

让我们先来赏一赏！

出示本班的一篇二类文，本次升格所选的点是“有细节描写”，请大家动笔画一画，写一写，看看针对这个升格点，他哪些地方做得较好，哪些地方还需要改进。

生：我认为她第三段中的省略号用得很好，“爸，弟弟……弟弟他……”，从省略号中能够感受到作者当时内心还有很多的话要说，但是说话断断续续，这样写比直接写人物的语言要好得多。

师：你看问题很仔细，分析得很到位。

生：第三段“眼泪不时在眼眶里打转”这一处细节写得很好，此时无声胜有声，通过泪水突出人物当时十分委屈的心理。

师：你真是个细心的学生。

生：我感觉她文章最后一段环境描写写得很好：“太阳快要下山了，晚霞照透了天空，红晕的光不再是那么的强烈、刺眼，变得如此的温柔、美丽。在太阳那温柔的阳光下留下了我与父亲那长长的影子……”这段环境描写写得很好，用晚霞的光来比喻父爱，有人说父爱是山，有人说父爱是水，但是作者却认为父爱是金，那种光芒如同晚霞一般，充满了温情。

师：同学们读得都很仔细，并且都能够找到同学作文中的优点，看到别人的长处，其实××同学作文中的长处还有很多，那么，有谁能说说她的作文中有哪些地方还需要通过修改变得更完美？

生:"难道我做错了吗?我是不是应该做一个好姐姐呢?"我感觉这里的文字不足以表达作者当时内心的感情,我做了这样的修改:"我坐在这里,静静地思考着,为什么每次爸爸都偏袒他,这次明明是他的错啊,为什么爸爸不问清楚就要打我?我抽泣着,感觉整个世界都将我给抛弃了,没有人爱我,没有人喜欢我。"

生:第四段:"走到池塘边,水面荡起的微波就仿佛是我现在的心情,心里七上八下的。"我认为在这里用微波形容当时的心情不够恰当,最好写成"一阵风儿吹过,一片片荷叶落入河中,我的心犹如那荷叶,凋落下来。"我认为这样写更能够体现作者当时内心的波澜。

生:我认为第四段的描写还不够细致,不能够突出弟弟的淘气,最好对弟弟的动作加一些细节描写。我做了这样的修改:"弟弟把门轻轻推开,探个小脑袋向里面望,我当时看书正看得出神,没有理他,他为了引起我的注意,便在我的眼前晃来晃去,真是个不识趣的家伙,人家不理他,他来捣乱,弟弟并不罢休,抢了我的书就跑,我在卧室里使劲追他,他将门一开,冲了出去。到了客厅,我突然间发现,我小学的毕业照哪里去了,只剩下相框和照片的一角,原来是这样……"

评价别人的过程实际上是一个自我提升的过程,这一环节的设计主要是想让学生在同龄人的作文中看到闪光点和不足,当任务布置下去的时候,我看到同学们做得都很认真、仔细,圈圈点点,勾勾画画,还不时地在旁边写上自己的修改意见和看法。通过与学生的交流,我感受到,他们关于写作,头脑中已有了一种懵懂的概念,因为在平时的作文教学中,他们已经初步掌握了有关写作的方法和技巧,但是他们缺少的是一种将理论转化为实践的能力,我们在这里要做的就是大胆放手,让他们成为写作课堂的主角,而不是被动接受知识的口袋。

片段三:自我"升格"——乐改

仔细揣摩自己的作文,看看哪些细节需要修改?

读一读:大胆读出自己的习作;

评一评:相互品评彼此的习作;

听一听:善于倾听同学的意见;

改一改:依据建议修改自己的习作。

修改范例(略)。

这一环节的设计是让学生用刚刚学会的方法,修改自己的作文,在修改的过程中,我要求他们严格对照自己本次选点升格的目标,看自己与目标的差距,我还指导他们将自己修改过的作品与同学互换,并且对他们提出要求,希望他们能够像老师一样批改别人的作文,像编辑一样把作者的文章改好,并提示批改的要求和符号,务实地指导保证了自学以及合作学习的有效性。互改完毕,老师要求学生将写得特别好的文章推荐给大家。

(https://wenku.baidu.com/view/82a768f7d1d233d4b14e852458fb770 bf78a3be2.html)

案例评点：

作文课上要注重引导学生在自我修改和相互修改的过程中提高写作能力。这节作文自我修改课无疑是一个很好的样板。在整个课堂过程中，感受最明显的一点是学生始终处在愉悦氛围中。首先，教师采用故事导入，消除学生对作文的“戒备心理”，创设一种轻松的学习氛围，使他们在故事当中有所感悟。其次，在讲评作文之前，教师先出示了上次作文优胜者的名单，并请他们朗读自己的作品，让学生充分体验到写作的乐趣，并进而鼓励榜上无名的同学，告诉他们，只要努力，就能成功。接下来，让学生进行自改和互改，学生能从别人的作文中学到长处，并且能够虚心接受同学提出的意见，对自己的文章进行适当的修改，当课堂结束，请每组进步的同学上到台前，将自己的名字贴在大榜上。整个过程，不仅让学生学到了修改作文的方法，而且让更多的同学体验到了创作的快乐。

案例 3-13：国外作文自主修改案例《我的自叙》

个人自叙

——美国小学写作训练

美国的一份小学五年级作文教学案例：《写个人自叙》

案例由六个部分组成：范文阅读；预写；搜集资料和研究；打草稿；修改；发表。

一、范文阅读环节

阅读下面的个人自叙(范文略)。

思考：作者想和我们分享什么故事？想想作者是怎样用语言来叙述事物发展过程的？他对于自身经历又有怎样的感受呢？

结合范文讨论并认识一篇好的自叙的要求：

(1)诉说自己亲身经历的故事；

(2)用第一人称来表达自己的感受和思想；

(3)有一个有趣的开头和结尾；

(4)句子要连贯、通顺；

(5)用表示时间的词语来表达想法，使文章通顺连贯。

二、预写环节

怎样在自叙中让别人分享你的经历？

1. 考虑你的目的和读者；

2. 回忆自己的经历；

3. 选择一个主题，并且整理你的想法；

4. 用一张思路图写下你的想法。

三、搜集资料和研究环节

你需要为自叙搜集更多的资料，从在列表中提出一些问题开始，然后考虑你要用哪些资料来回答你的问题。

纪念品、照片和家庭录像都是有用的信息资料，在这些资料中寻找你所需的细节。

做一个采访：采访可以是面对面的，也可以通过书信、电话或者是邮件。

整理资料：本文作者从他采访的邮件中找到了一些重要的资料。他也在日记中、他姐姐拍摄的录像中搜集资料。看看他是怎样修改自己的写作思路图的。

四、打草稿

（略）

五、修改

（见本章第二节“怎么改”之国外的做法）

六、发表环节

发表一篇好的自叙需要详细的规划。

1. 怎样讲述你的故事

朗读策略：当你发表你的自叙时，记住你的目的是娱乐你的读者，要使他们有身临其境的感受；

列一个提纲或使用便条帮助你回忆你的故事；

大声朗读，让站在你后面的人能听到你的声音。

2. 怎样展现你的故事

建议：通过添加视觉材料来使你的故事表达更清晰有趣，使读者就像在“观看”文章一样有乐趣。

照片和图画可以帮助读者理解你的故事；

海报和拼图可以表达你的主要思想和细节；

图表或图可以帮助读者“看”到你的故事在哪儿发生。

3. 怎样和别人分享你的故事

演讲建议：你练习得越多，表达时就越顺畅；

想象你在一个听众前讲述你的故事；

听取同伴的意见；

尝试用不同的方法来发表你的故事。

（谢雄龙. 由美国的一份作文教学案例想到的[J]. 广东教育，2011(2).）

案例评点：

美国的作文教学有许多值得借鉴之处。它将复杂的作文环节分步骤进行，每一步骤都给予了明确而具体的要求。

1.范文引路：给出范文，提出要求，这样，学生通过阅读范文，并结合思考、讨论，不仅明确了本次作文的目的，还知道了本次作文的基本要求和写作的基本方法等。

2.重视预写：预写是动笔以前的活动，是心中的预计和谋划。对于学生而言，这个过程相当重要。从接受任务到范文阅读，再到动笔写作，要历经一个较大的心理跨度，这个跨度就是预写的环节。在这里，教师对预写环节也通过问题的方式给予了具体的要求，将学生的思维成功地“激活”和“唤醒”。

3.抓好选材：虽然我们也常常要求学生“注重观察，积累素材”，可毕竟太空泛。学生不知道要积攒什么材料，导致在写作时依然感觉无材料可写。美国教师则在教学过程中留出时间让学生搜集资料，给出了明确的指导，这样才富有现实指导意义。

4.强调发表：作文是一种交流，是用书面语言来进行思想交流的一种方式。作文一经写出，就应该与一定的群体交流，这才会有写作的热情。我国的作文教学，很少让学生意识到这一点。对学生而言，它只是一项作业或语文期末考试的一个组成部分，对老师而言，也不把自己当读者，而是以评判者的身份来审视。这背离了写作的初衷。而在美国，他们认为，让学生将自己的作文成果进行发表，比写好作文更重要。所以，他们会精心设计学生的发表环节，让学生通过一次次写作、一次次发表去抒发情怀、享受写作的快乐。

四、怎么评

案例 3-14：自主参与式作文讲评课堂教学案例

自主参与式作文讲评课堂教学案例（节选）

【教学设计】

实施以培养学生创新精神、创造能力为核心的素质教育，在课堂教学中应该首先突出学生的主体地位，让学生主动参与到课堂教学中来，只有这样才能更好地激发学生的创新欲望。那么，怎样才能利用语文作文教学这一主阵地，通过学生的主动参与培养学生的创新精神呢？语文教育家叶圣陶先生曾指出：“假如着重在培养学生自己改的能力，教师只给些引导和点拨，该怎样改让学生自己去考虑去决定，学生不就处于主动地位了吗？养成了自己改的能力，这是终身受用的。”“作了文又能自己改，不用请别人改，这就经常处于主动地位，岂不是好？”我们确立“自主参与”这一实验课题，就是意在使学生在自主评改中学得本领，在自主参与中得到发展提高，听说读写并重，主动参与评改，使学生语文整体素质得到提高，创新精神、创新思维、创新能力也得到培养。

人教社1998年版高中语文第二册议论文单元为学生提供一篇材料作文，采用鼓励性原则，可激励学生运用求同、求异或发散思维、从不同角度进行拟题训练，引导学生自主参与，调动学生主动求知，激活学生创新思维。采用的鼓励性原则有：

1. 默认激励。对学生的回答可以不表态，以便学生的思维不受拘束，自由地展开。

2. 言语激励。对于学生的回答可以用肯定或赞扬的言语表示鼓励认可。

3. 行为激励。对于学生的课堂反应，比如回答、讨论、思考等可以用赞赏的眼神、表情或同学的掌声加以鼓励。

本课时教师通过总结，分析学生写作过程中出现的问题，重点在于使学生明确一般引申性议论文和读后感的区别，并有针对性地对学生进行审题立意的系统训练。

【教学模式】

此课教学可归为以自主学习为中心的教学模式（即主体性教学模式）。我们认为其过程一般包括以下四个阶段：激发动机阶段。主动探究阶段。巩固运用阶段。反馈交流阶段。我们尝试采用的自主参与式作文评改课堂教学模式，一般有“写—读—议—评—改”五环节。

（一）自由写读——激发动机阶段

写前，教师不作任何指导，学生自由写作，充分发挥学生主体的自由，并在自主参与评改课堂教学中，通过朗读提供的例文，充分暴露学生写作中存在的实际问题，使教师的指导有明确的针对性，以此激发学生自主参与评改的兴趣。

（二）自由讨论——主动探究阶段

此项措施在于通过让学生和平日熟悉的同学进行讨论，畅所欲言，在各种思想的交锋中，激发学生思维的灵活性和敏捷性，培养学生在实际交往中的听说能力；通过讨论，还能充分暴露学生在文体知识方面存在的不足，从而更好地解决问题，修正错误认识。因为老师和学生毕竟隔着一层，老师的讲解学生理解起来不容易，而处在同等地位的同学的一两句关键语句往往能轻易化解学生理解上的坚冰，“原来就是这样的啊！”不仅能使学生有茅塞顿开的感觉，而且能激发他们的上进心，“其实挺简单嘛！我也会！”这是促使学生进行创新思维、主动探究的一个重要保障。

（三）自主修改——巩固运用阶段

引导学生运用所学知识批改自己或同学的作文，巩固运用，实现知识迁移。这是课堂教学的主体部分，正是通过这一环节进一步训练学生的主动求知和创新思维能力。

（四）发现遗漏，及时补救——反馈交流阶段

【教学步骤】

1. 读例文、激发情趣。学生作文收交上来后，老师先筛选例文，根据写作情况写出具体的写作指导和批改分析，上讲评课时发给学生，2～3名同学读例文，让同学了解本次作文写作情况，获得感性认识，并激发情趣。

2. 评议例文、主动探究。听读例文以后，根据写作指导，以四人为一组展开讨论，给例文打出等级、写出评语。

3. 自由发言，点拨引导。让学生自由发言，谈出评议意见，教师点拨、引导。

4. 拓展训练、巩固运用。这时，教师可以根据刚才在评议例文中运用到的有关议论文的知识，再拟题进行拓展训练，以巩固所学知识，更重要的是培养学生的求同思维、求异思维或发散思维，对题目谈出各自的见解。

5. 反馈交流。

【教学实录】

师：今天我们进行作文讲评。先请同学们回顾一下上次作文要求。

（投影）写作要求：

1. 阅读《翠鸟移巢》，然后写一篇引申性议论文（不要写成读后感）；

（附短文《翠鸟移巢》：翠鸟先高做巢以避患，及生子，爱之，恐坠，稍下作巢，子长羽毛，复益爱之，又更下巢，而人遂得而取之矣。）

2. 题目自拟，不少于600字；

3. 语言要流畅，书写要工整。

（生看投影。师板书“作文讲评”）

师：这次作文同学们写作都很认真，卷面工整，字数合乎要求，卷面得甲的达百分之八十，请卷面得甲的同学举起手来，为自己鼓掌加油。未得甲的同学下次努力争取。各篇作文细读之后，仍有高下优劣之分。老师为大家筛选了三篇例文，已和作文讲评一起印发给了同学们，下面请同学们速读作文讲评“写作指

导”。(生速读。)接下来,请听读例文,注意修改错别字和不通顺的句子,并为这三篇文章评定等级,最好阐述出理由。

生1:(朗读例文1《论极端》,内容见附文。)

生2:(朗读例文2《故事里的事》,本文是一篇风趣又有教益的记叙文,内容见附文。)

生3:(朗读例文3《可怜、可敬、父母心》,内容见附文。)

(三生起立,读例文。同学掌声鼓励,师就朗读情况稍作点评。)

(点评:听读阶段也是整体感知阶段,先获得感性认识,为下边议、评作准备。)

师:请同学们以前后桌四人一组为单位,生4朗读写作指导并主持讨论,评定出三篇例文的等级。推举一位同学发言。

(议、评阶段:自由讨论、自主发言,老师可根据发言有针对性地加以点拨。)

师:投影分类情况:

例文(1)、(2)、(3)可依次归入一类、二类、三类的六种情况:

A. (3)——(2)——(1)

B. (3)——(1)——(2)

C. (2)——(1)——(3)

D. (2)——(3)——(1)

E. (1)——(2)——(3)

F. (1)——(3)——(2)

师:同意A或B的同学请阐述理由。

生5:我同意B. (3)——(1)——(2)。我认为第三篇作者围绕“翠鸟”和“母豹”式的父母展开论述,较好地结合了实际;第一篇《论极端》充分结合了现实生活中的事例,但事例太多,缺乏典型性和灵活性;第二篇《故事里的事》内容虽然十分充实,但引用“老爷爷”讲的故事篇幅太长,使文章成了记叙性文章。

生6:我同意E. (1)——(2)——(3)。例文1能够根据材料提出自己的观点,然后抛开材料,紧密联系现实生活,很符合引申性议论文的写作要求。例文2没有审清题意要求,写成了记叙文,但能联系生活,在最后提出了自己的观点。例文3写成了读后感,没有抛开材料,没有紧密联系现实生活,不符合引申性议论文的要求。

生5:我不同意第三篇作文没有联系实际的观点,因为在第三篇中间有“当今社会……”的明显标志,这说明他也是联系实际的。

生7:我选F. (1)——(3)——(2)。我们可以先看一下作文讲评的要求,“读后感和引申性议论文的区别和联系”,“引申性议论文是根据所给的材料提炼出自己的观点，然后抛开材料，紧密联系现实生活，通过摆事实、讲道理来论证自己观点的一种作文模式”。我觉着第一篇文章的第一段根据材料提出观点，然后便抛开了材料，联系生活论证，很符合写作要求。第三篇写成了读后感，不符合写作要求。

生5：我也同意F了。

生6：我也同意F了。

师：同意F的同学请举手。

（生都举手。）

师：理越辩越明。其实，三篇文章独立着看，从构思、立意与表达上都是上乘之作，但放在这次写作中却有一、二、三等之分，可见在写作水平相当的情况下，“审题”准确成了写作成功的关键。那么，“审”是什么意思呢？

（生查《现代汉语词典》。）

生8读释义：“审”有三个义项，“审题”的“审”应是“详细、周密地考查”的意思。

（师板书“审题”。）

师：这类给文字材料的作文，**如何审题**才周密、准确呢？可以分两步，**第一，审写作要求，明确文体**。常见的文体有四种，下面又有细小的分类。谁来说？

生9：常见的文体有记叙文、说明文、议论文、散文。记叙文有写人和叙事的分别，说明文有事物说明文和事理说明文的分别，议论文有阐述性的、评论性的、引申性的分别，引申性的又有读后感和非读后感的分别。

师：说得很好。（师投影文体分类情况。）

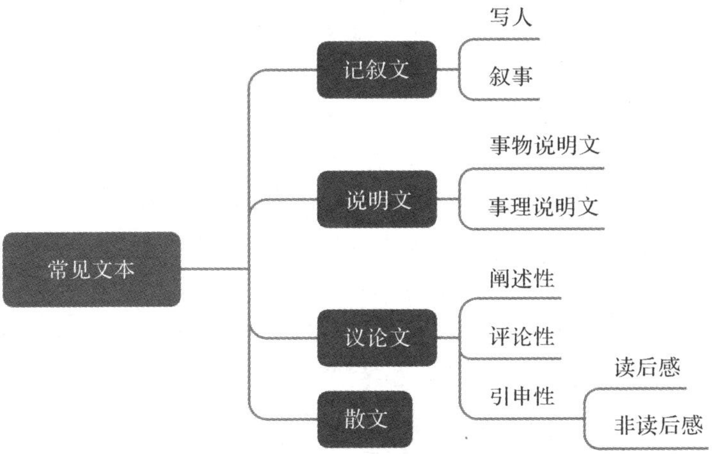

（点评：这就是在批改讨论中学习写作知识，在自主参与中提高听说读写能力。评议阶段学生发言精彩，这是运用已学到的知识进行拓展训练，便于培养学生的创新思维能力。）

师：第二步，审文字材料，抓写作主旨。文字材料的审读可以分三步（由生齐读投影：纵观全文，分析要素，抓关键词和评论句。）下面举个例子：（师投影短文。）

生 10 读：1814 年，英国人斯蒂芬逊制造出世界上第一辆蒸汽机车时，有人驾着一辆马车和他赛跑，新生的火车丑陋笨重，走得很慢，漂亮的马车骄傲地跑在前面，然而，斯蒂芬逊并没有因为失败而灰心，他坚信火车比马车有美好的前途。一百年过去了，马车仍按原来的速度转动着轮子，而火车却在飞速前进，高速火车时速可达 200 公里，实验性火车的速度就更加惊人了。

读后，请你自拟题目，写一篇引申性议论文。

师：请同桌根据所学互相讨论这则材料的要素和关键词。

（生同桌讨论。）

师：请看投影，对照自己的讨论，看有什么不同。谁来读？

生 11：这则材料的要素是：人——斯蒂芬逊，物——新制造的火车和马车，事——新制造的火车和马车赛跑失败了；关键词语是："失败""没有灰心""坚信""惊人"；评价性论述：一百年过去了，马车仍按原来的速度转动着轮子，而火车却在飞速前进。

根据要素和关键词语，从这则材料中就可以确立以下论点：(1)失败是成功之母；(2)信心是事业成功的阶梯；(3)新生事物是不可战胜的；(4)科学是社会发展的动力；(5)新事物必然代替旧事物。

师：同学们的讨论是否一样？检验审题是否准确、周密，最快捷的办法是看作文的标题，如"作文讲评"中的三篇例文仅从标题就可看出审题的高下，再如这次作文中的一些题目：

（师投影：溺爱≠真爱、节俭些母爱、爱的误区。）

这些标题，是议论文的，也很新颖、醒目、有创意，却是读后感式的。

（师再投影：勿因小失大、做事要恰到好处、过犹不及与恰到好处。）

这些拟题是引申式的，从这些拟题就可看出审题十分周密准确，下面请同学们自主评改同学的作文。请速读作文讲评的要求，再结合这节课的学习，综合评议，特别要注意审题、拟题是否恰当，注意评语的格式，书写要工整。

（生前后桌交换批改，写评语。）

师：同桌交流一下评语，请两位同学读一读自己的评语。

生 12：我批改的作文题目是"谈人们仿翠鸟移巢"。评语是：本文从所给的材料中得出启示，阐明了过分溺爱的后果，要注意分清引申性议论文与读后感的区别。另外，字迹工整，卷面洁净。得分70。

生13：我批改的作文题目是“谈爱”。本文论点鲜明，字迹工整，没有把引申性议论文写成读后感，但有些事理不大准确，比如第二段说“孩子感冒了打针”难道就是溺爱吗？总的来说较成功，望继续努力。得分75。

师：看来，同学们已明确了审题和拟题的重要性，掌握了审题和拟题的基本方法与思路。下面进行两个**拟题训练**，巩固这节课的内容。（师再次投影关于火车发明的短文。）读后请你自拟题目，写一篇引申性议论文。拟题时请不要与前面的重复。

生14：我拟的题目是“暂时落后不等于永远落后”（理由约117字。）还可以联系我们中国的实际，虽然暂时落后，最终会有一天赶上世界先进国家。（掌声。）

生15：我拟的题目是“时间——最公正的审判官”。因为是时间让人们对火车、马车两种交通工具的优劣有了共识，所以我拟了这个题目。

（其他发言略。）

师：同学们拟的题目都很好。下面练习一个难度较大的。（师投影文言短文《西施效颦》。）

（生看投影，思考，三生起立口述所拟题目并简释理由。）

（点评：由改到练，进一步拓展训练空间，培养学生的创新意识——求异思维，巩固本课训练目标。）

师：同学们都开动了脑筋，拟的题目也各有特色。拟题可以从不同的角度，只要合乎要求，说出理由就行。下面我们回顾一下这节课的主要内容，总结一下审题过程。（生回顾，师投影：一审要求明文体，二审材料抓主旨。）

（点评：总结归类，本着激励性原则，鼓励学生主动参与、自主评改，调动学生的积极性。）

（https://wenku.baidu.com/view/b72438be960590c69ec37608.html）

案例评点：

此课教学可归为以自主学习为中心的教学模式。这堂自主参与式作文评改课堂教学案例，包括了“写—读—议—评—改”五环节。

第一个阶段，教师没有作任何指导，学生自由写作，充分发挥学生主体的自由，并在自主参与评改课堂教学中，通过朗读提供的例文，充分暴露学生写作中存在的实际问题，通过范文开路，使教师的指导有明确的针对性，同时老师对学生的作文评价采取了鼓励性的原则，赋予学生成就感，这样有利于激发学生自主参与评改的兴趣。

第二阶段，是主动探究阶段，通过让学生和平日熟悉的同学进行讨论，畅所欲言，在各种思想的交锋中，激发学生思维的灵活性和敏捷性，培养学生在实际交往中的听说能力；通过讨论，还能充分暴露学生在文体知识方面存在的认识不足，从而更好地解决问题，修正错误认识。

第三阶段，引导学生运用所学知识批改自己或同学的作文，属于巩固运用阶段，从而进行知识迁移训练。这是课堂教学的主体部分，正是通过这一环节进一步训练学生的主动求知和创新思维能力。

最后是反馈交流阶段，通过自主参与式作文评改课堂教学，激发学生自主参与、主动求知的热情，引导学生在讨论交流中获取写作知识，陶冶性情，发展语文思辨能力，完善人格。

本章小结

1. 掌握写作教学的基本理念：培养学生对写作的兴趣和自信心；引导学生感受生活，体验人生；开拓写作空间，鼓励学生自由表达。

2. 教师在写作教学中尤其应该注意以下几个方面：引导学生说真话、抒真情；培养学生形成良好的写作习惯；重视学生之间的合作与交流。

3. 作文教学要解决写什么、怎么写、怎么改和怎么讲评这几个问题。

4. 写什么：写生活作文和实用文。

5. 怎么写：老师要尽量激发学生写作的兴趣；全力开拓学生写作思路。

6. 怎么改：要把批改作文的大权交给学生，以学生为批改的主体，老师只是略加调拨、指导，逐渐培养学生自己修改作文的习惯和能力。

7. 怎么评：讲评要抓住重点、赋予学生成就感、调动学生自觉能动性。

8. 能用课程标准理念分析文中的教学案例。

讨论题

讨论题 1：

一个学生的心声：

学习上我最怕就是写作文。为什么呢？我就说说吧。

首先写作文必须语句通顺、不写错别字，要先写草稿，要动脑筋，还要字写得好，简直把我弄惨啦！你看，头也疼了，眼也花了，手也麻了，屁股也坐疼了，爸爸要是在家的话，还可以给我一点安慰，要是有一天我一个人在家里写的话，我一定会大哭一场的，我觉得好像笼子里的小鸟飞不出去一样，好难受啊！

还有写作文要有耐心，否则什么也写不好。

最重要的是，写一篇好的作文需要好的题材，需要积累好词佳句，还需要熟练地运用，也是很麻烦的事儿哟！

（包建新. 语文综合性学习案例教学论[M]. 杭州：浙江大学出版社，2012：200.）

请问你认为这种情况普遍吗？在教学中你会采取什么办法，来避免学生害怕写作文？

讨论题 2：

请看下面这个案例。

陈汉是初中一年级的学生，学习成绩优秀，喜欢作文，他的作文常常在班上被语文老师苏畅作为例文讲评。可是初一下学期苏老师生病住院，短期内身体不能康复，学校派来工作同样认真负责，且年轻漂亮的张老师接替苏老师的工作。张老师上的第一堂课就是作文。面对新来的张老师，陈汉暗下决心一定要写好作文，在张老师面前露一手，让张老师知道我陈汉写作文是个好汉！老师布置了作文题，陈汉很快地进入了写作状态，想到自己会被可爱的张老师赏识，陈汉越写越有劲儿，两节课下来，竟然在大作文本上写了满满的四页！作文交上去了，陈汉仍掩不住内心的喜悦，心想也许老师明天就会发现我的作文，就会表扬我！他天天盼望老师上作文课，第一周老师没有上，第二周依然没有，好不容易盼来了第三周，星期三下午是上作文课的时间。老师说作文没有改完，下周再上。

第四周星期三，陈汉早已忘记了上次作文的内容，张老师却抱来一大摞作文本上作文课了。老师先讲了上次作文的总情况：都写得很长、啰嗦，很难改。接着老师读了一篇好作文，又念了一篇差作文，陈汉觉得都不是自己的，在盼望中陈汉拿到了自己的作文本。他急切地打开上次的作文，两个大大的红色数字赫然写在题目旁边：76 分！整个作文除了一两小段是黑字外，其余部分是工工整整、密密麻麻的红字，老师几乎把陈汉的作文全都改过了！

陈汉读了两段老师改过的文字，似懂非懂，觉得都不是自己作文的意思，不愿再读下去。眼睛又回到分数上，他在思考 76 分的含义：是好还是不好？最终他从密密麻麻的红字中得出了结论，写得不好！

他觉得老师不理解自己，也不喜欢自己，觉得老师和自己很遥远，顿时没有了作文的兴趣。合上作文本，发现老师已经在布置本次的作文题了：一件难忘的事。“我都写臭了！”想到从小学到中学已不知写过多少次，他烦恼地发出了一声喊叫。他木然地看着正在讲写作知识的张老师，一句话也没有记住，他发现张老师不仅不再可爱而且有点儿丑。

这以后，他不仅不喜欢张老师的语文课，连作文也敷衍完成，整天盼望苏老师能早日回来……

（刘永康.语文教育学[M].北京：高等教育出版社，2006:171.）

请问：

张老师工作认真负责且年轻漂亮，为什么学生并不喜欢她？你认为她的作文教学存在哪些问题？为什么？张老师应该怎样改善作文教学？

讨论题3：

怎样提高学生写作的兴趣？你想到哪些好主意？

本章测试

◆ 判断题：

1. 无话可说是当前学生作文写作的最大困难。 （ ）

2. 课程标准不提倡命题作文，主张应尽可能放开对学生写作的束缚，提倡学生自主写作。 （ ）

3. 中学写作教学的目的是培养未来的作家。 （ ）

4. 写作的过程非常复杂，写作又需要多种能力。所以严格来说写作能力是无法通过老师的讲授或指导来得到的。 （ ）

5. 学生自改作文应该是作文教学的重要组成部分。 （ ）

6. 在 20 世纪 80 年代就广泛倡导学生自改作文的特级语文教师是韩军。 （ ）

7. 面批时首先应该肯定学生作文中存在的优点，使其消除紧张感。针对不足要全部列出，逐一讲解，这样才能有收效。 （ ）

◆ 填空题：

8. 写作是运用________进行表达和交流的重要方式，是认识世界、认识自我、创造性表述的过程。

9. 写作能力是语文素养的综合体现。写作教学应贴近学生实际，让学生易于动笔，乐于表达；应引导学生关注现实，热爱生活，表达________。

10. 课程标准将写作与生活紧紧联系起来，突出了“________”的价值取向。

11. 开启学生写作思路有一种广为称赞的方法，“________”是指：选定一个话题让学生以个人或小组的形式思考、讨论，将大脑中想到的一切信息、想法、观点等随意写下来。

◆ 简答题：

12. 你认为造成“五子登科”式（捡票子、送“瞎子”、让位子、推车子、抱孩子）作文的原因是什么？

13. 结合自身谈谈你写作的经验或教训。

14. 怎样激发学生写作的兴趣？你能想到哪些好的办法？

15. 课程标准提出了哪些新的写作教学理念？

16. 学生自改作文有什么好处？

推荐书目

1. 魏本亚，刘文琪，等. 于永正经典课例评析作文教学卷[M]. 北京：语文出版社,2016.

(本书真实再现了于永正老师小学语文作文教学的17堂课,并附有庖丁解牛般的剖析和点评,读者能从中体会作者精湛的教学艺术,借鉴于老师在培养学生学习运用语言能力方面的诸多技巧方法等。)

2.黄孟轲.中学作文教例剖析与教案研制[M].南宁:广西教育出版社,2005.

(这本书集中了教学一线老师对作文教学的思考与实践。书中既有对作文教学现状和问题的反思、探讨,又有一线教师的教例描述、研制过程和评析等。)

3.沈建军.微型写作课程实践研究[M].上海:上海教育出版社,2014.

(微型写作课是立足于学生写作细节的短小精悍、真实快乐、高效智慧的全程助写课,也是作者近年来的研究成果。该书最大的亮点是提出了微型写作的五种课型,书中还有六个经典课例,这些课例将每一个教学创意落到实处,将写作指导落到细微处。)

第四章　口语交际教学

学习要求

知道口语交际不同于听话、说话教学；掌握口语交际的几个基本特点；熟悉课程标准对口语交际的要求；能够用新课程标准理念评价口语交际活动设计的得失；也能自己设计出合格的口语交际活动方案。

第一节　口语交际教学概述

一、口语交际不同于听说教学

“口语交际”这个名词于2000年才进入我国语文教学领域。课程标准将以前的“听话说话”改为“口语交际”，绝不仅仅是名词术语的简单变换，而是反映了语文教学观念的转变。与传统的听说教学相比，“口语交际”至少有以下三个突出的特点。

1. 突出交际性

听说教学，多是一人说，众人听，语言信息呈单向传递状态。而口语交际，则强调信息的往来，因此，参与交际的人，不仅要认真倾听，还要适时接话，谈自己的意见和想法。口语交际教学就是教会学生如何根据交际目的、场合、对象的不同，来进行恰当有效的交际。**交际性**是口语交际教学区别于听说教学的本质特征。

2. 强调互动性

互动是实现交际目的的前提和条件。在口语交际教学中，特别强调学生互动意识的培养。口语交际教学不是简单地教给学生听或说的方法和技巧，更要在语言实践中培养学生的互动能力，只有在互动的语言实践中，交际能力才能迅速提高。

3. 注重语境

以往的听说教学，是通过句型训练、模仿等方式来规范学生语言的，而口语交际教学则强调用交际的过程来规范语言。

二、口语交际的教学目标

课标对**口语交际的总目标**是这样表述的：

具有日常口语交际的基本能力，在各种交际活动中，学会倾听、表达与交流，初步学会文明地进行人际沟通和社会交往，发展合作精神。

具体阐释如下：

口语交际能力是现代公民的必备能力，应培养学生倾听、表达和应对的能力，使学生具有文明和谐地进行人际交流的素养。

口语交际是听与说双方的互动活动。教学活动主要应在具体的交际情境中进行。

鼓励学生在各科教学活动，以及日常生活中锻炼口语交际能力。

我们试着从**知识和能力、过程与方法、情感态度和价值观**三个维度进行整体设计，从而有效地把握口语交际教学的目标。

1. 从情感态度价值观维度看

既然是交际活动，双方在应对中的情感态度就十分重要，表现为人际交往的**文明态度**和语言修养。

要注意培养学生具有文明和谐地进行人际交流的素养，比如，标准中所提到的：

与别人交谈，态度自然大方有礼貌。

在交谈中能认真倾听，并能就不理解的地方向人请教，就不同的意见与人协商。

与人交流，能尊重理解对方，在交际中注意语言美，抵制不文明的语言。

能注意对象和场合学习，文明得体地进行交流，自信负责地表达自己的观点。

在口语交际教学中，必须把情感态度的培养贯穿于交际活动的全过程，要注意学生良好交际态度的养成。

2.从过程和方法维度看

口语交际的核心是“**交际**”，注重的是人与人之间的交流和沟通，它是一个听方和说方双向互动的过程。标准要求每个学生：

> 积极参加讨论，对感兴趣的话题发表自己的意见。
>
> 乐于参与讨论，敢于发表自己的意见，能就不理解的地方向人请教，就不同的意见与人商讨。
>
> 能根据交流的对象和场合稍做准备，做简单的发言。
>
> 在交流过程中，注意根据需要调整自己的表达内容和方式，不断提高应对能力。
>
> 讲述见闻内容具体，语言生动，复述转述完整准确，突出重点。
>
> 能就适当的话题作即席讲话和有准备的主题演讲，有自己的观点，有一定的说服力。

因此我们在口语交际教学中应想方设法实现课堂教学中的双向或多向互动，要让每一个学生双向互动，不仅要选择他们感兴趣的贴近生活的实际话题，采用灵活的方式组织，还要努力在课堂教学中创设真实的交际情境，营造人际交往的氛围。

3.从知识和能力维度看

标准明确提出口语交际教学，不必过多传授口语交际知识，鼓励学生在各科教学活动以及日常生活中，锻炼口语交际能力。

口语交际教学的目标

因此在口语交际教学中应尽量淡化知识，注重培养学生的听说能力、交往能力和合作能力等。

综合看来，口语交际教学的目标主要集中在情感态度和价值观，过程和方法，知识和能力这三个维度，三个维度之间相互渗透，融为一体。

第二节　口语交际教学的设计

要实现口语交际教学的目标，必须探寻与其相适应的科学方法。

一、选择适当的话题

教师要上好口语交际课，首先要选择恰当的话题，话题应该真实诚恳。新教材密切联系学生的生活世界和想象世界，贴近学生生活现实，选编了一些每个学生都能有话可说、有话要说、可议可感的教学模块内容。比如小学阶段的"爱吃的水果""认识标记"等说话模块。

加拿大 B. C. 省一次训练初中学生的话题训练：

你们这个小组是一群宇航员，原计划你们的登月艇要在月球的亮面某个地点着陆，与母艇会合。然而由于机械故障，你们的艇被迫在离会合点二百里外降落，而且在降落过程中艇上许多设备都损坏了。你们必须在月球表面跋涉二百里到达母艇所在地，这是唯一的生还之路。下面是艇上仅存的未损坏的十五种物品，请你们讨论他们对你们在月球上跋涉这二百里的用处，以便决定该携带什么，抛弃什么，要求小组讨论要取得一致意见。

几盒火柴，压缩食品，50 尺尼龙绳，手提取暖器，降落伞绸布，两只手枪，一盒脱水牛奶，两桶(100 公斤)氧气，星际地图，救生艇，磁指南针，五公斤水，信号火焰，带注射器的急救箱，太阳能收发报机。

学生要完成这个任务，必须考虑到月球的特殊环境，还要运用相关知识进行分析判断。例如必须知道月球上没有氧气，因而火柴是完全没用的。大概也没有磁极，因此，磁指南针也是没有用的。还要了解月球表面多环形山脉，在过山谷或裂缝时，救生艇上的二氧化碳可做自我推进器用……这个话题能够激发初中生强烈的兴趣，因此大家能够兴致勃勃，积极思考。也愿意听取同学发言，争先恐后发表自己的见解。学生们全身心投入讨论中，口语能力得到了真正的锻炼。

二、创设交际情境

教师要从学生的实际情况和需求出发，选择学生感兴趣的主题和内容展开讨论。口语交际的话题可以分为自主性和话题性两种。自主性的，没有主题的限制，学生的选择性较大，可以自由发挥。例如，学生喜欢看小说，就可以对小说中的人物表达自己的看法；学生喜欢看电影，就可以对自己喜爱的电影，谈谈看过之后的感受。话题性的，是由老师事先确定口语交际的话题。教师可以将近期发生的时事热点作为口语交际的主题，例如乘客坐过站，抢夺公交车司机方向盘事件，或疫情期间故意隐瞒行程等事件，让学生发表自己的想法。

为调动学生兴趣，教师也可以创设接近生活实际的交际环境，比如让父子针对是否看一个热播的恐怖电影争论。父亲认为血腥，不适合这个年龄看。而孩子认为自己不看，加入不了同学的讨论。游戏规则是，教师喊“开始”，父子同时大声各说各的道理，教师叫停后，问是否听明白对方的意思。通过这个游戏，让同学悟到，意见发生分歧时，有次序地说比同时说更能达到沟通的目的。这类训练能够激发学生内在真实的情感体验，激发表达欲望，达到口语交际训练的目的。

三、体现交际互动

课标指出“口语交际是听与说双方的互动活动”，这表明了“**双方互动**”是口语交际的主要特点。

良好的互动，离不开认真倾听和积极回应。为达到目标，首先要养成学生倾听的习惯，这是口语交际教学的第一步，老师应该告诉学生倾听的重要性、倾听的具体方法等，只有听清楚、听明白了，才能理解对方说话的要义，接着要教会学生表达，怎样清楚地表达自己的意愿等，其中始终贯穿着教会学生如何利用交际中的非语言因素，比如通过面部表情，身体语言等技巧，来增强表达效果。

加拿大 B. C. 省一所学校在对学生进行口语训练时，先在全班做了个小调查：

➢ 在听话时，你是否注意观察说话人面部表情？

➢ 当向你介绍某人时，你是否养成了牢牢记住对方名字的习惯？

➢ 你跟别人说话时，是否经常有眼光交流？

……

根据学生回答的是或否，让每人找出自己听话的弱点，写出今后改进的意见。再通过全班讨论，制定出一个班级听话守则。

班级听话守则：

➢ 集中注意力聆听对方的话，与说话人保持眼光接触。

➢ 听话时要用点头、微笑之类的眼神、表情或简短的礼貌语言及时向对方表示自己已经理解了他的意思。不明白之处一定要在适当的时候提出，务求弄懂。

➢ 尊重说话人说话的权利，不要刻意插嘴，打断他的话，也不要突然改变话题，即使不同意对方的话也要有礼貌地等他说完。争辩时不得进行人身攻击。

……

四、评价要及时

要保证口语交际教学落到实处，就必须加强评价工作。评价，既可以让教师了解教学情况，及时调整教学策略，又可以让学生看到自己的学习成果，激发兴趣，树立信心。

评价时可以关注发音是否清晰响亮，说话是否思路连贯，方式是否文明礼貌，习惯是否良好等。需要注意的是，评价时应多用一些鼓励性的语句，针对不足，能提出切实可行的建议，让学生得到富有建设性的反馈信息。

口语交际教学设计

第三节　案例评析

案例 4-1：商场购物时如何退换物品

商场购物时如何退换物品

张年东

【教学要求】

1. 能清楚地表达物品购买、使用、损坏等经过。
2. 注意表达时副语言的使用。

交际对象：售货员、售货经理

交际任务：成功进行货物的退换

教学重难点：副语言的分析、体会与使用

【课前准备】

1. 摄像机一台，多媒体教室一间；
2. 同情境下标准的口语交际视频。

【教学场所】

商场、多媒体教室

【课时安排】

2课时

【教学过程】

一、课前导入：老师在商场买了一个电水壶，在购买时售货员承诺购买的水壶在没有使用的情况下，如有任何质量问题都可以在购买后的七天内换新，现在是第三天了，当老师回家装上水，启用电水壶时发现有漏电现象，急需去商场换货。商场售货员一直在强调说水壶在没有使用的情况下可以换新，但水壶不装水怎么能通电？不通电又怎么知道水壶漏电？在经过几番辩论以后，售货员说做不了主，要去找售货经理才能决定换与不换。到售货经理处，经理同意换，但只能换同类有质量问题被召回后维修过的水壶，于是我们拿出售货的所有票据和经理理论，要求经理给我们换新水壶。以上经过，在课前已派了两名同学一起去退换水壶，另外两名同学负责把他们换货的过程拍下来，作为课堂讨论的对象。

二、先在教室播放学生退换水壶的过程视频，观看完毕后由学生自由发言，发表自己的观点，看看这两位学生在交际时有哪些优点，有哪些不足之处，评价越精细越好。

三、播放标准的视频，此视频播放完毕后由学生再自由发言，对两个视频的口语交际表现进行评价，主要从以下几个方面来比较。如表4-1所示。

表4-1　视频比较

比较维度	学生评分		副语言的作用	备注
	标准视频	学生视频		
表达准确				以10分为标准计算，评分时务必由学生说出理由
礼貌用语				
符合语境程度				
停顿的使用				
沉默的使用				
说话音调				
手势配合				

比较时教师和学生一起分析总结副语言的作用，并结合生活实际谈谈对辅助语言的理解与运用。

四、根据以上标准对售货员和售货经理的交际表现做出评价并说出理由。

五、四人一组，两人担任顾客角色，两人饰演售货员和经理角色，分组进行角色对话。

六、老师总结：在日常生活中，经常会出现类似的问题，但我们要做到真正让店家退换商品却不是一件容易的事。在类似的口语交际中，我们应该准确地描述事情的经过，并恰当地使用辅助语言，希望本次课能给同学们一些启发。

（张年东，魏小娜，等.口语交际教学内容的反思与重构[J].语文建设，2012(8).）

案例评点：

该案例有很多值得借鉴之处。具体表现在：

1.话题适当。该案例以“退货”为训练话题。退货是人们在日常生活中经常会遇到的，跟个人利益直接相关。网上购物，退换货已经成为现代人日常生活的一部分。这个话题的练习容易调动起学生的兴趣，激发参与的热情。

2.目的明确。主要训练“学生的表达能力以及表达过程中副语言的使用”。口语交际的根本目的就是“要培养学生具有文明和谐的进行人际交流的素养”。在这个案例中，老师既注重对说话方法的指导，也注重教给学生说话技巧的训练，比如使用副语言。正如我们所知，非语词的信号为**副语言**，主要包括表情语，动作语，服饰语等，甚至像重音、声调、停顿都属于此类。单就表情语而言，心理学家曾经写过这样一个公式：

人的情感表达＝7％语言词＋38％声音＋55％面部表情

本案例中，教师通过视频，和学生一起总结了副语言的作用，会加强学生在日常交际中的表达效果。

3.注重过程。整堂课都在比较自然的、接近真实的交际情景中进行，学生互动频繁，在“交际”中学交际，符合课程标准“鼓励学生在日常生活中，锻炼口语交际能力”的精神。

4.评价具体。充分利用评价的调控作用，整个教学过程中，多次用到评价，有老师评价，有生生互评等多种方式，而且，为了提高评价的有效性，又分解为具体的栏目。让学生从表达准确、礼貌用语、符合语境程度、停顿的使用、沉默的使用、说话音调、手势配合等方面入手。

案例评析

案例4-2:我们的权利和义务

我们的权利和义务

【总体构思】

讨论是为解决某个问题而集体发表意见的一种口语交际形式。这次活动主要是通过多种形式的讨论,提高参与者的倾听能力,使其能快速准确地把握别人的说话内容,提高思维能力和口头表达能力,能用普通话清楚明白地表达自己的意见。

【教法学法】

在讨论过程中,老师要注重营造自由平等、宽松和谐的讨论环境,允许学生自由地发表自己的真实意见,允许学生之间相互争鸣,同时还要注意引导学生朝着正确的方向发展。通过同桌讨论、小组讨论、全班讨论等多种形式,引导学生全员参与、深入探讨,在提高口头表达能力的同时也提高自己的思想认识水平。

【教学流程】

一、讨论前的准备

1. 从同学们的日常生活中收集一些涉及损害中学生权利的案例,以引起学生讨论的兴趣。

2. 从同学们的日常生活中收集一些不负责任的案例,引导学生展开讨论,明白应该如何对待"我们的义务"。

3. 要求学生从自己或同学的生活中选择一件可能引起争议的事情,准备发言提纲,在小组中与同学展开讨论。

二、进行讨论

1. 导语。

同学们,你们在生活中是否常常碰到一些困惑,很想找个人来讨论讨论,找出一个解决问题的好办法呢?

今天,我们就来一次课堂大讨论。讨论的议题是——我们中学生的权利和义务。很显然,这个议题太大,在有限的一节课中,我们没办法把这个问题讨论得全面而深刻。我们必须使议题更具体明确一点。你们讨论一下,看看我们这节课要重点讨论什么问题?

处理策略一,从讨论中,选定一个许多同学感兴趣的议题;

处理策略二,用投影仪把下面几个议题呈现出来,让学生在讨论中决定选择哪个议题。

讨论:我们在课堂上有什么权利和义务?我们在学校里有什么权利和义务?在和同学的交往中,我们有什么权利和义务?作为公民,我们有什么权利和义务?我们有没有隐私权?在生活中自己的某种权利有无受过损害?

2.确定议题:中学生的隐私权。

处理策略:可以把问题再细化、具体。譬如:

(1)什么是隐私权,我们有没有隐私权?

(2)我们的隐私权曾受到过侵害吗?

(3)我们应该怎样维护自己的隐私权?

3.确定讨论程序。

在我们这么大的一个班集体中,如何开展讨论呢?很显然,不能一直都是七嘴八舌,这样到最后,我们是无法形成一个较统一的认识的;当然,也不能搞一言堂,听老师、某个专家或某个同学来讲一节课,可能清晰,但毕竟只是一家之言啊。我想,我们能否先4～8人一组充分讨论,然后推举一位代表,按照顺序到讲台上阐述你们小组的意见,时间3分钟。最后集体讨论以形成一个较统一的认识。

4.小组内讨论,时间五分钟(老师巡视,适时点拨,使小组讨论深入进行)。

策略一:学生自主地讨论;

策略二:启用预备资料,讨论资料(1)—(3)中反映的中学生的权利问题。

资料(1)

据《海南特区报》报道,3月10日下午5时30分,在三位女同学的陪伴下,严利红向记者诉说了信件被拆、丢失的遭遇以及她的担忧。上初一时,她的信被拆开过两次。上初二后,她的三位同学给她来信,她没有收到。去年,她姐姐寄来一件生日礼物,还有一封信,到现在也没有收到。严利红说她所有来信的邮票都被人撕掉。有位女同学的信被别人传着看,害得她学都不想上了。严利红很担心别人把信的内容公开。她告诉记者,他们学校只有一个学生信箱,每个班上都有一把钥匙,但许多同学偷偷配了钥匙。记者问了三位陪伴的同学,她们都点头说有类似的遭遇。

讨论:严利红的权利受到损害没有?你是怎样看待私人信件被拆开之事的?

资料(2)

“转了,转了!”一个同学小声发出信号,全班四十多人的目光齐刷刷聚集在教室左墙上方的一个“小东西”上。立刻,同学们有的手忙脚乱地翻书;有的目不转睛地盯着“小东西”看。

“小东西”?那是监视器——一个转盘式的广角摄像头。那是北京某中学用来监视学生纪律的高科技产品，与之相比，原来教室前后门上的窥视孔或玻璃小窗就是小巫见大巫了。

果然，不久之后的校会上，几个班的违纪行为便出现在政教处制作的录像片中。从此，同学们对“小东西”的关注与日俱增。上课时，同学们不时要向那里看上几眼，这已经成为大家的一个习惯。而每当摄像头转动的时候，全班同学对它行“注目礼”，也就成了班里的一道风景。(《中国中学生报》第1030期)

讨论：你觉得教室安装监视器是否必要？这样做是否给我们造成了一定的心理负担？学校这种行为违反了《中华人民共和国未成年人保护法》没有？能找到一个比“安装监视器”更好的办法来解决学生遵守纪律的问题吗？

资料(3)

据《武汉晚报》11月2日报道，武汉市江岸区在《小学教师批改作业要求》中宣告“×”正式退出小学生作业本。如果是语文作业，字词错误，在错字下划横线，并在旁边打上“?”。《要求》认为，传统方式易刺伤学生自尊。

讨论：你觉得用“?”代替“×”是对学生自尊心的保护吗，是保护学生的隐私权吗？你觉得在作业中我们是否有知道错误的权利？

5. 各组代表陈述小组讨论的经过与结果。

三、总结

经过热烈的讨论，大家都认识到，我们中学生应该拥有隐私权。隐私权是一种“不受他人干扰的权利”，是一种基本的人格权利。看待隐私权，我们要用辩证的眼光来对待，对于主体来说，这是一种权利，人人都拥有隐私权；相对于他人来说，这是一种义务，人人都应该保护当事人的隐私权。

譬如，私人信件是受到法律保护的，别人的信件在没有授权的情况下是不能拆的。不要为了自己而去伤害别人，拿别人的信既是不道德的行为，又是违法的行为。《中华人民共和国宪法》明确规定，公民有通信自由，不能侵犯收件人的通信自由和个人隐私权。《中华人民共和国未成年人保护法》第三十九条规定：对未成年人的信件日记、电子邮件，任何组织或者个人不得隐匿、毁弃。把拆别人的信件不当一回事的同学，应该设身处地为别人想想，如果别人把你的信拿走了，你会怎么办呢？

同样，学校、老师都应该带头守法，保护学生的各项权利，包括隐私权。资料(2)中，学校安装监视器不但难以起到加强管理的作用，反而可能激发学生与教育管理者的矛盾，使学生对老师抱有偏见，产生不信任感。《中华人民共和国未成年人保护法》第二十一条规定：学校、幼儿园、托儿所的教职员工应当尊重未成年人的人格尊严。第三十九条规定：任何组织或者个人不得披露未成年人的个人隐私。学校把学生的活动都置于监视器的监视之下，显然忽视和侵犯了学生的尊严和隐私。

针对资料(3),我们应该承认,小学生自尊心的确脆弱,容易受到伤害,可是这并不能成为不能指出错误的理由。做错了题就是做错了题,需要老师指出,而且老师也应该让学生知道自己做错了、错在什么地方、为什么错了、正确做法是什么。简单地认为用"?"代替"×"就不会伤害小学生的自尊只是一种想当然。这种做法其实让老师们在为学生文过饰非,所谓的维护学生自尊也是自欺欺人。我们在学习中,更有知道自己错误的权利,知错才能改,改错后才能前进!

通过讨论,我们看到,老师与学生之间、父母与子女之间、人与人之间都应当是平等的,相互尊重的,都应该在法律赋予的权利范围内活动,都应该正确行使自己的权利,同时认真履行自己的义务。

四、作业

联系《中学生守则》,讨论如何履行中学生的义务。

(https://wenku.baidu.com/view/cb40f9a0580102020740be1e650e52ea5418ce57.html)

案例评点:

该案例有两点值得借鉴。具体体现在:

1.话题适当。该案例关注的是未成年保护的内容,与学生实际生活紧密相连。目前在学校、社会中存在着很多侵犯学生权利的问题,比如隐私权等,学生有必要了解法律,借此来熟知自己作为学生应得的权利,并能用法律武器来保护自己。

2.注重过程。整堂课主要采取的是讨论的方式,并且尽可能让学生自己参与其中,调动学生的积极性。通过学生自己多说、多参与这样的形式,提高学生语言组织能力和表达能力。

案例 4-3:国外口语训练(交际重叠)

【教学内容】

交际重叠

【教学目的】

了解不同口语交际的风格和对话技巧,以便应付对话中可能出现的交际问题和冲突。

【活动步骤】

1.小组讨论,给"交际打断"和"交际重叠"定义,并阐述两者是否有区别,如果有区别,具体如何表现。如果学生需要帮助,教师可介入,并引导他们想象在真实的交际情境中，人们如何反应。

2. 选择一个会话主题（如在公共场所吸烟、排队无序等），只要能激发学生的兴趣，什么主题都行。

3. 将全班分成两组，意见相同的分在同一组，然后给几分钟的时间让双方展开辩论，要求用准确的词表达自己的论点、论据；选出两名学生代表，在教室前面相对而坐，展开讨论。

要求：不得插话，不管如何激动，都要等对方说完之后才可以发言；其他同学要专心听讲，仔细观察发言者的互动情况。

4. 从两组中分别再选两名学生代表，让他们就主题展开讨论，要求他们抢着发言，不用等对方说完，想说立刻可以插嘴，同时请其他学生仔细观察他们的言行和互动，以及与第一次的区别。

让全班学生围圈而坐，共同讨论老师提出的问题：

(1)这两次对话有什么区别？

(2)第一次交际的发言代表说感受。

(3)第二次交际的发言代表说感受。

(4)在日常的口语交际中，你是哪一种表现？

(5)你平常怎样与老师、家长对话？

(6)你所选择的对话方式是因为自己的性格还是对方的性格？

(7)别人是否也和你用同样的方式交际？

（陈敏. 一堂国外口语交际课引发的思索[J]. 小学教学参考，2013(25).）

案例评点：

这份教学设计目标少且小，学生口语交际的能力在这种小而实在、与日常生活息息相关的练习中得到了发展。教师以开放的心态在活动过程中扮演交流、倾听的参与者角色，而不再是传统的控制者。在明确口语交际的问题后，重点讨论解决问题的方法，不仅使学生的思想得到了交流，也培养了他们多角度思考问题的能力，这样无论是思维的训练还是交际能力的培养，这些目标都得到了很好的落实。最后，这个设计还将整个讨论、总结和反思的结果加以强化，延伸到日常生活。

纵观整个教学设计，学生的多数时间都是在讨论中反思，在反思中总结，直到提出解决这个问题的具体策略。这份教学设计朴素实在，值得学习。

本章小结

1. 课程标准将以前的“听话说话”改为“口语交际”，不仅仅是名词术语的简单变换，还反映了语文教学观念的转变。

2. “口语交际”的特点：交际性、互动性、注重语境。

3. 课程标准对口语交际的总目标是：“具有日常口语交际的基本能力，在各种交际活动中学会倾听表达与交流，初步学会文明地进行人际沟通和社会交往，发展合作精神。”

4. 口语交际教学要选择适当的话题；创设交际情境；体现交际互动；评价要及时。

5. 能用新理念分析口语交际教学案例。

讨论题

讨论题 1：

你要去一家世界五百强的公司面试，以下是主考官的问题。请先思考下你会怎么回答，再比较下陈成是如何回答的，最后思考下陈成的回答给你哪些启发。

1. 请先介绍一下你自己。

2. 在学校你最不喜欢的课程是什么？

3. 这么说你在学校是属于好学生，对吗？

4. 请再说说你的家庭好吗？请说说你对计算机行业发展趋势的看法。

5. 就你申请的这个职位，你认为自己还欠缺什么呢？

6. 那你期望的薪水是多少？

7. 如果我们聘用你，你能给公司带来什么？

附录：

一个大学毕业生的外企面试答题实录

陈成一直梦想着进入外企工作，成为让人羡慕的白领。临毕业的时候，一家美国公司来学校招聘计算机技术人员。这是一家实力不俗的知名企业，位列世界 500 强。陈成经过一番精心准备，一路过关斩将，进入面试。在面试中，陈成表现不俗，以面试第一名的成绩成功杀入这家外企。他面试成功的奥秘是什么？我们不妨剖析一下他答题的全过程。

这家公司的面试题只有 8 道，陈成刚一落座，考官便开始提问了。

1. 考官:你好!欢迎你参加我们的面试,请先介绍一下你自己。

陈成:老师您好,我叫陈成,毕业于东北大学理学院信息与计算科学专业。曾经在几家大型国企实习,从事计算机技术工作,以计算机技术为主要特长,参与过多个大型软件的开发。我是一个热心肠,性格开朗,积极主动的青年,我认为自己很适合到贵公司这样充满活力的企业工作,非常希望获得这个工作机会。谢谢。

解析:这是企业招聘常问的问题。一般人回答这个问题过于平常,只说姓名、年龄、民族、爱好等。其实这些在简历上都有,不必赘述。企业最希望知道的是求职者能否胜任工作,包括:最强的技能、最深入研究的知识领域、个性中最积极的部分、做过的最成功的事,主要的成就等,这些都可以和学习无关,也可以和学习有关,但要突出积极的个性和做事的能力,说得合情合理对方才会相信。陈成的介绍简洁而内容丰富,回答了考官最想知道的问题而没有重复年龄、民族等考官并不关心的内容。另外,很多企业重视个人的礼貌,求职者尊重考官应该在回答问题的时候体现出来。

2. 考官:请告诉我,在学校你最不喜欢的课程是什么?

陈成:大学的时候我对金融方面的课程兴趣不大,但是为了能取得好的成绩,我在课余时间选了很多相关方面的书来读,并且逐渐建立起了这方面的兴趣。我想只要努力,不喜欢的课程也会变成喜欢的课程。

解析:这个问题考官不希望求职者直接回答"不喜欢数学""不喜欢语文"这样直接的回答,如果这样回答后还说明了理由,不仅代表求职者对这个学科不感兴趣,可能还代表将来也会对要完成的某些工作没有兴趣。陈成的回答就为我们提供了一个范例,他避免了用"不喜欢"这样强硬的措辞,而选择说"兴趣不大",这会让考官觉得他即使对最不喜欢的东西,也是可以接受的。陈成既回答了问题,又表现出了自己勤奋刻苦的品质,因此会受到考官的青睐。这个问题企业招聘者最想从求职者口里听到:我可能对个别科目不是特别感兴趣,但是正因为这样,我会花更多的时间去学习这门课程,通过学习对原本不感兴趣的科目也开始有了兴趣,于本来就有兴趣的科目我自然学习得更认真。没有人天生会喜欢所有科目,但拥有努力精神的人才是企业最重视的。

3. 考官:很好,这么说你在学校是属于好学生,对吗?

陈成:我认为好学生的标准是多元化的。我的学习成绩还可以,但在其他方面的表现可能更突出,比如我去很多企业实习过,我很喜欢在快节奏和压力下工作,我在学生会组织过一系列大型活动,这也锻炼了我的团队合作精神和组织能力。

解析:这家外企的招聘者真的很精明,因为问这个问题可以试探出很多信息:如果求职者学习成绩好,就会谈自己的成绩,如果求职者成绩不尽理想,便可能难以招架;回答说自己是好学生,可能有些自负,回答说不是,又可能显得自卑。不过陈成的表现还是很不错的，他巧妙地避开成绩问题，而去重点讲工作方面的能力。他没有明确说出自己是不是好学生，却暗示自己尽管成绩并不是特别优秀，但却是广义的“好学生”的一员，回答得机智巧妙。

4. 考官：请再说说你的家庭，好吗？

陈成：我很爱我的家庭。我的家庭一向和睦，虽然我的父亲和母亲都是普通人，但是从小，我就看到我父亲起早贪黑，每天工作特别勤劳，他的行动无形中培养了我认真负责的态度和勤劳的精神。我母亲为人善良，对人热情，特别乐于助人，所以在单位人缘很好，她的一言一行也一直在教导我做人的道理。

解析：考官面试时询问家庭问题，不是要知道求职者家庭的情况，探究隐私，而是要了解家庭背景对求职者的塑造和影响。考官希望听到的重点也在于家庭对求职者的积极影响。他们认为：优秀、和睦的家庭对一个人的成长有潜移默化的影响。陈成的回答表明他有着美好和睦的家庭，从小受到了良好的家庭教育，从父母身上学到了很多美德和为人处世的道理。一个能发现父母优点的孩子必然是个聪明懂事、善良孝顺的孩子，而学习父母优点的孩子自然是个学习型的人才。这样的员工，哪个企业不乐于接受呢？

5. 考官：看来你的家庭对你有着非常积极的影响，很好。下面请说说你对计算机行业发展趋势的看法。

陈成：我认为计算机将向着微型化、网络化、多媒体化和智能化的方向发展。比起过去的计算机，现代计算机不仅用来进行计算，还能综合处理声音、图像、文字、视频和音频信号。据我所知，贵公司的计算机已经具有了模拟人的感觉和思维过程的能力，这在业界是领先的。这一领域发展前景广阔，我愿意发挥自己的能力从事这一领域的工作。

解析：一般企业都对这个问题很感兴趣，只有有备而来的求职者才能够过关。考官认为最聪明的求职者是对所面试的公司预先了解很多，包括公司从事的业务领域、发展情况等。求职者在答题的时候可以提到所了解的情况，企业欢迎进入企业的人是“知己”，而不是对自己一无所知的人。求职者可以在网上查找你所希望加盟公司的信息和该行业的资料，只有像陈成这样深入了解行业情况，才能发表出内行而独特的见解。

6. 考官：看来你对我们公司还是蛮了解的，那就你申请的这个职位，你认为自己还欠缺什么呢？

陈成：对于这个职位和能力来说，我相信自己是可以胜任的，只是缺乏经验。我想没有人天生就是有经验的，如果能在贵公司工作，我可以以最短的时间来积累经验，因为我的学习能力很强，我相信可以很快融入公司的企业文化，进入工作状态。

解析：考官喜欢问求职者弱点，但精明的求职者一般不直接回答。陈成巧妙地躲开了尖锐的问题，表达了自己胜任工作的信心。如果说自己什么都不欠缺，显然有些骄傲，于是他表示自己还缺乏一些工作经验，但经验都是一点点积累起来的，于是他提出进入公司后尽快融入企业文化，获得工作经验也就在情理之中了。

7. 考官：好，我相信你，那你期望的薪水是多少？

陈成：以我的能力和优势，我完全可以胜任这个职位，并且我相信自己可以做得很好。但是贵公司对这个职位的描述不是很具体，我想，这个问题能否延后再讨论？

解析：从考官的话中可以看出，他对陈成是比较欣赏的，已经有意录用他，因此才会谈到薪水的问题。而外企的工资水平是很灵活的，具备多高的能力就拿多高的薪水。企业喜欢直率的人，但这个问题却不能正面回答，企业希望听到：求职者给其定薪的自由度，而不是咬准一个价码。尤其是在面试的时候，拉锯般地对薪水进行讨价还价对求职者是没有好处的。陈成清醒地认识到现在还不是谈薪水的时候，因为他对这个职位的详细情况还不够了解，于是他选择了日后再谈。等到自己成功任职并与企业签订合同的时候，解决这个问题自然就水到渠成了。

8. 考官：好吧，最后请说说如果我们聘用你，你能给公司带来什么？

陈成：就我的能力而言，我可以做一个优秀的员工，在组织中发挥能力，给组织带来高效率和更多的收益。我会尽最大的努力去为公司争取最大的效益。

解析：企业很想知道未来的员工能为企业做什么，但是很显然，任何人都不可能说出很具体的效益，所以求职者只需要表明自己的决心和信心就可以了，说得太具体反而会丧失可信度。陈成很轻松地回答了这道题目，也给考官吃了个定心丸：他会尽最大努力去工作，自然也会为公司带来很好的收益。

考官：很好，你的表现很出色，请回去等待消息吧，祝你好运！

第二天，陈成便接到该公司的电话，要他去公司报到。陈成的成功不仅得益于他笔试时的正常发挥，更得益于他面试时的出色表现。陈成很好地回答了考官的所有问题，并充分展示了自己的才能、学识和聪慧的头脑。其实，面试时只要拿出你的聪明才智，摸清楚考官提问的意图，你也可以顺利闯关。希望上面的分析能对您有所帮助，也希望您能像陈成一样在面试的时候取得成功。

(http://www.docin.com/p-48744890.html)

讨论题 2：

1. 请思考当别人给你建议而你不太认同时你会怎么回答？李佳桐是怎么回答的？给你什么启发？

2. 李佳桐在去杂技学校推销产品这个案例中，她抓住的

非你莫属

关键点是什么？

3. 请列出举办年会的三个关键词。

4. 假如你是李佳桐的朋友，在这个环节你会建议她去哪个公司？为什么？

5. 你觉得她的选择明智吗？原因？

本章测试

◆ 判断题：

1. “口语交际”这个名词于2000年才进入我国语文教学领域。 （　　）

2. 要保证口语交际教学落到实处就必须加强评价工作。 （　　）

3. 口语交际教学中应该多传授口语交际知识。 （　　）

4. 口语交际的核心是“交际”。它是一个听方和说方双向互动的过程。 （　　）

5. 在口语交际教学中应尽量淡化知识，注重培养学生的听说能力、交往能力和合作能力等。 （　　）

◆ 多项选择题：

6. 口语交际的突出特点有（　　）。

A. 交际性　　B. 规范性　　C. 注重语境　　D. 互动性

◆ 填空题：

7. ________是口语交际教学区别于听说教学的本质特征。

8. 在口语交际教学中必须把情感态度的培养贯穿于交际活动的全过程，要注意学生良好________的养成。

◆ 简答题：

9. 课程标准提出：“要注意培养学生具有文明和谐地进行人际交流的素养。”具体包括哪些呢？试举出三种。

10. 你在听话、说话时有什么不好的习惯？你准备怎样改正？

推荐书目

1. 李莉莉. 小学语文口语交际教案选粹（修订本）[M]. 北京：语文出版社，2008.

（这本书的特点是：涵盖了各年级口语交际教学内容；编辑了一线教师在实际教学中进行教学的口语交际案例，而且整册书按年级编排，又依照内容归类排序，使用极为方便。）

2.李明洁.高中语文5/口语交际新视点(第三版)(全新修订)[M].上海:华东师范大学出版社,2007.

(这本书体现了口语交际教学新思路的最新成果。全书包括八部分:细节聆听、整体聆听、基础复述、创意复述、说明性表述、分析性表述、应对的结构和应对的思路。同时又按照实用技能组元,分别是:访谈、戏剧、演说、讨论、辩论等,每部分都有详细的操作步骤,实用性强。)

3.王志凯,王荣生.口语交际教例剖析与教案研制[M].南宁:广西教育出版社,2004.

(这本书分上、中、下三个篇章。上篇是理论概述,中篇是主体部分——案例分析,共40个案例,包括倾听和复述、日常生活中的口语交际活动、组织中的口语交际活动和书面语的有声表达等部分。下篇是国外借鉴。本书操作性强,具有很大的参考价值。)

第五章　综合性学习教学

学习要求

了解在语文课程中设置综合性学习的重要性；掌握语文综合性学习的特点；知道课程标准对综合性学习的要求；熟悉语文综合性学习实施的几个阶段；能够对语文综合性学习活动进行评析；能够独立设置一个合格的语文综合性活动。

第一节　综合性学习教学概述

全日制义务教育语文课程标准的一个突出特点，便是在语文课程中设置了“综合性学习”。开展语文综合性学习对于全面提高学生的语文素养具有重要意义。

一、语文综合性学习的主要特点

1.综合性，体现在学习目标的综合性，学习内容的综合性，学习方式的综合性和学习途径的综合性各个方面。

2.实践性，既指语文综合性学习的最终目标是培养学生的语文实践能力，同时也指实现目标的基本途径是语文实践。

3.自主性，体现在活动内容的自主选择，学习过程的自主设计，学习方式的自主选择，学习进程、学习时间和学习场所的自主安排等。

4.合作性，包括学生与学生的合作，学生与教师的合作，还包括各种形式的与学校、家庭、社会其他成员的合作等。

5. 生成性，综合性学习是一种探究性学习，在探究的过程中，学习目标、内容和学习的体验都会不断地生成。

二、语文综合性学习的教学目标

根据课标的要求，语文综合性学习的目标，可以从以下三个方面去认识。

1. 培养学生的**问题意识**和解决问题的能力

新课标中要求学生：

> 能提出学习和生活中感兴趣的问题，共同讨论，选出研究主题，制定简单的研究计划。从报刊书籍或其他媒体中获取有关资料，讨论分析问题，独立或合作，写出简单的研究报告。
>
> 关心学校、本地区和国内外大事，就共同关注的热点问题，搜集资料，调查访问，互相讨论，能用文字、图表、图画、照片等展示学习成果。

由此可见，培养学生具有发现问题、提出问题、分析问题、解决问题的能力，是综合性学习的重要目标。

2. 培养学生的组织能力和探究能力

新课标提出：

> 能自主组织文学活动，在办刊、演出、讨论等活动过程中体验合作与成功的喜悦。

语文活动充满探究性，语文活动的过程就是学习探究的过程。培养学生具有自主的组织语文活动的能力，培养综合运用语文知识探究事物的能力，这是综合性学习的重要目标。

3. 培养学生**搜集和处理信息**的能力

新课标的具体要求：

> 从报刊书籍或其他媒体中获取有关资料，讨论分析问题，独立或合作写出简单的研究报告。掌握查找资料，引用资料的基本方法，分清原始资料与间接资料的主要差别，学会注明所援引资料的出处。

现代社会是信息社会，处理信息的能力，是一个现代人必备的素质，搜集资料和运用资料是一种基本的学习方法，这一点在其他语文课程中很少体现，而在综合性学习中则是主要的学习内容。

综合性学习的教学目标

第二节　综合性学习教学的设计

一般来说，实施语文综合性学习的过程要经历五个阶段：准备阶段、指导阶段、实践阶段、分享阶段和评价阶段。

一、准备阶段

在准备阶段，教师要做好准备，如统筹安排时间、引导学生明确专题方向、开设讲座、组织参观等，目的是为综合性学习做些背景式的铺垫工作。

同时，学生也要做好准备。这种准备更重要的是一种心理上的准备，如保持一份渴望探究的心情等。

二、指导阶段

指导阶段十分重要。在指导阶段，老师首先要指导学生确定选题，让学生了解学习的基本程序，帮助建立合作小组和指导制订合作计划等。

同时要因地制宜地指导学生搜集资料，引导学生学会搜集、查找资料的方法、分析资料得出结论的方法以及掌握简单的研究报告的书写格式。

三、实践阶段

这一阶段是学生自主活动的阶段。学生根据自己对生活的观察及思考，自主决定学习的内容，确定研究的主题，编制计划和方案，然后展开研究，撰写研究报告。

在这个阶段，教师主要起观察、帮助、提醒和督促的作用，绝不可代为参与。

需要注意的是：强调学生自主性并不排斥教师的调控和组织。如发现有的学生确定的课题与语文毫无联系，就应该及时调整，要确定课题与语文有关。

四、分享阶段

表达交流阶段是综合性学习的一个重要环节。交流，实际上也是合作学习的一种方式。学生之间交流的内容，既可以是活动成功的喜悦，也可以是具体的研究成果，还可以是失败的体验和对整个学习过程的反思。

五、评价阶段

综合性学习的评价应着重考查学生的探究精神和创新意识，尤其要尊重和保护学生学习的自主性和积极性，鼓励学生运用多种方法，从不同的角度，进行多样化的探究。因此，综合性学习的评价要体现形成性特点，重视学生学习过程的评价，强调评价的激励性。

综合性学习的实施过程

第三节　案例分析

案例 5-1:《漫游语文世界》

漫游语文世界

【教材分析】

《漫游语文世界》是山东教育出版社义务教育课程实验教科书《语文》六年级下册第一单元“写作、口语交际、综合性学习”话题内容。从教材的编写意图看，是要让学生通过这次学习活动，认识语文和生活的关系，明确生活中处处有语文。

【学情分析】

六年级的学生有强烈的求知欲望和创新精神。活动课能为学生展示自己个性和特长，提供一个非常广阔的空间。

【教学目标】

1. 知识与能力目标：充分认识语文与生活的密切联系，自觉拓宽语文学习空间，培养合作意识和创新精神。

2. 过程与方法目标：在搜集整理资料，交流和运用信息的过程中，培养口语交际能力和综合实践能力。

3. 情感、态度与价值观目标：激发学习语文的兴趣，提高语文素养。

【教学重点、难点】

1. 相关语文资料的收集、分析。

2. 小组成员间合作、讨论、交流，并形成自己的观点、结论。

3. 养成规范使用祖国语言的习惯。

【课型】

综合实践探究

【教学方法】

自主、合作、探究

【课时安排】

1课时

【教具】

多媒体

【教学过程】

一、导入

同学们，生活有多广阔，语文就有多广阔。可以说，生活就等于语文。这节课，就让我们展开理想的翅膀在语文生活的广阔天地里自由翱翔吧！

二、展示课题

初中语文六年级下册第一单元的“综合性学习”——《漫游语文世界》。

三、明确学习内容

本节课主要通过七个模块的学习来进行相关语文知识的学习，这七个模块分别是：

1. 精彩荟萃
2. 用语欣赏
3. 生活再现
4. 错别字门诊
5. 分组讨论
6. 说说名字
7. 说说网络

四、展示学习目标

五、回顾本节课的学习准备情况

走上街头，走近荧屏，走入图书馆，走进网络，搜集资料，筛选、分类。全班分为八个小组，搜集有关下列内容的材料：

1. 对联集锦（搜集、分类）
2. 广告语、店名举例（搜集、分类、评价）
3. 错别字门诊（搜集街头匾额、标语、广告、报刊等用语中存在的错别字，并

加以改正）

4.询问父母及长辈给自己起的名字的含义

5.收集相关的网络用语

［学生活动：整理、准备］

六、《漫游语文世界》七个板块内容学习

(一)第一模块：精彩荟萃

本模块主要通过对联的欣赏和学习，来体会生活中的语文知识。

第一环节：先给学生出示几副常见的对联。大屏幕展示：

治学对联：“风声雨声读书声声声入耳，家事国事天下事事事关心。”“学海无涯勤是岸，云程有路志为梯。”

春节对联：“春风春雨春色，新年新岁新景。”

中秋节对联：“几处笙歌留朗月，万家箫管乐中秋。”

贺寿对联：“福如东海长流水，寿比南山不老松。”

第二环节：欣赏完几副常见的生活中的对联后，学生以小组为单位进行讨论交流，记下他们见到或听到的对联。

第三环节：小组讨论结束后，各小组推选出精彩的对联在全班进行交流，可以谈谈对该对联的理解、赏析。

［学生活动：对联赏析；讨论、交流］

(二)第二模块：用语欣赏

本模块主要是对生活中常见的宣传标语、广告标语进行赏析、学习，来理解生活中的语文知识。

第一环节：首先，展示生活中几个常见的宣传语，让学生来进行比较赏析，并区别两个宣传语的优劣。大屏幕展示：

爱护环境的：(1)“请将垃圾入桶!”(2)垃圾桶：“你知道我在等你吗?”

节约用水的：(1)“请节约用水!”(2)“希望地球上的最后一滴水不是我们的眼泪。”

义务献血的：(1)“义务献血光荣!”(2)“我不认识你，但我谢谢你。”

阻止砍伐的：(1)“禁止乱砍滥伐!”(2)“本是同根生，相‘伐’何太急?”

第二环节：进行“练一练”活动，让学生为齐白石公园草坪写一句宣传标语。学生交流后，展示几个宣传标语，并分析差别。

第三环节：广告欣赏与拟写。

首先让学生欣赏几则精彩的广告。大屏幕展示：

1.没有女人不珍爱钻石，正如同没有女人不渴望爱情。(钻石广告)

2.大宝明天见，大宝天天见。(护肤品广告)

3. 爱生活爱拉芳。(洗发水广告)

然后展示三则广告,让学生每个大组负责一则,再小组讨论,说说它的妙处。大屏幕展示:

1. 车到山前必有路,有路必有丰田车。(丰田汽车广告词)

2. 禁止抽烟,连皇冠牌也不例外。(皇冠牌香烟广告词)

3. 没有加进什么,不过提出水分。(奶粉广告词)

交流结束后,说说广告语的特点。

最后做个小练习。猜一猜下列几个广告语说的是什么产品。大屏幕展示:

1. 我们的名声是吹出来的。

2. 眼睛是心灵的窗户,为了保护您的心灵,请给窗户装上玻璃吧。

3. 一毛不拔。

4. 不打不相识。

[学生活动:精彩宣传标语、广告标语赏析;讨论、比较、交流;广告语拟写;竞猜]

(三)第三模块:生活再现

本模块主要让学生赏析精彩的店名,体会生活中的语文知识运用。

第一环节:展示几个精彩的店名。大屏幕展示:

1.“心连心”。营业特色:日用百货。

2.“丝情发艺”。营业特色:理发。

3.“闻茗村”。营业特色:平价茶叶。

4.“踏雪寻缘”。营业特色:刨冰、冰淇淋等冰品。

5.“我的小树林”。营业特色:学生文具、益智玩具。

第二环节:欣赏几幅精彩的店名图片。

第三环节:小组讨论生活中见到或听到的精彩店名,并说说它们的精彩之处。小组讨论结束后,交流各组精彩的店名并整理。

[学生活动:精彩店名赏析;精彩图片欣赏;讨论、比较、交流]

(四)第四模块:错别字门诊

本模块主要引导学生注意生活中大家习以为常的错别字现象,培养大家正确运用祖国语言的能力。

第一环节:展示搜集的几幅生活中的大家习以为常的错别字图片,并让学生改正。

第二环节:学生活动。让学生找出街头巷尾、荧屏报刊中出现的错别字,并进行交流,谈谈对这种错别字不管不问的危害。

[学生活动:常见错别字修改;讨论、交流]

(五)第五模块:分组讨论

本模块主要是教育学生要正视大众生活用语中语言的不规范现象,懂得净化祖国的语言文字要从自我做起,从小事做起,从身边事做起。

第一环节:小组讨论。大屏幕展示:

1. 你从街头语文中学到了什么?

2. 怎样看待“默默无蚊(闻)的奉献”“钱(前)途无量”一类改动成语的广告?

第二环节:全班交流各小组的讨论结果。对第二个问题,可以采取辩论的形式来进行,最终得出对规范祖国语言的认识。

[学生活动:合作探究;讨论、交流;辩论会]

(六)第六模块:说说名字

本模块主要让学生了解名字所蕴含的含义。

第一环节:展示几个典型的人物名字,让学生说说这些人物名字的特征。大屏幕展示:蔡国庆、陈冬梅、李湘、敖翔、王若愚、冰心。

第二环节:说说自己名字的含义。

第三环节:猜一猜含有下面含义的地名是哪里?大屏幕展示:

1. 大船出海。

2. 下了很久的雨然后晴天,出太阳。

3. 四季温暖。

第四环节:自己动手开书店。假定自己要开一家书店,试着给自己的书店起一个名字,并说说起这个店名的用意。

[学生活动:讨论、交流;竞猜;书店名字拟写]

(七)第七模块:说说网络

本模块主要是教育学生,让学生明白网络语言随意性太大,不稳定,只是年轻人时髦的“文字游戏”,在平时生活中或上网时偶尔用用可以,但在作文里尽量避免使用。

第一环节:说说下列几个网络用语的含义。大屏幕展示:

“菜鸟”“大虾”“东东”“伊妹儿”“886”。

第二环节:再列举几个网络用语,并说说其含义。

第三环节:讨论:怎样对待网络流行语。先以小组为单位进行交流,然后全班交流,并引导学生认识到其危害性。

[学生活动:讨论、交流]

七、小结

同学们,这节课我们通过“精彩荟萃、用语欣赏、生活再现、错别字门诊、分组讨论、说说名字、说说网络”这七个板块的学习,漫游了一次语文世界,可以说，生活处处有语文，生活有多广阔，语文世界就有多广阔。我们要充分认识到语文与生活的密切联系，自觉拓宽语文学习空间，培养学习语文的兴趣，培养合作意识和创新精神，从而提高我们的语文素养，并养成规范使用祖国语言的良好习惯。

八、布置作业

任选一题，写一篇作文（A：400 字。B：500 字。）：

A. 生活处处有语文。

B. 我从中学到了语文。

（https://wenku.baidu.com/view/147b524c366baf1ffc4ffe4733687e21a e45ff7d.html）

案例评点：

传统的语文课堂往往将学习语文的视野封闭于狭小的课堂，致使学生远离自然和社会生活。而综合性学习就是要将语文还原它本来的面目，把学生引导到社会的大课堂，鼓励他们走进生活的阅览室，用课堂内学到的知识、方法去观察社会、观察生活，去学语文、用语文。

在整个实践活动中，这位老师注重突出学生的自主性：根据不同生活环境和兴趣爱好，自选主题，自愿组合，分组收集，自行设计，自由展示。老师还通过“精彩荟萃、用语欣赏、生活再现、错别字门诊、分组讨论、说说名字、说说网络”等七个板块的学习，让学生“漫游”了一次语文世界，可以说，让学生认识到了“生活处处有语文，生活有多广阔，语文世界就有多广阔”的道理。同时也让学生学会发现，语文在生活中丰富多彩的表现形式，增强他们学语文、用语文的兴趣、动力和信心，也增强了他们认真学语文、规范用语文的责任心与使命感。

综合性学习的案例评析

案例 5-2：“旅游景点门票涨价的问题”研讨会

“旅游景点门票涨价的问题”研讨会

【活动目标】

1. 培养关注社会的意识。

2. 学会对问题进行客观、冷静、科学的分析。

【活动类型】

研讨

【活动周期】

3 周

【活动过程】

第一阶段:资料查阅

1. 教师了解国内各省市自治区著名旅游景点的分布情况。

2. 全班同学在教师的指导下,共同划分小组。可按东北、华北华南、华中西南、西北等几大片区划分小组,1～2 人负责一个省市自治区。

3. 通过互联网、图书馆或其他途径完成所负责的省区市著名景点资料的收集。

建议小组讨论应收集哪方面的资料,如该省区市著名景点 10 年前门票价格、5 年前门票价格、现在门票价格,以及有无涨价趋势。

4. 以片区小组为单位各自收集国家关于旅游景点门票提价问题的有关政策及媒体的有关报道、评论。

5. 各片区小组讨论研究,完成一份资料查阅报告:对该片区旅游景点门票价格情况,做总体介绍及简要分析。

第二阶段:调查实践

1. 就近选择 2～3 处著名景点进行调查访问。

2. 根据景点选择的情况进行小组的划分。

3. 小组内分工协作,对各自承担的景点进行访问调查。

建议小组共同讨论,策划各项具体事宜,如方案的制订、访问对象的选择、调查表的设计等;各小组抽一名同学共同组成一个组,到当地的主管部门了解相关规定和未来的规划,回到各小组进行传达。

4. 各小组研讨后完成一份名为"中国旅游景点门票涨价问题的调查报告——以××景点为例"的调查报告。要求观点鲜明,持之有据。

第三阶段:小型研讨会

班上组织一次"旅游景点门票涨价的问题"研讨会。建议由同学自行组织、策划实施,可邀请相关部门旅游景点工作人员、普通市民参加。

第四阶段:总结

研讨会后把各种意见归纳整理成《中国旅游景点门票涨价问题研讨纪要》,与前期的调研报告一同汇编成册,放在班上供同学翻阅,并复印一份提交有关部门,供其参考。

(靳彤.语文综合性学习(理论与实践)[M].北京:中国社会科学出版社,2007:32)

案例评点：

这个案例的设计有很多长处值得借鉴。

首先，研讨会思路清晰，能充分做到书本知识与实践的结合。学生需要参加真正的社会调查，这样的过程，让学生在获得自己需要的信息的同时也有很多额外的收获。比如，学生到旅游景点进行调查的时候可以获得审美体验，而且学生在无形中也获得了观察自然和社会的经验。书本上的知识是学生做景点调查的基础。

其次，学生在这一过程中能够充分获得听说读写的机会。在调查前要做好翻阅资料的准备，进行调查时要充分听取他人的想法，做好记录工作，还有要让自己的提问有水平，在与人沟通的时候，要有很好的交际能力。

最后，整个过程还是小组合作的过程，调查的过程中需要发挥各自的长处，进行分工合作，明确地指出谁负责哪一部分的工作。

总之，旅游门票的涨价问题几乎是与我们每个人都息息相关的，以此为话题来设计语文综合性学习，可以引发学生更多的思考，使学生充分感悟生活。

案例 5-3：寻觅春天的踪迹

寻觅春天的踪迹

语文综合性学习活动案例

【活动设想】

开展此项活动时正值春季，活动围绕“春天”的主题设计了四个板块，分别是“寻觅成语、俗语、谚语中的春天”“探求诗文中的春天”“品味画面中的春天”“找寻歌曲中的春天”。力求体现语文综合性学习的基本特征：综合性、实践性、自主性、合作性、开放性和生成性。

在具体实施这一课的过程中，我按以下步骤展开：课前确定活动主题—制订方案—开展探究—分享成果。

【活动目标】

1. 注重以“春天”为话题，引导学生积累关于春天的俗语、谚语、成语和诗词名句，注重学生的文化积累，以提高学生的文化素养。

2. 在观赏春天、赞美春天的活动过程中，以自主、合作、探究的学习方式，引导学生加深对春天的体验和感悟，培养初步的艺术欣赏能力。

3. 通过寻觅春天，观察春天的踪迹，让学生深入认识大自然的物候特征，培养热爱春天的感情。

【教学过程】

一、课前准备

1. 一份学习时间安排表。明确活动时间：课外活动为两周，课内两课时。

2. 小组分配：根据学生的实际情况和兴趣爱好，将全班划分成 A、B、C、D 四个活动小组。每组 8 至 10 人，同时，小组成员应考虑到好、中、差三个层次及男女生两个层面的学生。这样，有利于学生深入、多样化的思考。确定组长，明确组长的职责。课堂交流时可团团围坐，便于沟通交流。

3. 一份较详细的备查资料，包括寻找描写春天的成语、俗语、谚语；描写春天的诗文；表现春天的画面；表现春天的歌曲。

4. 写作“倾诉我心中的春天”。

5. 教师可提供一些配诗的图片、相关网址及描写春天的优美散文等。

二、教师指导

1. 让学生自主开展实践活动，可申报主持人，给学生以成长的空间。

2. 在开展探究的活动中，教师要督促学生根据学习方案的时间安排逐步开展活动，重视活动记录，让学生真切感受到自己的进步，找出活动的不足，以便于下次改进。

3. 对于八年级学生，教师需着重培养学生对所搜集的资料进行分析、整理、归纳的能力，从中提炼有用信息，如描写“春天”的名篇名句可细分为：春雨、春风、春草、春花、春水、春鸟、春夜、春思、春归等。借此培养学生的分类及对素材进行整理的意识，强化对学生语文能力的培养。

4. 特别强调学生对学习过程的参与，为了确保人人参与，教师应关注学困生的活动，在整个活动中，教师需跟踪、调控，可适当降低难度，为其创造学习条件；在展示成果时，要求组长关注学困生，给其机会展示自我，增强其学习的自信心。而对于平时特别活跃的学生，可安排其担任组内的管理工作，如给小组记得分等。

5. 关于写作——倾诉“我心中的春天”，教师指导写作时，一定要关注学生情感的投入和发展，因为这是学生对欣赏之情的升华，可指导学生从个人的视角和感受表达内心的真情实感。揭示春天的象征意义，书写自己的美好愿望。

6. 强调准确地进行自我评价和相互评价，体验成功的同时获得知识，提高学习能力。

三、分享成果

多媒体播放歌曲《春之歌》，渲染气氛，师生交流，引出喜爱春天的理由：走进春天，我们可以倾听春天的呼吸，是那样的自由与畅快，辽阔的天空有了清澈的鸽哨，寂静的山林有了婉转的鸣叫，碧绿的田野有了更加灵动的色调，走近春天，融进春天，你就会成为春天的一朵花苞，一泓碧潭，一片嫩叶……现在，春天就在我们身边，这节课我们就共同享受春天的快乐，感受春天的温暖，聆听春的声音，触摸春的美好，寻觅春天的足迹。

四、课堂活动

（一）活动方式

A 组：寻觅成语、俗语、谚语中的“春天”。

B 组：探求诗文中的“春天”。

C 组：品味画面中的“春天”。

D 组：找寻歌曲中的“春天”。

全班：倾诉“我心中的春天”。

（二）活动要求

A 组：收集描写春天的成语、俗语、谚语，不少于 10 个，请选择其中的 5 个以上说一段话，描绘春天。

B 组：收集诗词文中描写“春天”的名篇名句，每位学生能说出不少于 5 组上下句，并能就其中的一两句诗文，进行简要的赏析。

提示：如写春雨、春风、春花、春草、春水、春鸟、春光、春愁、春归……如，“等闲识得东风面，万紫千红总是春。”——宋·朱熹《春日》。这两句意思是不经意间认识了东风的本来面目，原来是一派百花盛开的大好春光。诗人赞美歌颂春天的美好。现在用来形容生机勃勃的大好局面。

C 组：创作一幅“诗画”。给一幅有关春天的画题诗或者为诗配画。

D 组：歌曲中的“春天”。要求：找到歌颂春天的歌曲，思考歌词所体现的主题，体会歌中描绘的春景，并能独立演唱其中的三五句。

（三）各小组做好充分准备

查找资料，并将可行的资源进行整理，之后可在小组内部相互交流。此时教师观察各组的活动情况，及时发现问题，并做记录。

五、成果展示

主持人：在这桃红柳绿、春暖花开的季节，当你走出户外，看到路边的野花一夜开了，行人的衣衫一天天薄了，天空不时飞过一只只小鸟，你的心中一定会涌动着一种渴望：捕捉春的踪迹，谱写春的赞歌。下面我们就到成语、俗语、谚语中去寻觅“春天”。有请 A 组组长闪亮登场。

A 组：成语、俗语、谚语中的“春天”。

生：描写春天的成语有：春风和气、春光明媚、春回大地、春暖花开……

生：俗语有：一年之计在于春；春雨贵如油……

生：描写春天的谚语：立春落雨至清明；立春打雷，十处猪栏九处空……

主持人：面对春天的美景，文人墨客们总是要尽情地挥毫泼墨，书写对春天的千种万种的情怀，留下了许多不朽的诗作。下面我们共同走进诗文中的“春天”。

B组组长上场。提要求：说出诗词文中描写“春天”的名篇名句，至少2组，然后对你喜欢的诗句进行赏析。

生：“盼望着，盼望着，东风来了，春天的脚步近了。”朱自清采用拟人及反复的手法，生动传神地表现出人们急切盼望春天到来的喜悦心情。

生：“春色恼人眠不得，月移花影上栏杆。”——宋·王安石《春夜》。诗中生动地表现人们对春色的赞美和喜爱之情。“月移花影上栏杆”，抓住春天特有的景物，来表现春的气息，十分精当。

生：“一夜好风吹，新花一万枝。”——唐·令狐楚《春游曲三首》。这两句诗，则是把春风的功绩表现得淋漓尽致。诗人的想象力真的是令人赞叹不已！好诗！

生：“天街小雨润如酥，草色遥看近却无。”长安街上细细的春雨润滑如酥，草色近看没有绿意，远看却青青一片。这两句诗刻画了如诗一样的早春，以及心灵的微妙感受。清新秀雅，颇具神韵。表现了春天来临时生机蓬勃的景象。

主持人：春天是一个洋溢着诗情画意的季节。苏轼的《惠崇〈春江晚景〉》就是给那幅画题的诗。看屏幕上的这几幅图画，请你运用已有的诗词文资源，为它配上两句诗或一段文字。（大屏幕展示10幅有关春天的画面）比一比，赛一赛，看看谁的诗文最能体现画面的意蕴。

（这项活动是为了让学生从文学艺术的角度来再次感受春天的“诗情画意”，激活学生的创作潜能。但是要求不能过高。以激励为主，让学生了解创作“诗画”作品的要点即可。）

主持人：人们喜爱春天，歌颂春天，也常常用心灵来感受春天的美好，并将自己的情感倾注在歌曲中，下面我们来共同欣赏歌曲中的“春天”。

D组组长上场，和组员一起汇报找到的歌颂春天的歌曲。如《春天在哪里》《春天的故事》《大雪无情人有情》等。组长向本组组员提出要求：思考歌词所体现的主题，品味歌中描绘的春景，并能独立演唱其中的三五句。思考为什么按这样的顺序播放这三首歌曲。（组员展示。）

主持人：（播放歌曲）昂扬的歌曲早已振奋了每一位同学的心灵，在这美好的时刻，在这个充满希望的季节里，相信同学们一定对春天有着更加深刻的感悟。那么你心目中的春天又是怎样的呢？将你事先构思的内容整理一下，创作片段作文——《我心目中的春天》。（学生展示。）

（王晓虹．中学教学案例与研究[J]．黑龙江教育，2009(3)．）

案例评点：

该案例有很多借鉴之处。

1. 主体性

该案例注重学生主体性的原则，秉承学生本位的宗旨，使所有学生参与其中。给弱势个体以更大的自由度，让他们自由选择搜集资料，尽其所能做自己能做到的事。并且案例中要求组长关注学困生，给其展示自我的机会，增强其学习的自信心。

2. 话题适当

以“春天”为主题来开展语文综合性活动，走进自然，贴近生活，使学生可以唤起并联系自己的已有经验，使学生有话可讲，有思路可寻，利于激发学习的积极性。同时通过寻觅春天、观察春天的踪迹，让学生深入认识大自然的物候特征，同时培养他们热爱春天的感情。

3. 综合性

案例把握新课程标准的精神，注重学习内容的综合性，除了春天的俗语之外，还包括诗文、歌曲，内容宽泛，富有开放性，更利于学生自我发挥。同时学习的方式也具有综合性，不仅包括听、说、读、赏析，也包括写，教师要求学生写《我心目中的春天》，使学生在学习过程中充分地锻炼听说读写的语文能力。

4. 合作性

整个课堂紧紧围绕合作性的原则展开。学生与学生之间合作，老师与学生之间合作。既有学生个体展现的环节，也有小组成果的展示，学生能力得到了充分的锻炼。

案例 5-4：国外综合性训练

哈莱姆文艺复兴(片段)

——七年级语文综合性学习案例

【学习目标】

从语言艺术标准和技术性能指标两方面列出了清晰的目标。

【活动过程】

一、全面介绍

学生在英语语言艺术课堂上都会读到 *Let the Circle Be Unbroken*，这是 Mildred Taylor 所写的 20 世纪 30 年代发生在密西西比的故事。其主要人物是一些来自纽约以及南方的家庭成员。

老师首先介绍自己对纽约这一时期文化知识的了解，接着介绍了从 20 世纪 20 年代到 40 年代的哈莱姆文艺复兴，这段时期是黑人艺术家、歌星、音乐家、作家创作蓬勃发展的时期。通过图片和音乐向同学们展示非裔美国人的艺术在那个时期的震撼力及对后世的深远影响。

然后布置了多媒体课件项目，这是学生在读这本书的过程中进行小组协作完成的项目。老师解释说，这一研究项目主要关注与哈莱姆文艺复兴密切相关的一些著名人物的生活和作品。学生可以使用从互联网、印刷品、音像资料以及从图书馆和媒体中心获取的各式各样的材料，也可以利用软件呈现相关材料。老师与教学技术人员已经做过周密计划，确保学生获取所需的技术技能，以达到预期的效果。

老师把全班学生分成六组，每组四个学生。每组发一个文件夹，其中包括活动程序安排、活动要点、团体和个人应该达到的预期目标及将被用于评估的评分标准。最后，她把兰斯顿·休斯、阿隆·道格拉斯、佐拉·尼尔·赫斯顿、贝西·史密斯、鲁斯·麦罗·琼斯、艾灵顿公爵六位艺术家分给各小组。

二、实践与评估

每一组的项目必须包括艺术家生活的概述、艺术修养、哲学观、对哈莱姆文艺复兴和后世所产生的影响。每个学生都清楚地知道，他们会以团队和个人的双重身份被评估。因此学生必须：

• 完成该小组规划中适当数量的研究。（要由小组成员加以界定和评估）

• 至少设计与制作一张幻灯片。（提交前要交给老师核对）

• 要能声情并茂地对全班学生介绍自己，信息量要远远大于幻灯片上的内容。

• 对自己小组研究的人物要知之甚详，能周全地回答全班其他同学的质疑。

• 在必要的时候协助小组成员参与规划、研究和编辑。

每个小组根据班级安排做出小组计划，并给每个成员指派具体任务。教师巡视，组间比较，观察个体与群体动态，并根据需要提供必要的指导。然后学生合作确定初步研究的问题，并参观图书馆和媒体中心。

图书馆教师、教学技术专家和学校教师在互联网的使用、资料的筛选和图书馆资源的利用方面要相互协调，给学生必要的指导。教师要让学生了解图书馆的规则和政策，利用搜索引擎、筛选可靠网站的方法，以及引用的规范等。同时还应确保学生了解著作权法的有关内容，以便正确使用从网上下载的材料。

刚开始学生在课堂上进行研究。随后就去研究室及图书馆。一周安排 3 个课时让学生阅读和讨论 *Let the Circle Be Unbroken*，每个学生都要在周记上写出哈莱姆文艺复兴的研究对他们理解小说有何帮助。

当学生制作演示文稿时，教学技术人员要确保学生完成他们的研究，创造性地制作自己的幻灯片，并练习展示。教师要帮助学生下载和导入媒体文件到自己的演示中，并检查他们引用资料的来源。项目完成时学生核对自己的成果是否符合项目要求，小组成员要经常和老师交流并相互帮助。

三、展示及评价

学生以小组为单位用大屏幕向全班展示自己的成果，每个学生轮流解说自己的幻灯片，并回答全班同学的提问，教师使用评分规则评估。每个小组的项目必须包括一个有意义的题目，及对某个艺术家或作品的介绍，某个艺术家的一段重要引述并对其意义和作用做出解释，一张从网上找到的图像、与此相关的乐曲或者印刷材料。

……

(https://www.docin.com/p-1649413339.html)

案例评点：

1.易于操作实施

这则综合性学习是围绕与哈莱姆文艺复兴密切相关的一些著名人物的生活和作品开展的言语实践活动，目标明确具体。每个学生既要各尽所能完成自己的任务，又要同舟共济完成小组目标。从操作步骤上看，它分为全面介绍、实践与评估、展示及评价三个阶段。在每个阶段，教师和学生的任务和角色都清楚明确。

2.突出了生成性

这则综合性学习体现的是语文学科内部的综合，包括语言、文学和阅读的综合。课题具有生成性，它是课堂学习过程中为了理解 *Let the Circle Be Unbroken* 这部小说而生成的。在实践和评估阶段，用每周 3 个课时让学生阅读和讨论，课题结束评估时则要求每个学生在周记上写出探究哈莱姆文艺复兴是如何帮助他们理解小说的。这体现了一种理念：基于某种需要进行延伸研究，探究的结果又是为了更好地学习某方面的内容。

3.强调了合作性

这则综合性学习以小组为单位，每组合作完成一位哈莱姆文艺复兴时期艺术家的资料收集和媒体制作。在实施过程中我们可以看出这项任务不是个别特长生的专利，在学习群体中，每个小组成员都有明确的责任，学习成员通过互助性学习共同完成这项任务。每个学生都清楚地知道，如果自己完不成任务，将直接影响小组任务的完成。每个学生会在竭尽全力完成自己任务的基础上帮助其他成员，通过这种方式，能力强的学生进一步锻炼了自己，而受助者得到了必要的帮助。这不仅培养了学生的责任意识，也把合作精神渗透到学生的言语实践活动中。另外，这则综合性学习还多次有意识地对学生进行学术规范的渗透，多次强调遵循学术规范，并要求教师对下载引用的材料予以检查确认，旨在培养学生实事求是的严谨态度。

本章小结

1.语文综合性学习的主要特点:综合性、实践性、自主性、合作性、生成性。

2.语文综合性学习的目标:培养学生的问题意识和解决问题的能力;培养学生的组织能力和探究能力;培养学生搜集和处理信息的能力。

3.实施语文综合性学习的过程要经历五个阶段:准备阶段、指导阶段、实践阶段、分享阶段和评价阶段。

4.能够用新理念分析语文综合性教学案例。

讨论题:

请认真阅读下面这位老师的综合实践活动,做出你的评价。

一、娓娓道来知三国

1.(请一位同学古筝演奏电视剧《三国演义》主题曲——《滚滚长江东逝水》)

这段音乐同学们熟悉吗?知道它是哪部电视剧的主题曲吗?想一想,我们学过的课文有哪些出自《三国演义》?

2.开篇词《滚滚长江东逝水》写于哪个朝代?作者是谁?词牌是什么?

3.课文《空城计》向我们讲述了一个怎样的故事?

4.大家课外阅读《三国演义》了吗?喜欢吗?今天,老师将带领大家一起走入那精彩的三国故事,畅谈一个个具有鲜明个性的三国人物,和他们一起"畅游三国城"。(多媒体出示课题)

5.老师先考考大家对三国知识到底了解多少。(多媒体课件:"知三国"(内容略))

二、绘声绘色说三国

1.看来同学们知道的还真不少。其实啊,这每一幅画面的背景都是一个生动的故事。下面,我们就来"绘声绘色说三国"。(多媒体出示标题:"说三国")

2.前两天,老师就布置大家分头准备三国故事了。

(1)请把你最喜欢的一段故事读给大家听一听,努力读得生动些。(多媒体出示:读故事——读得生动)

(2)可以选择一个精彩的故事片段讲给大家听一听,力求讲得精彩。(多媒体出示:讲故事——讲得精彩)

(3)也可以几个人分好角色,将某一个故事情节表演给大家看一看,设法演得逼真。(多媒体出示:演故事——演得逼真)

(4)当然,还可以几个人合作,争取画得形象。(多媒体出示:画故事——画得形象)

（学生展示成果）

三、细细品味赏三国

《三国演义》吸收了我国古代文言文的精华并加以通俗化，形成一种特殊的语言风格，叙述描写简洁明快，气势充沛，生动活泼，收到了雅俗共赏的艺术效果。书中在刻画人物、烘托环境时，常常运用短小精悍的对联，以收到事半功倍的效果。本书此类对联约71副，长的八言，短的三言，大致可分为外貌、内质、动作和外部环境四类。①外貌（略）。②内质（略）。③动作（略）。④外部环境（略）。

四、评头论足评三国

1. 过渡：刚才同学们用了读、画、讲、演、赏几种不同的形式说了三国故事，真是绘声绘色，相当精彩，而且将故事中的人物都表现得活灵活现。后人也写下了许多诗篇来赞颂、评论三国里的这些人物。例如，宋代文学家苏东坡曾写过一首赞美周瑜的词。（多媒体出示苏轼的《赤壁怀古》）

2.（师配乐朗读）你们理解这首词的意思吗？老师已将这首词印出来了，上面还有注释，课后同学们可以对照注释细细地去读，读懂后你会对赤壁之战有新的理解。

3.《赤壁怀古》主要赞颂周瑜在赤壁之战中表现出来的雄才大略、足智多谋这种英雄气概。那么，看了《三国演义》中其他描写周瑜的故事，你们又觉得他怎么样呢？

4. 周瑜有其闪光的一面，也有不为大家认同的一面。因此，要全面客观地评价一个人物。

5. 接下来请同学们一起来评头论足，评一评《三国演义》中你最熟悉的一个人物。（多媒体出示标题：评三国）

假如这些三国人物来到了你的面前（多媒体出示人物图片：周瑜、刘备、曹操、张飞、关羽、赵云等），请以"×××，我要对你说"为题，说上一段话，先在小组练习，再上台交流。

五、总结全课

（点击多媒体，出示板书）这节课咱们一起畅游了神奇的三国城，了解了更多的三国知识、三国故事，品味了三国的语言，学会了全面、客观地评价一个人物。《三国演义》这部鸿篇巨制对后世产生了深远影响，不愧为我国古代四大名著之一。当我们再次听到这气势恢宏的旋律，那一个个三国故事、三国人物定会在我们眼前一一浮现。（多媒体播放电视剧《三国演义》主题曲《滚滚长江东逝水》，全班齐唱）

（张效松. 知三国 说三国 赏三国 评三国——《畅游三国城》综合实践活动设计[J]. 中学语文教学，2004(3).）

请思考：你喜欢这位老师的设计吗？它符合课标对综合性实践活动的要求吗？你认为哪些地方做得不太合适？

阅读下面这位专家的评论，你赞同他的观点吗？为什么？

语文综合实践活动实际上就是以专题为形式的语文综合性学习。关于综合性学习《语文课程标准》里有明确的阐述。根据《语文课程标准》编写的各种语文教科书（人民教育出版社的、江苏教育出版社的、语文出版社的）也增加了综合性学习的设计。

设计综合实践活动首先应把握三个要点：一、突出学生的自主性和积极性，培养学生的探究创新精神。二、培养学生的合作精神和能力。三、发挥教师的指导作用。在综合实践活动中，教师既不是"旁观者"和"局外人"，也不是主宰者和操作者，而是指导者、支持者与参与者。教师要在活动的起始阶段指导学生对综合实践活动进行设计和选择。在展开活动的过程中指导主要体现在心理、方法、价值等方面。在活动的后期指导学生对活动进行评价。由这三个要点来看《知三国　说三国　赏三国　评三国——〈畅游三国城〉综合实践活动设计》就会发觉此设计与真正的综合实践活动是有距离的。这实际上是一个热闹的力图为学生营造学习《三国演义》气氛的，教师充分准备、导演、灌输的课堂，学生充分准备、表演、接受的并非"语文综合实践活动"的设计。

你看题目"知三国　说三国　赏三国　评三国——《畅游三国城》综合实践活动设计"是教师确定的；框架"娓娓道来知三国"——"绘声绘色说三国"——"细细品味赏三国"——"评头论足评三国"是教师构建的；测试题"三国歇后语"、填空"猜三国人物""兵器人物连线""成语人物连线""知识填空题"等等是教师搜集命制的，答案是教师准备的；表演（读故事、画故事、讲故事、演故事）是教师安排的；赞扬诸葛亮的16个成语、描写三国人物的71副对联、评价三国人物的诗词都是教师提供的，评价自然也是教师的事；甚至连课堂上每个阶段、每个环节、每个细节的教学语言也如"实录"般地提前做出了设计。而学生只有被动准备、表演配合、"读一读、记一记"的份儿。

但有几点教师心里是没有数的：

第一，在此设计中到底什么是"三国城"？"三国城"是如何"畅游"的？学生能理解吗？

第二，按此设计实施，学生是否真正独立自主地"充分阅读"了《三国演义》的文本，而不是不充分地观看了《三国演义》的电视剧和其他资料？

第三，此活动设计能真正有利于培养学生自主、合作、探究、创新的精神吗？

第四，此活动设计能真正有利于充分发挥教师的指导、支持和参与的作用吗？

第五，此活动设计究竟要使用多少节课，多少时间才能完成并取得好的效益？

最后，“语文综合实践活动”到底应该如何设计？

（容理诚.值得深思的三个课例[J].中学语文教学，2004(3).）

本章测试

◆ 多项选择题：

1.语文综合性学习的主要特点有（　　）。

A.实践性　　B.基础性　　C.指导性　　D.生成性

◆ 判断题：

2.语文课程中设置了“综合性学习”是课程标准的一个突出特点。（　　）

3.实施语文综合性学习教学的过程一般要经历五个阶段：准备、指导、实践、分享、评价等阶段。（　　）

4.语文综合性学习要强调学生的自主性，排斥教师的调控和组织。（　　）

5.表达交流是综合性学习的一个重要环节。交流的内容既可以是具体的研究成果，也可以是失败的体验。（　　）

6.综合性学习的评价要体现形成性特点。（　　）

7.语文综合性学习要确定课题与语文有关，否则老师就要加以调整。（　　）

◆ 填空题：

8.培养学生具有________、发现问题、分析问题、解决问题的能力是综合性学习的重要目标。

9.全日制义务教育语文课程标准的一个突出特点便是在语文课程中设置了“________”。

10.语文综合性学习的特点主要有：综合性、实践性、自主性、合作性和________。

11.一般来说实施语文综合性学习教学的过程要经历五个阶段：准备阶段、指导阶段、实践阶段、________和评价阶段。

◆ 简答题：

12.语文综合性学习有哪些主要特点？

13.语文综合性学习的教学目标是什么？

14.语文综合性学习的一般过程是什么？

推荐书目

1. 王荣生. 语文综合性学习教什么[M]. 上海:华东师范大学出版社,2014.

(这本书在教材结构上有所创新,包括理论、课例、共同备课这 3 个工作坊以及光盘资源。设计了读者的学习方式,实现了教材的立体化,体现了培训的案例式、情境式和参与式,堪称“纸质版的在线教育”。)

2. 黄伟,陈尚达,等. 语文综合性学习研究与教学设计[M]. 南宁:广西教育出版社,2004.

(这本书对新课程背景下语文学科综合性学习的理论问题与实践策略进行了较为全面透彻的阐释,对语文综合性学习活动进行了分门别类的设计,为语文综合性学习活动提供了切实可行的范例,同时对综合性学习设计及其教案进行了评析和比较。)

3. 包建新. 语文综合性学习案例教学论[M]. 杭州:浙江大学出版社,2012.

(这本书探讨了语文教学为什么要实施综合性学习以及如何操作的问题。精选的几十个案例会给读者带来更多的启发和思考。)

下篇:教学技能

有了教学设计还要有相应的教学技能,这样才能相得益彰。下篇介绍语文课程最常用的教学技能:导入、提问、结束、板书。其中提问为重中之重。说课近些年开展甚为广泛,已经成为衡量教师整体素质和教学基本功的一种重要手段。评课是教师不可缺少的教研活动,是教师在互动中获取经验、自我锤炼、自我提高的过程。因此加上说课与评课,一共是六种技能。

编写思路按照"案例导入、技能概说、技能讲解、设计要领"的逻辑顺序展开。坚持精讲理论,重在实践的原则。概念和原则等所占篇幅较少,对技能运用和设计要领则不遗余力。运用大量案例辅助说明,教学片段有正例、也有反例,多角度多层次展现教学技能的方方面面,便于学习者模仿和应用。

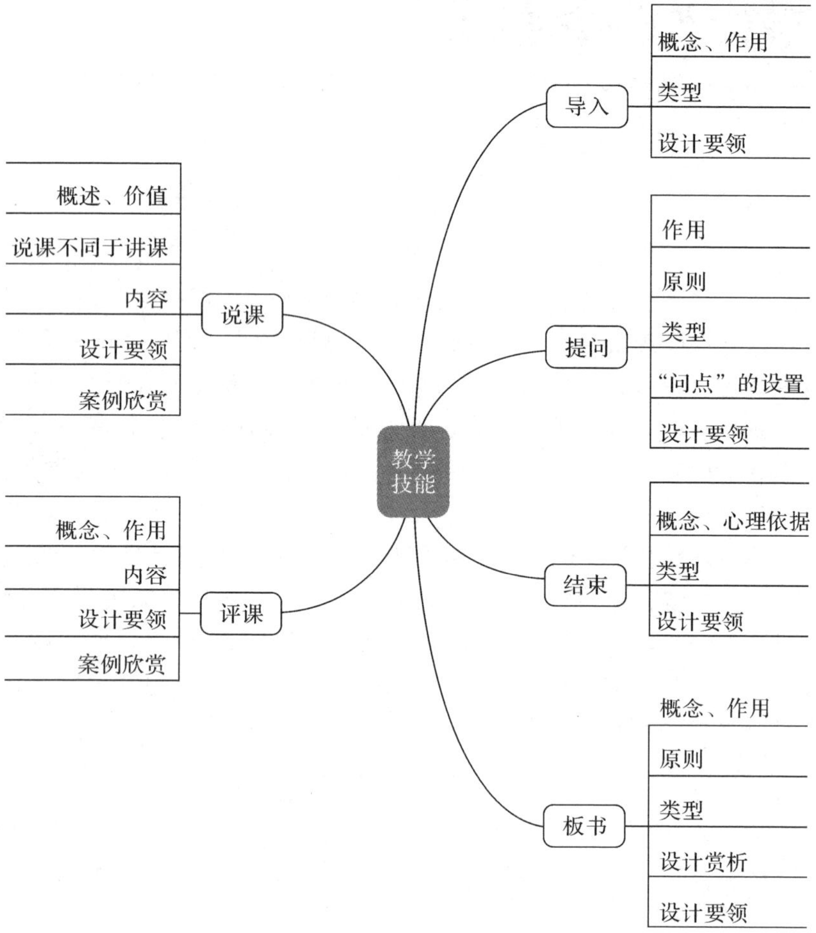
教学技能
导入
概念、作用
类型
设计要领
提问
作用
原则
类型
“问点”的设置
设计要领
结束
概念、心理依据
类型
设计要领
板书
概念、作用
原则
类型
设计赏析
设计要领
说课
概述、价值
说课不同于讲课
内容
设计要领
案例欣赏
评课
概念、作用
内容
设计要领
案例欣赏

第六章　导入技能

学习要求

好的开头是成功的一半。导入这一章主要介绍了导入的概念、作用、操作办法和设计要领。

上篇学习了教学设计的相关理论和教学设计的一些具体方法，在实际教学中要想把教学设计更好地呈现出来，离不了教学技能。下篇将介绍一些常用的教学技能。

第一节　导入技能的概念和作用

一、案例引入

什么叫导入技能？导入技能有什么作用呢？看下面这个案例。

大家都学过李白的《赠汪伦》那首诗。回忆一下：

赠汪伦

李　白

李白乘舟将欲行，
忽闻岸上踏歌声。
桃花潭水深千尺，
不及汪伦送我情。

从这首诗中,我们知道李白和汪伦是很好的朋友,那么他们两人是如何结识的呢?有一个版本是这样说的,汪伦是唐朝的一个富户,久仰李白大名,一心想要认识李白。但以他这样一个无名小卒认识李白谈何容易?后来他想到一个好办法。大家知道李白平生最喜欢什么?——喝酒和旅游。于是他投其所好,托人给李白捎去了一封信,信是这样写的:

先生好游乎?

此地有十里桃花。

先生好饮乎?

此地有万家酒店。

李白一看大喜,于是就兴高采烈地来了。当要去欣赏那十里桃花和品尝那万家酒店时,汪伦实言相告,桃花是潭水的名字,万家酒店是一家姓万的老板开的。李白听了哈哈大笑,从此成就了两个人这样一段传诵千古的佳话。

在这个案例中,汪伦用尽心思写的那封信起到了至关重要的作用,正是这封信的铺垫使他结识了李白。这封信就相当于语文课的导入,这种方法在语文教学中一样可以产生很好的作用。

导入:案例展示

二、技能概说

什么是导入技能呢?概要来说,就是在一节课的开始,老师运用有效的办法激发学生的兴趣,让他们产生学习的动机,明确学习的目的,进而把注意力集中到所学的内容上来。

导入技能有什么样的作用呢?著名特级教师于漪老师说过,在课堂教学中要培养**激发学生的兴趣**,首先就要抓住导入新课的环节,一开始就把学生牢牢地吸引住。

北京教育学院中文系的学生曾经做过“导入技能效果”的对比调查,上课开始,教师在两个平行班讲了同样的十句话,结果如何呢?如表 6-1 所示。

表 6-1　导入技能对比图

学生记住的句数	有导入	无导入
10 句	57.8%	
7～9 句	39.6%	18.1%
6 句	2.6%	

续表

学生记住的句数	有导入	无导入
2～5 句		78.9%
0～1 句		3%

从图中可以清楚地看出：右边无导入的班级，百分之八十以上只记住 5 句以下，而左边有导入的班级，95% 以上记住 7 句以上。由此可见教师是否运用导入，效果大相径庭。这个调查给我们的启示是，当学生对教师所讲内容做好充分的心理准备时，能够有效吸收知识、提高学习效率。

三、技能的作用

导入技能具体起到什么作用呢？通过《触龙说赵太后》这个教学案例可以体会。

一上课老师先在黑板上画了这样三个人物表情简图，如图 6-1 所示。

图 6-1　赵太后表情变化

学生感到新奇，注意力一下子集中了起来，产生了浓厚的兴趣。老师适时指出：这是课文中赵太后在不同时间点上的三种神态，请同学们从课文中找出与图相对应的文字段落，并分析赵太后的心理变化过程。

这个案例较好地体现了导入技能的作用：一是迅速集中学生的注意力，二是激起学生读书的兴趣，三是为讲课做好铺垫，将学生的思维引向对重点内容的学习中去。

导入：技能概说

第二节　导入技能的类型

导入技能大致可以分为四类：有知识导入、实物导入、动作导入还有情境导入。每一类都有不同的呈现方式。在此选择其中常用的一些来学习。

一、解释题目

从分析文章的题目入手是比较好的办法之一。来看《死海不死》这篇课文。

同学们，大千世界，无奇不有。今天我们走进位于巴勒斯坦和约旦交界处的“死海”。请大家思索这“海”为什么冠之以“死”字？既是“死”海，标题又为什么称为“不死”呢？

这样释题，可以激发学生对死海特征和成因的探讨，从而加深对课文内容的学习。

再来看另外一篇课文《多收了三五斗》的导入：

在学习叶圣陶这篇有名的短篇小说之前，老师先提两个问题请大家思考。

(1)就语法角度分析，文章的标题是什么结构？如果变成主谓句应当补充什么成分？“多”起什么作用？

(2)根据题目，请你推断一下文章的内容是什么？该有怎样的结局？说明什么问题？

在这个导入里，老师就课文题目提出两个问题。这两个问题一是启发学生运用语法知识分析具体问题，既复习了知识又培养了能力；二是使学生从题目对课文有一个整体的感知，这为以后更深入地学习课文打下了基础。

二、温故知新

这种方法能够将新旧知识形成一个链条，帮助学生记忆。

请看《鸿门宴》的教学案例。

如图 6-2 所示，老师在讲这篇课文的时候，首先在黑板上写了两个成语，破釜沉舟和四面楚歌，然后让学生来讲与此相关的故事，学生发现两个成语故事中都涉及了同样的一个人——项羽，在破釜沉舟的时候一举成名，成了西楚霸王，俨然天下就是自己的。而仅仅过了五年以后，就面临四面楚歌、拔剑自刎的惨局，那么是什么样的情况，导致了人生发生了这么大的转变呢？今天要学的课文就是《鸿门宴》。鸿门宴就是项羽由胜转败的转折点，通过学习课文，看我们能不能把这个问号拉直，把它变成感叹号。

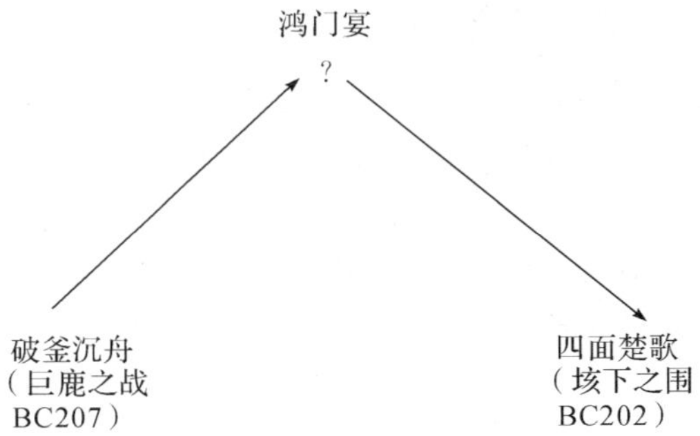

图 6-2　鸿门宴

这个导入设计的知识容量很大，对学生的启发也是多方面的。学生在温习历史、成语故事的过程中弄清了事件的前因后果，更加深刻地理解了课文。

设计温故知新这种导入要着重寻找新旧知识之间的联系点，帮助学生学会利用旧知识推出新知识。

三、故事导入

这个方法适合老师在讲一些学生不太感兴趣，或者难度比较大的知识时用，会取得比较好的效果。

虽然老师一再强调标点符号的重要性，但学生往往意识不到。有一个老师给学生讲标点符号的作用时，讲了清末的一个案例。

有一个老翁早年死了老伴儿，他们的女儿也早已出嫁。到七十岁时，老翁又娶了一个年轻貌美的媳妇，并生了个儿子。没过两年，老翁去世，留下遗嘱。因为当时没有标点，所以产生歧义，女婿说是给他的，媳妇说是留给儿子的。假若你是判官，怎么判呢？

七十老翁产一子人曰非是也家产尽付与女婿外人不得参与

大家想好了吗？我们来看看划分的结果。

➢ 给女婿：

七十老翁产一子，人曰："非是也。"家产尽付与女婿，外人不得参与。

➢ 给儿子：

七十老翁产一子，人曰："非。""是也。"家产尽付与，女婿、外人不得参与。

大家看看两种读法是不是都成立？所以没有标点就造成了这么大的麻烦。同学们以后可要注意了。

再比如因语文歧义所产生的误解，老师举了一个外国的例子。

第二次世界大战期间，由于德国经常空袭伦敦，所以英国空军总是保持着高度的警觉。但凡外机侵入，一律击落。一个薄雾的日子，伦敦上空出现了一架来历不明的飞机。英国战斗机立即腾空迎战，临近对方时，才发现这是一架中立国的民航机。战斗机驾驶员向地面指挥部报告了这一目击情况。地面指挥部听到报告后，随口回答："别管它。"于是战斗机驾驶员发出一连串火炮把那架民航机击落了。事后该中立国向英方提出抗议，英国不得不为此支付了巨额赔款。

在这个案例里"别管它"可以做两种理解。

➢ 指挥部的意思：

"别干涉它，任它飞行。"

➢ 战斗机驾驶员的理解：

"甭管对方是什么飞机，一律按规定执行。"

用这些真实的例子做导入，能给学生以较大的启发，从而使他们对相关内容的学习也更用心。

导入：技能讲解一

四、问题导入

这个方法指的是老师在讲课前精心设计问题，激发学生思索，从而深入学习课文。以《孔乙己》为例。

老师上课一开始提的问题是：

(1)孔乙己姓甚？名甚？

(2)作者为什么给主人公起这个名字？

这个问题问得非常好。猛一看似乎非常简单，其实略一思索，就知道"孔乙己"既不姓孔，也不叫乙己。既然是无姓无名之人，为什么鲁迅先生要给主人公起这个名字？作者用意何在？

一石激起千层浪，学生进行了热烈的讨论。最终得出结论：孔子是封建礼教的创始人和主要代表，而孔乙己是孔孟之道的信奉者，又是封建礼教的受害者和牺牲品，所以让他姓“孔”最有悲剧感。

至于名字的来历，按照课文中解释：

他对人说话总是满口之乎者也，叫人半懂不懂的。因为他姓孔，别人便从描红纸上的“上大人孔乙己”这半懂不懂的话里，替他取下一个绰号叫做孔乙己。

他的名字既不是父母给的，也不是同窗起的，只是短衣帮们取笑他的绰号而已。由此可见其尴尬的社会地位。这个导入看似是对名字的探讨，实则是对课文主题内容的深入挖掘。

再来看另一个教学案例《赤壁之战》。

老师在讲课之前突然抛出这样一个问题：“诸葛亮和周瑜，谁年龄大？”学生们议论纷纷，很多同学认为诸葛亮年长，因为印象中诸葛老谋深算、稳成持重、说话慢条斯理；而周瑜血气方刚、年轻气盛、心胸狭小等。也有学生认为周瑜年长，理由是一句流传已久的老话“既生瑜，何生亮？”。在讨论相当激烈、不分上下的时候，老师出示了赤壁之战时，这几个关键人物年龄的资料。如表 6-2 所示。

表 6-2　赤壁之战重要人物年龄表

人物	生卒	赤壁之战时年龄 （公元 208 年）
曹操	155—220	54
刘备	161—222	48
孙权	181—251	28
诸葛亮	181—234	28
周瑜	175—210	34

从表中可以清楚地看到诸葛亮比周瑜要小了六岁，其实是小诸葛气死老周瑜。之所以很多同学有诸葛亮年龄大的误解，是因为文学作品在塑造人物形象时，对人物性格进行了适度的夸张。其实生活中年长者未见得心胸宽广，年轻人不见得个个心胸狭窄。这个问题的提出，极大地调动了学生对这两个历史人物的浓厚兴趣，接着自然就引入到课文《赤壁之战》的学习中。

这两个案例都是通过提出问题，制造悬念，引起学生学习兴趣而导入的。需要注意的是，这类问题的设置一定要能激发学生的思索欲望，太简单或太过艰深，都不会产生好的效果。

五、实物导入

《小桔灯》是冰心很有名的一篇散文。

有个老师在讲这篇课文时，提前做了一盏小桔灯。

1. 上课伊始老师问大家：

生活中我们见过各种各样的灯，今天我带来一盏小桔灯，它有什么特别的意义呢？本文写了一个小姑娘，为什么不以“难忘的小姑娘”为题目呢？

[点评]这次出示教具是为了吸引学生注意力。

2. 讲课至中间，老师又拿出小桔灯问大家：

谁来说说小桔灯的制作过程？作者为什么进行细致描写？

[点评]这次出示教具是为了讲“小姑娘”这个特定的人物形象。

3. 到课文结尾处，老师点燃了小桔灯，问大家：

大家看到小桔灯的光的确是朦胧的、微弱的，但作者却说“我似乎觉得眼前有无限光明”。这两者是否矛盾，为什么？

[点评]这次出示教具是为了归纳中心。

在这个导入中可以看到老师的匠心独具，一个教具用了三次，次次起到不同的作用。每次都扣在教学重点上，这是非常成功的一个导入教学案例。

六、实验导入

这种导入方式主要适用于一些说明文。一个经典的例子就是特级教师钱梦龙执教《死海不死》这篇课文时的导入。

钱老师将同样一个鸡蛋分别放入事先准备好的两个大小相同、水位一样的烧杯中，结果鸡蛋放进一个烧杯就沉下去了，而放到另一个烧杯中则半沉半浮。钱老师让学生思考原因，并鼓励学生登台分别品尝烧杯中的水。结果学生发现其中一个烧杯里的水咸极了。钱老师说：这个烧杯的水里放了大量的盐，是超饱和食盐水。让我们设想一下如果有这么一个湖，含盐量特别高，会发生什么神奇的事情呢？今天我们就来学习这一课。

在这个课例中，教师从一开始就紧紧地抓住学生，使他们迅速地集中了注意力。实验中，学生不仅看，而且尝，这些刺激必然会给学生留下深刻印象。而实验内容恰恰是对课文内容的印证，因此这个导入对学生理解和记忆课文会起到很好的强化作用。

七、活动导入

案例 6-1:《中国石拱桥》

钱梦龙老师教《中国石拱桥》,课前故意对教学内容保密,让学生带着疑问进课堂。然后出示赵州桥挂图,如图 6-3 所示。

图 6-3　石拱桥简图

师:好,现在就请你们来说明一下这个大拱和四个小拱的位置关系,(请你们不要看书),看你们越说越明白,还是越说越糊涂。谁先来说?

生:大拱的两边各有两个小拱。

师画图,说:你说的跟挂图上的桥不太像吧? 小拱的位置不对。

生:大拱的顶部有四个小拱。

生:桥身的左右两边有两个小拱。

生:在拱的两端各有两个小拱。

(多数学生跃跃欲试,气氛越来越活跃)

生:大拱的上方各有两个小拱。

……(师按学生的表述画图,其他同学笑,看出表述不准确)

生:在大拱的上面,桥面的下面,各有……(被学生笑声打断)

生:在大拱的两端依次向内的桥身上各有两个小拱。(有学生议论,这太啰唆)

……

在学生心有所思,口不能言的情况下,钱老师让他们打开书本,看看书上怎么说,"大拱的两肩上各有两个小拱",既形象又简洁,还不产生歧义。

(http://www.360doc.com/content/17/1225/05/4741021_716019661.shtml)

这个导入既引起了学习的兴趣,又加深了学生对说明文语言特点(准确)的理解。

另一个案例《人民英雄永垂不朽》。教师把颠倒了次序的十幅浮雕的图片显示出来，要求学生认真看图片拟出标题，讲出大概事件，排好顺序，并阐明理由。等任务完成后，再允许学生打开书核实自己猜测的结果。

这个活动导入的方式中，有两点值得借鉴。一是教师要求学生猜标题，能激发学习动机。“猜”给学生的感觉是“做游戏”，这样概括段意这一语文学习过程就变得轻松而有趣。二是学生先看图片，再读书，眼睛所看到的是书面的文字符号，脑子里想的是与文字相对应的图画。这样他们对文章中准确精到的文字表述就会有更实在的理解和体会。

导入:技能讲解二

当然导入的具体方式还有很多，像音乐导入、视频导入等等，在教学中要根据教学内容和重点确定适宜的方法。

第三节　导入技能的设计要领

一、精选内容

导入不是目的，而是手段。在设计导入时，精选所讲内容，选择与本课教学内容密切相关处入手，就显得极为必要。如果导入在内容上经不住推敲，势必导致失败。

导入最常见的毛病是内容牵强。

例如一位老师讲《我的叔叔于勒》时，就从“叔叔”导入。教师问“你们有叔叔吗?”学生做了肯定回答后，教师又问，“你喜欢你的叔叔吗？为什么?”学生再次做了肯定的回答而且讲了他们叔叔许多可爱之处。这时，教师把话题一转，说：“你们与自己叔叔的关系，反映了社会主义制度下，人与人之间的关系，而资本主义社会就不一样了。”

这个导入显然是不恰当的。首先，小说的主人公是菲利普夫妇，反映的是兄弟之间无钱不相认的悲惨状况，而不是叔侄关系，文中只是以小孩子的视角来叙事。其次，家庭成员之间的关系是由诸多因素决定的，并不仅仅取决于社会制度。像这样的导入，与其用，还不如不用。

二、推敲语言

导入的语言表达一定要准确，教师的问域不应太宽泛。

如一位教师讲《茶花赋》时，提出这样的问题："一提起祖国这个神圣的字眼儿，会引起你们什么样的联想？激发起什么样的感情呢？"

句中的"神圣"这个词至关重要，正是这个词的修饰作用，使得问域缩小了。学生的回答自然是与祖国神圣有关的任何事，这就自然过渡到课文的学习。如果没有"神圣"这个词的限制，问域就极为宽泛。学生的回答必然五花八门，不但不能自然导入新课，而且会造成课堂失控，浪费很多时间。

三、控制时间

导入所占时间要短，最多不能超过 5 分钟。如果占用时间过长，就有喧宾夺主之嫌，那也从根本上违背了导入技能运用的初衷了。

有位教师在讲《人类的语言》时，是这样导入的：

星期天我带孩子去动物园玩儿，到了鹦鹉区，我们对鹦鹉说"你好"，没想到鹦鹉居然回答了"你好"。女儿高兴地说："妈妈，鹦鹉会说话了"。

教师问道：同学们，我女儿说的"鹦鹉会说话了"，这一句话对吗？我们说的"你好"是语言，鹦鹉回答的"你好"是语言吗？

导入：设计要领

这个教例，干净利落。拿生活中司空见惯的现象引出，又能切合本课的重点知识"语言的本质"。这无疑是个成功的案例。

本章小结

1. 导入技能的作用：迅速集中学生的注意力；激起学生读书的兴趣；为讲课做好铺垫。

2. 导入技能大致可以分为四类：知识导入、实物导入、动作导入还有情境导入。

3. 导入技能的设计要领：精选内容、推敲语言、控制时间。

讨论题：

比较《记承天寺夜游》的导入语：

甲老师：我国著名学者林语堂曾评价苏轼是……今天我们来学习他的游记《记承天寺夜游》。……

乙老师：林语堂曾这样形容一位名人："他是一个不可救药的乐天派，一个伟大的人道主义者，一个百姓的朋友，一个大文豪、大书法家、画家，一个月夜的漫步者，一个诗人，一个生性诙谐爱开玩笑的人。""他曾为妓女题诗，他与和尚趣谈，他为百姓求雨，他四处游历。"你们知道他是谁吗？

生：苏轼。

师：对！他就是诗、书、画、文俱绝、多才多艺的苏轼——苏东坡。今天我们来学习他的一篇游记——《记承天寺夜游》。

你觉得哪个老师的导入好？为什么？

本章测试

◆ 判断题：

1. 导入是一节课的开始，其目的是吸引学生的注意力，调动学生学习的兴趣。

2. 实验表明，当学生对所讲内容做好充分的心理准备时，能够提高学习效率。

3. 导入不是目的而是手段。

4. 导入所占的时间要短，最长不能超过 5 分钟。

5. 导入时教师的问域不能太宽泛。

6. 实验导入的方法只能用于科学课等，不能用于语文课。

◆ 简答题：

7. 导入技能有哪些方法？

8. 导入技能设计的要领是什么？

9. 请任选一篇课文设计一个导入。

推荐书目

1. 蔡伟. 语文课堂教学技能训练[M]. 上海：华东师范大学出版社，2009.

（这本书先是阐述了语文教学技能训练的理论依据、目标、要求和基本策略，接着论述了十六种语文教学基本技能，每章大多从原理、特点、类型、功能、要求、途径、方法等方面来阐述，在疑难或关键之处插入"案例快照"及"一家之言"进行分析论证。）

2. 李冲锋. 教学技能应用指导[M]. 上海：华东师范大学出版社，2010.

（这本书介绍了九种教学技能：导入、讲解、倾听、提问、指导、对话、板书、结课、信息技术运用。每项技能都安排了以下环节：案例展示、技能概说、技能分解、应用须知、实战演练、拓展阅读。该书体例新颖，实用性强。）

3. 张学凯，刘丽丽等. 语文课程教师专业技能训练[M]. 北京：北京大学出版社，2017.

（这本书选择语文教师应该具备的专业技能，编为十一章。每章的内容大体上包括对相关技能的理解与认识、技能实施的原则、案例研讨、技能评价等内容。案例研讨多选择名师案例和全国各省市的教学大赛获奖案例，分析典型案例，参透各项技能之要。）

第七章　提问技能

学习要求

知道提问在语文教学过程中起着至关重要的作用；了解提问技能的原则、类型和设计要领；能够评判一个提问的好坏，也能根据教学目标设计出层级合理的一系列问题。

提问是老师根据一定的教学目的，在课堂教学中设计一系列问题，指导学生回答的一种课堂教学方式。好的提问，可以开启学生语文智慧，激发学习兴趣，提高教学效率。正如陶行知所说：

发明千千万，起点在一问。禽兽不如人，过在不会问。智者问得巧，愚者问得笨。人力胜天工，只在每事问。

但是，课堂提问犹如双刃剑，如果提问不当，不但达不到理想的教学效果，反而会有副作用。因此，有必要学习课堂提问作用、原则、技巧、类型、注意事项等知识。

第一节　提问技能的作用

一、案例引入

案例 7-1:《药》

鲁迅先生的小说《药》中有这样一段描写：

“忽见华大妈坐在地上看她，便有些踌躇，惨白的脸上显出羞愧的颜色，但终于硬着头皮走到左边的一座坟前，放下了篮子。”

针对这段描写，两个老师设计了不同的问题。

甲老师：

“这段描写的意义和作用是什么？”

乙老师：

1. 这段文字是对夏四奶奶什么的描写？（神情描写）

2. 这是一种什么样的神情？（羞愧的神情）

3. 她为谁感到羞愧？（为死去的儿子）

4. 她儿子夏瑜是为革命而死，应感到骄傲，她为什么会感到羞愧呢？（不理解儿子的革命行为）

5. 连母亲也不理解儿子的革命行为，这说明了什么？（结合小说背景说明辛亥革命脱离群众）

同学们，你们觉得哪个老师的提问更好？为什么？

（蔡伟.语文课堂教学技能训练[M].上海：华东师范大学出版社，2009.）

在这个教学案例里，甲老师的问题太笼统了，学生一时不知如何回答，而乙老师则将问题分解为五个小问题，这样学生回答起来就比较轻松，其实解决完这五个小问题，也就自然理解了这段描写的含义和作用了。日常教学中，很多老师也常常像甲老师一样，提的问题笼统，学生不好回答。

提问：案例展示

二、课堂提问的作用

1. 构建教学框架

教师课堂提问的一个重要作用，就是在学生与教师、文本、语文知识之间架起一座桥梁，引导学生走向语文智慧的殿堂。也就是说，课堂提问能够帮助学生明确教学内容，了解老师的教学思路，帮助老师**构建整堂课的框架**。

案例 7-2：《七根火柴》

特级教师宁鸿彬在《七根火柴》一课的教学中，四次提出问题：

1. 请学生给课文重新拟一个标题。

2. 作者为什么要用“七根火柴”为题呢？

3. 老师抓住“火”字，问了三个小问题：

研究课文中所写的草地环境与火的关系。

研究无名战士与火的关系。

研究卢进勇与火的关系。

4. 课文:“那同志一只手抖抖缩缩地揭开纸包……一、二、三、四……”

老师提问:“这句话里用了省略号,说明话没有说完,在这没有说完的话里面包含什么意思呢?假如你是这位无名战士,此时最想对卢进勇说而没有说出的话是什么呢?”

课文最后,写卢进勇将火柴交给指导员时,“以一种异样的声调数着:一、二、三、四……”请你想象一下:省略号中省略了卢进勇哪些要说而没有说的话呢?

点评:在这个教学案例里,四次提问起到了巨大的作用。

第一次提问是引导学生在复述课文的基础上,理解课文内容。

第二次提问是进一步过渡性的教学环节,从引导学生初步感知课文内容到抓住小说的线索。

第三次提问抓住“火”字,引导学生一步一步走进小说作者思想感情的深处,自然引出对课文内容的深入研读,也就是课文教学的重点内容,教学的过程往前推进了,却没有一点雕琢的痕迹。

第四次提问深入小说中人物的灵魂。学生要完成这样的问题是需要想象力的,但是合理的想象必须有课文内容做依据。当这两个推想完成以后,课文的中心思想已经不言而明了。

宁老师的四次提问,无疑很好地搭建了整堂课的框架,引导学生一次又一次,由浅入深地走进文本。在不知不觉中掌握知识,获得思想的启迪。

2. 激发学习兴趣

未知对学生具有很大的吸引力,这种吸引力便是学生对知识学习的一种内在的心理需要。教师精心设计新奇的问题,可以激起学生强烈的求知欲和浓厚的学习兴趣。

案例 7-3:《念奴娇·赤壁怀古》

以苏轼的《念奴娇·赤壁怀古》为例,有位老师设置了这样的提问。

1. 第一句“大江东去,浪淘尽,千古风流人物”中的“风流人物”可以用“英雄人物”来替换吗?

2. 在苏轼心目中这两个概念有什么异同?

3. 这里的“风流人物”包括下文的公瑾(周瑜)吗?

(蔡伟.语文课堂教学技能训练[M].上海:华东师范大学出版社,2009.)

教师设计的这三个问题环环相扣,而且都非同寻常。

第一次提问通过换词的形式，来帮助学生理解当时“风流人物”的内涵。

第二次提问通过角色体验，帮助学生理解作者内心的情感和对历史人物的态度。

第三次提问则将上下两阕结合起来。这些问题既富有创意，又充满情趣，能够充分调动学生思考问题的积极性。

3. 了解学生的认知状态

教师通过提问可以了解学生对知识的掌握程度，探明学生知识链条上的漏洞和产生错误的原因，进而根据这些反馈信息，灵活调整后续的教学活动。

有位老师在讲《济南的冬天》时，他问学生：

“老舍把树上的雪比喻成看护妇合适吗?”

提问:技能概说一

老师一连问了五个学生，都回答“不好”，老师从学生的反馈信息中判断出，阻碍学生思考的并不是有关比喻的知识，而是学生对“看护妇”这个词语不理解，因此不明白喻体和本体之间的联系。当老师提示“看护妇”就是护士以后，瞬间解决了这个障碍，问题也就迎刃而解了。

第二节　提问技能的原则

一、启发性原则

所谓课堂提问的启发性原则，就是要求老师提出的问题能够激发想象和联想，激发学生的思维，引导学生去探索，去发现。是非式、填空式等类问题，不具有启发性，应减少在课堂上使用。

来看一位老师的课堂提问。

一位老师在讲解完《沁园春·长沙》以后，提出了一系列问题：仅以上阕为例，毛泽东的立足点在哪里？和谁在一起？写的是什么时候的景色？毛泽东看到的山是什么样的山？毛泽东看到的江是什么样的江？面对祖国河山，毛泽东发出了怎样的感慨？

在这个教学案例中，老师提出了比较多的问题，但是没有任何思考价值。这就与课堂提问的启发性原则相违背。

二、适宜性原则

特级教师宁鸿彬说："教师提问的内容，如果过于浅显，则学生无须动脑；如果过于深奥，则学生无从动脑；如果不疼不痒，则学生无意动脑。"所以，教师的提问应该取学生力所能及的问题来问，这就要求做到难易适度。如图 7-1 所示。

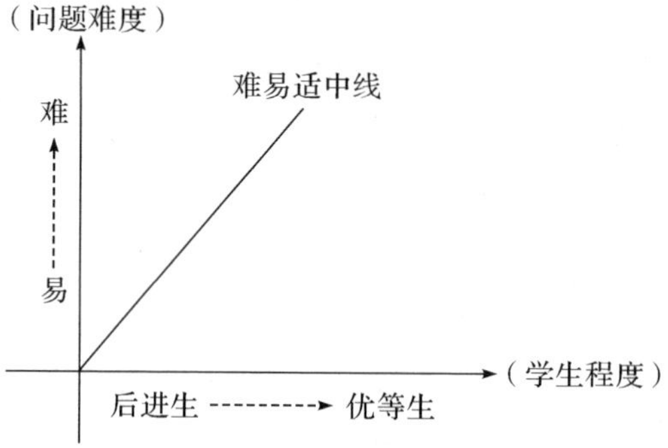

图 7-1　教学提问坐标

从图中可以看出，坐标的横轴代表学生的学习程度，纵轴代表问题的难度。如果问题的难度与学生的程度正好在难易适中线上，那么说明提问是有效的，如果提问的曲线发生变化，在难易适中线以上，说明问题对学生太难。在难易适中线以下，说明问题对学生太容易。倘若教师提问不分学生的类型，会造成优等生感到缺乏挑战，中等生感到困惑不堪，后进生垂头丧气。

来看下面两个教学案例。

在讲《最后一课》时，针对文章的结束段，甲老师设计的问题是这样的：

教堂的钟声响了几下？这个时候又响起了什么声音？普鲁士士兵的号声说明了什么？先生的神情怎么样？先生后来又怎么样？结果怎么样？所有这些都说明了什么？

乙老师设计的问题只有一个：

"韩麦尔先生脸色惨白的前因后果是什么？"

这两个教学案例里，两位老师的提问设计各有特点。

第一位老师注重对问题的分解，但是这些问题难度过低，学生很容易回答出来，这很难促进学生思维的发展。

第二位老师的设计与此相反，只设计了一道题，这个题的概括性和整体性很强，涵盖面也比较广，很有思维的深度，但这个问题有点偏难了，学生不知道从哪儿下手，所以这两位老师设置的问题都不太好。

三、整体性原则

这主要体现在三点，一是提问的设计要基于课堂整体，而不能仅仅从某几个语句或语段出发孤立地设计问题。二是课堂提问的各个问题之间要能够前后照应，相互关联，甚至环环相扣，一气呵成，从而构成一个完整的整体。三是问题要涵盖整个文本，对问题的解决就是对文本整体的把握。

案例 7-4：《愚公移山》

钱梦龙老师在教《愚公移山》时，就设计了密切联系的四个问题。

(1)这篇寓言共写了几个人？

(2)这件事做起来难吗？

(3)愚公究竟笨不笨？

(4)愚公到底是无能的，我们同意吗？

(https://wenku.baidu.com/view/4a6bfc0f970590c69ec3d5bbfd0a79563c1ed4a9.html)

这四个问题孤立起来看，不怎么巧妙，但相互联系起来看就不同了。

第一个问题引导学生细读课文，既落实了具体字词，又为后边的分析理出清晰的头绪。

第二个问题是第一个问题的继续，从人到事，把学生引导到“移山任务越艰巨，就越能显示出人的精神面貌”这个方面，着重分析了对愚公移山的两种不同态度，为分析愚公精神做铺垫。

第三个问题把学生的思考引向深入，具体深刻地发掘愚公精神，这是重点。

第四个问题目的是强化前面的收获。它们紧紧围绕教学目的，把传授知识、培养能力、发展智力、进行思想教育联系在一起，四个问题环环相扣产生了整体效应。这样提问，既可使学生从宏观上把握文章的整体，又可以从微观上突破重点和难点。

四、层次性原则

提问：技能概说二

所谓层次性原则，就是指教师所设计的问题，要具有比较强的条理性和逻辑性，而不能任意安排、凌乱无序。只有根据不同文体和教学目的，针对不同学生逐层发问，才能引导学生逐步深入文本，把握文本的深层内涵，激发学生探究的热情，激活学生的创造性思维。

像刚才提到的《愚公移山》课例，四个问题的设计就层次性极强，逐层深入，最终直达主题。

第三节 提问技能的类型

提问技能可以按照认知水平和教学技巧方面划分为两类。

一、根据认知水平分类

可以概括为四大类型：

1.记忆性提问：这是一种通过事实性知识提出的问题，不需要学生分析思考，学生凭记忆即能解答。例如：这篇文章的作者是谁？作者号什么？字什么？这个字怎么读？什么意思？等问题。

2.分析性问题，这是一种根据文本内容的理解性问题。这种问题的解答，仅凭学生的知识与经验是不够的，还需要学生根据一般的原理及其他相关的知识加以分析、概括、比较才能解决。例如，本文为何采用倒叙手法？阿Q忌讳别人说灯亮了，这说明了什么？

3.创造性问题，这是一种以文本内容为依据，但又不拘泥于文本内容而设计的问题，这种问题学生仅凭知识经验及逻辑思考还不能解答，还特别需要充分发挥想象和联想的能力。例如：马蒂尔德在最后得知自己丢失的是条假项链，她会怎么想？

4.评价性问题。这类提问要求学生对课文或全篇，或局部，或思想，或表达方式，进行欣赏、鉴别和评价，做出价值判断。学生回答这一类型的提问，要融进自己的感受，要综合运用新学的内容以及已有的知识和经验，进行独立思考。因此，这类提问的回答，往往带有很大的主观色彩。比如，在讲完《促织》后，老师问：你觉得这篇小说是喜剧，还是悲剧？为什么？

当然，教师在使用课堂提问时不会单用一种类型，而是综合使用各种类型。来看下面这个教学案例。

案例 7-5:《我有一个梦想》

在教《我有一个梦想》一文时，有位老师一共提出了以下四个问题：

1. 马丁·路德·金的梦想是什么？课文哪些地方集中表达了他的梦想？

2. 马丁·路德·金为什么有这样的梦想？

3. 马丁·路德·金的梦想能否实现？如果马丁·路德·金生活在今天，他又会有怎样的梦想？

4. 今天我们该如何来看待马丁·路德·金的梦想？

（蔡伟. 语文课堂教学技能训练[M]. 上海：华东师范大学出版社，2009.）

这个案例中老师虽然只提了四个问题，但是这四个问题不但都能指向文章的关键，具有立体感，更重要的是这四个问题的类型各不相同，分别代表了记忆型、分析型、创造型和评价型四种类型，因此，学生在思考回答时不会感到单调。

提问：技能讲解一

二、根据提问技巧分类

1. 诱导提问

这类型的提问是启发学生积极性，创设问题情境，使学生形成问题意识，开展定向思维的提问。一般来说，在每节课的开始阶段，教师为了引起学生的学习兴趣，进行定向思维，常常使用这一类型的提问。

例如一个老师在讲《祝福》时，提问这篇文章按内容完全可以用“祥林嫂”来命名，但作者为什么以“祝福”命名呢？这一问，立刻把学生的思路引向对文章主旨的思考上来。

再如讲《游褒禅山记》时，老师提问这篇文章是游记吗？如果是，那么它和一般的游记散文有何不同？

这篇文章从题目来看当然是属于游记，但文章的主要内容不是游记，而是借游记阐述作者对于治学的认识，学生在初次感知时，或忽略了题目与内容的关系，或是产生了疑问。教师的提问增强了学生的问题意识，这就把学生的思维由浅层次引向了深层次，为下一步的学习奠定了基础。

2. 疏导提问

这类型的提问是学生在学习过程中，思路受阻或是偏离正确方向时，教师进行点拨疏导的提问。

案例 7-6:《故乡》

钱梦龙老师在分析《故乡》中少年闰土时出现了这样的情况。一个学生提问:

生 1:跳鱼怎么会有青蛙似的两只脚?

师:是呀,鱼怎么会有脚呢?

生 2:有!

师:什么鱼?

生:娃娃鱼。

师:你们真是见多识广!我想跳鱼也会有两只脚,可是,我没有看到过。你们有谁看到过?

众生:没有。

师:可是少年闰土就知道这种鱼,这说明什么?

生 3:说明少年闰土见多识广,他"心里有无穷无尽的希奇的事,都是我往常的朋友所不知道的"。

(https://wenku.baidu.com/view/ab0dea7e0266f5335a8102d276a20029bc646377.html)

在这个教学案例里,老师在分析人物时,学生忽然提了一个旁逸斜出的问题,说明他的思路偏离了教学方向,但是问题一经提出,又引起其他同学的注意,老师必须及时采取措施,把学生的思路引向正确的方向。一般情况下,有些老师会假装没听到,继续分析人物,而钱老师却是接过学生的话题,进一步提问,把一个原本没有思考价值的问题,经过老师的因势利导,变成了有思维价值的问题,很自然地将学生的思路引向正题。

3.台阶式提问

台阶式提问是将一组提问,由简到繁,由浅入深地排列得像阶梯一样,引导学生一级一级攀登,以达到教学目标。这种类型的提问应该符合学生的认知规律,即由浅入深,由具体到抽象,由现象到本质,由局部到整体。

例如,在分析《药》中,华老栓这个人物形象时,老师提问:

1.从华老栓买药,看出他是怎样一个人?

2.只有华老栓一个人这么愚昧吗?

3.这么多群众如此愚昧是天生的吗?

这一组提问,将学生关注的焦点从对华老栓这一个人物形象的认识,提高到对整个社会群体的认识,即由点到面,引导学生体会这个形象的普遍社会意义,将学生的思维引向深入，由个别现象去进一步探究社会原因，正确把握文章的主题。

4.迂回提问

这种类型也称作“曲问”，即为着解决一个问题，折绕地提出另一个或另几个问题的提法。这种类型的提问意在增加思维强度，引导学生自己去分析解决重点和难点，使学生处于主动学习的地位。

例如钱梦龙老师在讲解《愚公移山》一课的字词时，采用了迂回提问。

案例 7-7：《愚公移山》

师：那个遗男有几岁了？

生：七八岁。

师：你怎么知道的？

生：从“龀”字知道。

师：噢，龀。这个字很难写，你上黑板写写看。（生板书）写得很好。“龀”是什么意思？

生：换牙。

师：对，换牙。你看这是什么偏旁？（生答：“齿”旁。）孩子七八岁时开始换牙。同学们不但看得很仔细，而且都记住了。

那么，这个年纪小小的孩子跟老愚公一起去移山，他爸爸肯让他去吗？

（生一时不能回答，稍一思索，七嘴八舌地：“他没有爸爸！”）

师：你们怎么知道？

生：他是寡妇的儿子。孀妻就是寡妇。

师：对！遗男是什么意思？

生（齐声）：孤儿。

师：对了！这个孩子爸爸去世了，只有妈妈。你们看书的确很仔细！

提问：技能讲解二

（https://wenku.baidu.com/view/a2f67b1c29160b4e767f5acfa1c7aa00b52a9daa.html）

文言文中的“龀”“孀妻”“遗男”现在已经不多用，学生死记硬背，既枯燥又不容易记住，钱老师采用了迂回提问的方式，为学生掌握这三个词，创造了一个语言环境，既引起学生的兴趣，又帮助他们很快地掌握了字义。教师设问灵活，学生学习兴趣盎然，学习过程生动活泼。

第四节 提问中“问点”设置的技巧

课堂提问的“**问点**”是指教师提问设计时的切入点。确定“问点”是成功提问的关键。

一、从课文标题入手

对课文的标题进行提问是一种很有效的方法，例如教学《胡同文化》可以这样提问：

“胡同也有文化吗？什么是胡同文化？”

以此激发学生的探究兴趣，引导学生认真阅读课文，深入思索。

又比如《为了忘却的纪念》可以这样设置问题：

1.“忘却”与“纪念”是一对反义词，把它们并用不矛盾吗？

2.作者为什么要忘却，能做到忘却吗？

3.“忘却”一词的使用，表明了作者怎样的心情？

众所周知，很多文章，题目本身就是文章的中心，理解了题目，也就把握了全文。

二、在关键词语、句子提问

语文课文中往往有一些关键语句，这样的语句内涵非常丰富，在文中起到独特的作用，抓住关键语句提问，能达到牵一发而动全身的效果，例如《大堰河——我的保姆》结尾部分一句诗“呈现给你紫色的灵魂”。教师抓住这一关键诗句作为理解诗的切入点，设计了一系列提问：

1.灵魂有颜色吗？

2.为什么说大堰河是紫色的灵魂？

3.这句诗在全诗中的作用是什么？

这些问题能激发学生浓厚的兴趣，引导学生对诗的主题、创作手法、结构的深入探索，使学生与老师、学生与作者、学生与学生之间呈现出一种共鸣的状态。

课文的中心句也是提问的好地方。中心句一般就是文章的主旨句。理解了中心句，自然也就理解了整篇文章，所以教师在提问设计时，不但要抓住各个关键词语，更要抓住课文的中心句。

比如一个老师在执教《前方》的时候，围绕着中心句“人有克制不住离家的欲望”，设置了三个问题：

1. 这里的“家”有几层意思？

2. 句中的“人”和下文反复提到的“人类”是否为同一个概念，为什么？

3. 人为什么会有离家的欲望，而且欲望如此强烈，以至于克制不住？

在这个教学案例里，老师围绕着这个中心句来提问，既可以引导学生深入文本开展读、思、议、写，了解人类想要离家的根本原因，也学会了阅读的方法，充分体现了以学生为主体的理念。

三、在重点、难点处提问

设计提问不能主次不分，应该根据课堂教学整体目标，抓住主要内容，突出重点。

例如《中国石拱桥》，这篇课文可以设计出一二十个问题，但是老师只找了一个核心的问题来问：

“为什么课文中只选取赵州桥和卢沟桥两座桥做例子？多选一座或者少选一座不行吗？”

再比如鲁迅先生的《拿来主义》，第一至第六小节是教学上的一个难点，如何突破呢？有老师这样设计：

1. 既然标题是“拿来主义”，为什么这里要用那么多的篇幅来写“送去”“送来”？

2. 第二节和第五节删去，文章也通顺，这两节是否可有可无？

这些问题就是在骨节处设计，能起到牵一发而动全身的作用。

四、在矛盾点或对比处提问

在一篇课文中，有时会出现两个相反或者相对的意思，构成一对矛盾，然而这对矛盾是作者有意安排的，有着特殊用意的。抓住矛盾点来提出问题，能很好地激发学生的兴趣。

例如《荷花淀》写的是抗日战争时期白洋淀地区的一次水上伏击战，而这样一篇以抗日武装斗争为题材的短篇小说，在开头描写景物的时候，并没有描绘硝烟弥漫，战火纷飞的场景，而是写出了那里一派富裕、美丽和恬静的水乡风光，这样写景，与打汽枪的抗日武装斗争不是矛盾吗？

学生通过老师的问题，进行思考，才理解到作者的特殊用意：用艺术的手法，含蓄地写出了白洋淀人民英勇地投入抗日斗争的思想基础。如此美丽富饶的国土岂能允许日寇的进犯？如此美好恬静的家园，岂能容忍敌人的践踏？

再如一个例子《变色龙》，学生在了解了课文基本内容之后，老师问："主人公奥楚蔑洛夫的态度，因为狗的主人的变化而变来变去，但是在这善变中，有没有不变的呢？"

这个问题激活了学生的思维，引发学生的深入思考。

五、在细节处提问

课文中常有这样的情形，有些内容或者情节看似平淡无奇，不会引起人们的注意，而深入下去，就会发现越咀嚼越有味儿。如果教师从此处设计提问，会取得良好的效果。

例如，《荷花淀》一课，老师提了这样两个问题：

1. 水生的妻子叫什么名字？

学生回答不出来。因为文章并没有写她的名字，在文章中只是称作"水生的女人"或"水生嫂"，对其他的青年妇女也是这样称呼。

2. 作者对她们的描写，为什么这样惜墨如金？

这个问题设置得非常巧妙，学生们经过认真的思考，最终得出来的结论是：作者有意这样写，是想表明她们的普通，作者想要表现的是以水生嫂为代表的白洋淀的青年妇女，逐渐由普通的劳动者成长为勇敢的抗日游击战士的过程。她，不是指特定的哪个女人，而是千千万万农村妇女的化身。

六、抓住文章的特点提问

抓住课文的独特之处，注意文中重复出现的语句。

例如《智取生辰纲》中的双线并行结构，《荷塘月色》中的通感手法的运用，

《七根火柴》中两次出现的“一、二、三、四…”，这些都可以成为提问的切入口。

七、寻找教学内容的可比因素提问

比较阅读是目前阅读教学的重要方法。教师在选择课堂提问时，也可以寻找教学内容的可比因素，以此作为切入点。

例如，同样是说明文，请比较《苏州园林》和《中国石拱桥》，明确它们在说明顺序和说明方法上的特点。

再比如同是送别诗，岑参的“山回路转不见君，雪上空留马行处”，与高适的“莫愁前路无知己，天下谁人不识君”，以及王勃的“海内存知己，天涯若比邻”，所抒发的离别情绪大不相同，通过比较逐一建立起信息点的横向联系，加强知识的迁移。

提问：设计要领一

第五节　提问技能的设计要领

一、提问应有周密的计划

提问是课堂教学的重要组成部分，提问的过程是否合理，常常关系到教学的成败，因此提问前，需要做哪些准备，提问中需要做哪些解说、提示，最后应该怎样归纳总结，都应该有周密的考虑。如果是一组问题，那么这些问题的最佳排列顺序是什么，都应该考虑好，并且要制定出实施方案，有周密计划的课堂提问成功率要高得多。

二、问题要明确，措辞要准确

问题明确是指问题要表述清楚、无歧义。常有这样的情况，老师问题表述太过宽泛，学生一时不知如何回答，课堂陷入僵局。

比如，有个老师讲《祝福》时，提问“鲁迅先生是怎样描写祥林嫂的？”

这个问题范围太大，不容易回答，老师不妨将它化解为几个具体的小问题：

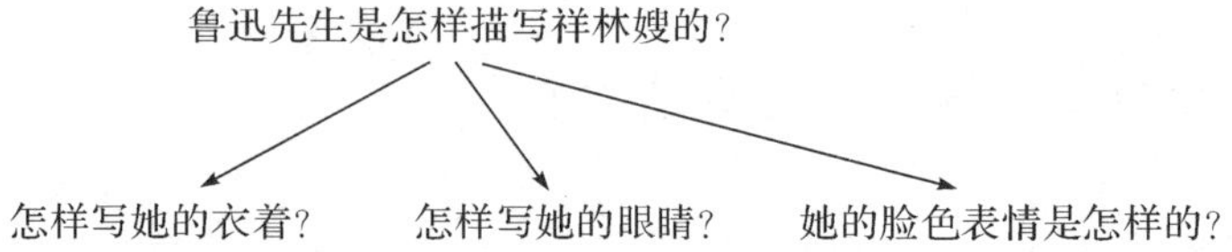

图 7-2 《祝福》中问题设置

这样学生就比较容易回答。

措辞准确是指问题设计的语言要准确、明白、简洁。不可太宽泛。

比如，一位老师讲《苏州园林》，设计了这样的问题：

“今年是奥运年，去年也有一个热，是什么热？”

教师的意图是让学生回忆出“旅游热”，进而引导到游览名胜古迹，导入课文。但是问题表述不明确，给学生思考的空间过大，没有定向指引。于是学生便如猜谜一般，耽误了很多时间，分散了学生的注意力。

三、留足准备时间

课堂提问，应该给学生充分的时间做准备。一般来说，准备时间应该以中等学生为标准，这样的标准对于水平低一点的学生来说虽有难度，但是经过努力可以跟得上，对于水平高的学生来说，也不至于因为节奏太慢而影响学习的兴趣。

四、教师要细心慎重

提问：设计要领二

在提问时，老师要自始至终细心观察学生的反应，慎重处理学生的应答。

特级教师于漪老师在执教《卖油翁》时，随口说：“下面有段精彩的对话。”这时，她注意到有个学生不以为然地笑了一下。课后，于老师问原因，学生诚恳地回答：“下面的对话不精彩。”于老师欣然接受，说：“你提得对，用精彩不恰当，你觉得改为发人深思的对话怎么样？”

这个案例里，于老师对学生的态度就值得学习。

本章小结

1. 课堂提问的作用：构建教学框架、激发学习兴趣、了解学生的认知状态。

2. 提问技能的原则：启发性原则、适宜性原则、整体性原则、层次性原则。

3. 提问技能可以按照认知水平和教学技巧方面来划分类型。

4. 提问技能根据认知水平分类：记忆性、分析性、创造性、评价性。

5. 提问技能根据教学技巧分类：诱导提问、疏导提问、台阶提问、迂回提问。

6. "问点"一般设置在课文标题，在关键词语、句子，在重点难点处，在矛盾点或对比处，在细节处，抓住文章的特点，教学内容的可比因素提问。

7. 提问注意事项：应有周密的计划、问题要明确、措辞要准确、留足准备时间、教师要细心慎重。

讨论题

讨论题 1：

以下是《食物从何处来》两位老师的提问：

甲老师：食物的定义是什么？

钱梦龙：今天早上我吃了一个烧饼，两根油条，喝了一杯凉水，后来又吃了一个鸡蛋和一个苹果，谁能告诉我，我吃的都是食物吗？是或不是都要说出理由。

比较两位老师的提问，你认为哪位老师处理得好，为什么？

讨论题 2：

选择语文教材中的一篇课文，为课堂教学设计 3～5 个主要问题，并为每个主要问题设计几个引导学生展开学习的次要问题。

讨论题 3：

老师在讲《宇宙里有些什么》，有学生提问："课文中写道，这些恒星系里大都有一千万万颗以上的恒星，这里的万万是多少呢？为什么不用亿代替呢？"很多同学都笑了。

假如你是这位老师，会怎么处理呢？为什么？

本章测试

◆ 判断题：

1. 课堂提问既能帮助学生明确教学内容，又能帮助老师构建整堂课的框架。（　）

2. 课堂提问的一个作用是探明学生知识链条上的漏洞，并进而灵活调整后续的教学活动。（　）

3. 根据教学技巧来分类，提问可以分为记忆性提问、分析性提问、创造性提问、评价性提问。（　）

4. 课堂提问应减少使用记忆性提问，尽量使用多种提问类型来调动学生的兴趣。（　）

5. 课堂提问的准备时间应该以水平最低的学生为标准，这样才能留给学生充分的时间做准备。（　）

◆ 填空题：

6. ________是一种通过事实性知识提出的问题，不需要学生分析思考，学生凭记忆即能解答。

7. ________提问要求学生对课文或全篇，或局部，或思想，或表达方式进行欣赏、鉴别和评价，做出价值判断。

◆ 简答题：

8. 课堂提问的作用是什么？

9. 问点的设置一般都在哪些地方？

推荐书目

1. 周小蓬. 语文课堂教学技能训练教程[M]. 北京：北京大学出版社，2010.

（这本教程紧紧围绕课堂教学的实际，精选了最基本的语文课堂教学技能作为训练内容。其中特别突出了对提问技能的训练。）

2. 张孔义. 语文课堂教学技能与微格训练[M]. 杭州：浙江大学出版社，2011.

（这本书探讨了几种基本课堂教学技能：导入、讲授、示范、提问、组织活动、反馈和引导、应变、结束。每部分都附有微格训练。其中提问部分，作者与省特级教师合作，有大量丰富的一手教学材料。）

第八章　结束技能

学习要求

了解结束技能运用的心理依据；掌握常见的结束技能的方法；能够评判结束技能的好坏；能够根据教学目的设计科学合理的结束语。

第一节　结束技能的概念和心理依据

课堂教学不仅需要一个良好的开端，也需要一个完美的结局。常言道："编筐编篓，重在收口。描龙绘凤，重在点睛。"课堂教学作为一个完整的环节，收束不好会毁掉前面所有的努力。所以课堂教学的结束技能需要掌握好。

一、案例引入

案例8-1：青年教师的烦恼

先来看一个青年老师的微博：

"上学期和这个学期都有课安排在上午的11:30至12:00的时间段，每当临近中午时，教室中便会弥漫着骚动不安的气氛，学生纷纷开始收拾文具、书包，规矩一点的学生还会坐在座位上，但两眼已经望向窗外；个别同学则直接背起书包，单等下课铃一响就冲出去。这种情况总让站在讲台上的我感到无奈，继续讲吧，显然学生根本听不进去，不讲吧，学生更容易一哄而散。……这几分钟对学生来说是种煎熬，对讲台上的老师来说，同样也是一种煎熬。

和其他老师交流讨教，发现这种情况普遍存在……面对这种情况，大多数老师都是采取继续讲课，任学生骚动不安，也有些老师索性不讲了，但要求学生必须待在教室里，到下课铃声响起才能离开。”

（http://blog.science3net.cn/blog-401290-306174.html）

这位老师描述的情形大家都很熟悉吧？那么该怎样合理有效地利用这段时间呢？

二、技能概说

什么是结束技能？就是在一节课将要结束的时候，老师组织全体同学或对本节课作内容小结，或以此为基础来延伸，或对学生进行联系实际的教育，或安排练习布置作业等，这种技能就是结束技能。其目的是帮助学生巩固知识、培养能力。

运用结束技能的心理依据：

首先，学习本身就是有效组织化的历程。完形学派认为“记忆不是一堆材料的集合，而是合理的组织。材料愈有组织，愈容易保存”（如图 8-1 所示）。

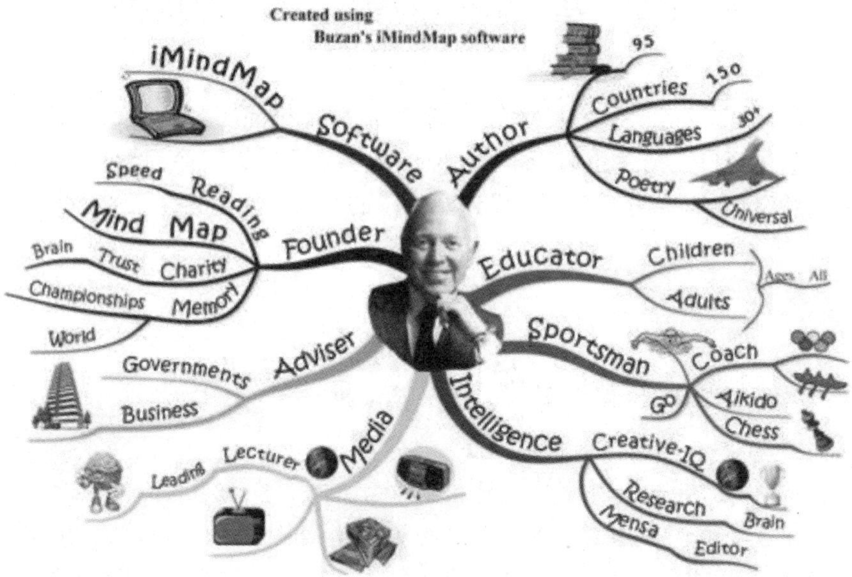

图 8-1　记忆的网状结构

可以看出**知识是以网状结构连接**着的。正如《学习的革命》书中所说：

你的大脑有大约一千亿个活动神经细胞。每个细胞又长出树状的分支以存储信息,每个细胞可长出多达 2 万个树状的树突。每个细胞就像一台高功率的电脑。每一细胞通过沿着一根长长的轴突传送电化信息与其他细胞相连。

其次,心理学研究的结果也证明了及时总结的重要性(如图 8-2 所示)。

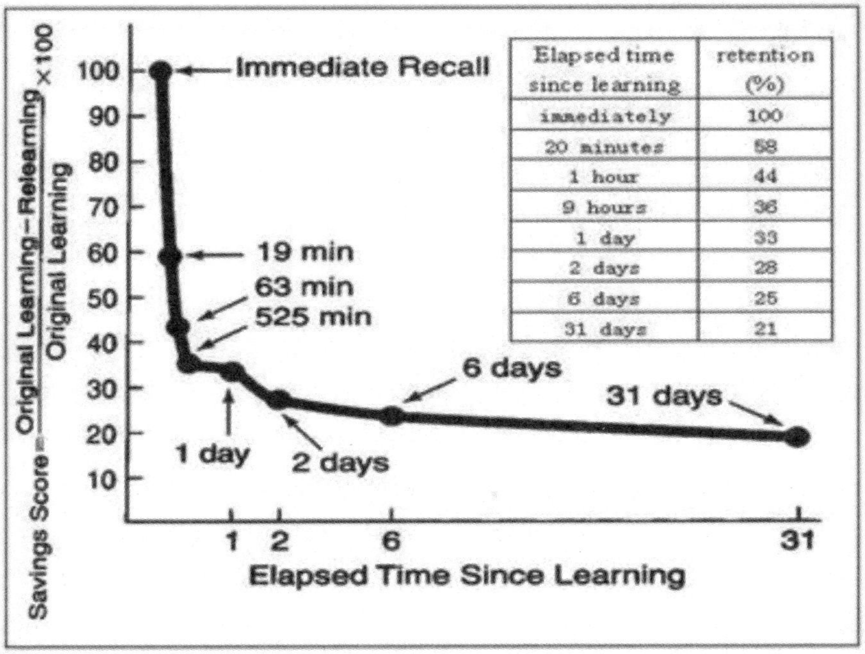

图 8-2　艾宾浩斯遗忘曲线

德国心理学家艾宾浩斯所创制的著名的遗忘速度曲线表明,刚刚记住的材料最初几小时内的遗忘速度很快,两天后就比较缓慢。就是说**遗忘是按先快后慢的顺序**。因此课堂上进行及时的回忆要比 6 小时后再来回忆,记忆的效率高出 4 倍。良好的课堂收束不但起到了知识梳理归纳的作用,同时也能有效地帮助学生加深学习记忆,提高学习效率。

结束:技能概说

第二节　结束技能的类型

结束技能大致可以分为封闭式结束和开放式结束两类。

封闭式结束是指对课堂教学进行完美的收束,总结知识要点,点明主题,为后续学习做准备等。

一、封闭式结束

1.归纳式结束

这是老师们使用最多，也最见效的一种方式。

案例 8-2：《沁园春·长沙》

请看这位老师教《沁园春·长沙》时的结束语：

综上所述，这首词上阕先围绕一“立”字交代了时间、地点、人物，接着用一个“看”字，总领六个短句，描绘了红山碧水、鱼翔鹰飞的湘江秋景图，并以“万类霜天竞自由”收束为下文蓄势。最后作者通过“一怅一问”引出下阕之“忆”，忆什么呢？峥嵘岁月里，风华正茂、书生意气的同学，少年粪土万户侯的气势，和浪遏飞舟的豪情，巧妙地回答了上阕提出的“谁主沉浮”的问题。

（蔡伟.语文课堂教学技能训练[M].上海：华东师范大学出版社，2009.）

这个结束老师实际上是将本文的内容梳理了一遍。但是由于教师在梳理时，抓住了关键字，大家看这五个动词“立”“看”“怅”“问”“忆”，会发现恰好就是背诵的节点。是不是就能很容易把全词背下来？而且全词的情感基调、主题思想、结构等，是不是也自然牢记于心了呢？这就是归纳式结束的优点，可以让学生较好地把握本课的学习内容。

2.点睛式结束

《变色龙》小说结尾处写道：“普洛克尔喊一声那条狗的名字，带着它从火柴厂走了。那群人对着赫留金哈哈大笑。”老师在这篇课文的结束时设计了这样一个问题：

那群人笑什么呢？为什么笑？

没有人注意的哈哈大笑被这位老师抓住了，并设置了极有思考价值的问题。同学们经过热烈的讨论，答道：“笑他事与愿违，本来想得到赔偿，结果却是一场空；笑他偏偏遇上奥楚蔑洛夫这样一个势利的警官；笑在这个社会里，一人得道，鸡犬升天，等等。”

这个案例中，老师临结束时抛出的问题至关重要，即“点睛”。正是这个精心设计的问题，引导学生进一步体会本文的主旨，最终达到了教学的目的。

点睛式结束也可以由老师指导学生来做。比如《18 岁和其他》课文中有一段：

18 岁，使我想起初长彩羽，引吭试啼的小公鸡，使我想起羽翼未丰就开始翱翔于天空的幼鹰，整个世界填满不了 18 岁男孩子的雄心和梦想。

老师设计了如下的结束语：

同学们，杨子在文中这样描述 18 岁，我们能否根据自己对青春的理解，仿照这个句子写一段话？

这个案例里，老师的问题是围绕着对这一个句子以及对文章中心的理解。学生在仿写句子练习的过程中，自然掌握了课文的重点。

3. 题解式结束

这种结束方式适合题目有挖掘深意的篇目。

比如某老师在《驿路梨花》的结束语：

通过刚才的学习，请同学们回过头来思考一下：题目“驿路梨花”中的“梨花”除了指自然界的梨花外，还指什么？

学生经过讨论，发现题目一语双关，字面上指驿路上的梨花，实指梨花其人，梨花精神即雷锋精神。作者采用以物喻人的手法使自然界梨花同小茅屋的主人相互辉映。在内容上点出了雷锋精神之花像梨花一样处处开放，从而深化了主题。

4. 链索式结束

语文课文的单元和单元之间，课与课之间，在对象、主题、情感、风格等方面往往有着一定的内在联系。教师应该按照教材本身的内在关系，设计出合适的结束语，这就如一座桥梁一样，可以联系旧知识，推出新内容，承上启下，起到促进学生学习效率提高的作用。

比如人教版全日制普通高级中学教科书(必修)语文第一册第一单元是诗歌单元。入选诗词作品依次为：毛泽东词二首、中国现代诗三首、中国当代诗三首、外国诗三首等。老师在现代诗结束时，设计的结束语是：

“一路走来，我们领略了伟人毛泽东的万丈豪情，体味了现代诗人徐志摩的情怀，而此刻我们还将与一株美丽的木棉树相遇，倾听一位女性发出的爱情宣言。”

结束一技能讲解一

这个结束语虽然只有寥寥的几十个字，却不仅点明了前边两类诗词的基本风格，还交代了新课的主要内容，使学生能够将新旧知识很好地衔接起来。

二、开放式结束的类型

叶圣陶说："结尾是文章完了的地方，但结尾最忌的却是真的完了。"结课也是同样如此。开放式结束则是设法将学生的眼光引向广阔的生活，启发学生的思索。

开放式结束有这样几种类型。

1. 畅想式结束

来看一个畅想式结束的例子。

老师在《项链》临结束的时候，布置全班同学充分发挥想象，依据人物的性格特征推测主人翁马蒂尔德夫人可能产生的种种结局，一下子教室里热闹得像开了锅，同学们争先恐后地发表自己的看法。有人说马蒂尔德夫人喜出望外，讨还了36000法郎，从此开始了新的生活和追求；也有人说玛蒂尔德夫人懊悔不已，慨叹年华已逝，从此一蹶不振；也有人说马蒂尔德夫人百感交集，喜怒无常，精神完全崩溃了；还有人说马蒂尔德夫人与昔日的朋友争吵不休，最后诉诸法庭，打了一场旷日持久的官司最终却毫无结果。

再比如《故乡》，老师问：

➢ 闰土的孩子水生，会和"我"的孩子宏儿成为好朋友吗？他们会不会重演父辈如此"隔膜"的悲剧？

运用畅想式这种方式有利于激发学生学习的兴趣，让他们对所学内容积极思考，同时还能与听说读写结合起来，促进学生对课文的深入理解。

2. 撞钟式结束：

案例8-3：《我与地坛》

《我与地坛》一课，在赏析完课文，并和学生深入探讨了"地坛"的象征内涵，以及作者在文中所表现的母爱之后，授课教师适时引导学生结合自身实际，谈谈对母爱的认识。因有史铁生的文章开启了学生的认知，教师的引导进一步深化了学生的思考，学生各抒己见，谈得十分动情，教学现场是十分感人的。这时，音乐响起，老师用饱含感情的声音总结道：

我们的欢乐
是母亲脸上的微笑
我们的痛苦

是母亲眼里深深的忧伤

我们可以走出家门

却永远走不出母亲心灵的广场

诵读声未落“花轻轻地绽放……”《懂你》的歌声在不知不觉间轻轻响起，课在《懂你》的歌声里终止，但母爱的旋律却久久在学生和听课教师心中回荡。

(https://www.xzbu.com/9/view-6530756.html)

这样的结束方式会像撞钟的效果一样留给人们久久的思索……

3. 开拓式结束

案例 8-4:《死海不死》

来看钱梦龙老师的一个课例。在《死海不死》的结语：

不过死海究竟会不会死，恐怕不是一个计算的问题，而是一个现实问题。事实上，造成死海海平面连年下降的原因，不是海水的蒸发量大，更重要的是人为因素。这一严峻的事实已经引起不少科学家、环境保护主义者的忧虑。一项名叫“让死海继续活下去”的活动已经开始，死海处于地球陆地的最低点，人称“地球的肚脐”，不仅有独特的旅游景观，而且它蕴藏着极其丰富的矿物资源。同学们虽然没有去过死海，但我相信大家都关心地球的命运。为此，我建议大家用我们的智慧参与到让死海继续活下去的活动中去，请回去做两件事：

➢ 上网搜索关于死海的资料。

➢ 参考运用网上的资料以及救救死海或以“死海不能死”为题，写一篇文章，为拯救死海进行呼吁或提出拯救死海的办法和建议。

当然，我们的文章救不了死海，但至少可以表明我们关心地球命运的立场。我希望每一位同学长大后都能够成为一名自觉的环境保护主义者。

(https://wenku.baidu.com/view/f4294a204431b90d6c85c760.html)

在这个课例中，钱老师通过课外知识的介入来促进学生学习的迁移。他引入了社会事件、专家研究，并鼓励学生通过各种途径进一步拓展知识，形成积极的情感态度和价值。这种迁移，学生所收获的不仅仅是知识，还有科学与人文的素养。

4. 比较式结尾

比如，有位老师在讲解完毛泽东的词《沁园春·长沙》以后，又将其词作与欧阳修、峻青的作品做比较，分析同样是秋，三人的不同情感表达。毛泽东是“万山红遍，漫江碧透，万类霜天竞自由。”欧阳修笔下则是“其色惨淡，烟霏云敛；其意萧条，山川寂寥。”而作家峻青笔下又是另一番景象“绚丽缤纷，眼花缭乱”，抒发的不是人生易老的象征，而是繁荣昌盛的标志。

同样，也有老师将《醉翁亭记》，同已经学过的《岳阳楼记》进行了对比，《岳阳楼记》和《醉翁亭记》都是游记，都是写景抒情的名作，但是各有独特的风格和艺术魅力。《岳阳楼记》描绘的是湖面上的气象，壮阔且细腻；《醉翁亭记》写的是山间的景色，简洁而明快。《岳阳楼记》的结构严谨中有变化，处处突出对比；《醉翁亭记》的布局洒脱而有法度，一气呵成。《岳阳楼记》抒发的是“忧”，而《醉翁亭记》表达的是“乐”。

结束：技能讲解二

运用对比式结束，要注意进行对比内容的可比性，注意通过分析进行比较。比较既要注意比较相同点，又要注意比较相异点，让学生看到同中之异，异中之同，从而加强理解，帮助记忆。

第三节　结束技能的设计要领

结束技能运用得好，往往有事半功倍的效果。运用结束技能，应注意以下几点。

一、要重视对知识的整理归纳

课堂教学中，师生的思维始终处于向前行进的动态过程中，学生所获信息大都来不及梳理，这就是教师讲得多而学生收获少的重要原因。因此，当堂所学，当堂巩固，是极为重要的。有经验的老师总会在每节课结束前抽三五分钟进行教学小结，这有利于学生及时有效地归纳整理所学知识，促进知识系统化。一旦学生理清了知识脉络，就容易举一反三，实现知识的迁移。

特级教师魏书生从 20 世纪 80 年代初，就引导学生画**语文知识结构图**，他将语文知识大体归为 4 部分 22 项 181 个知识点。如图 8-3 所示。

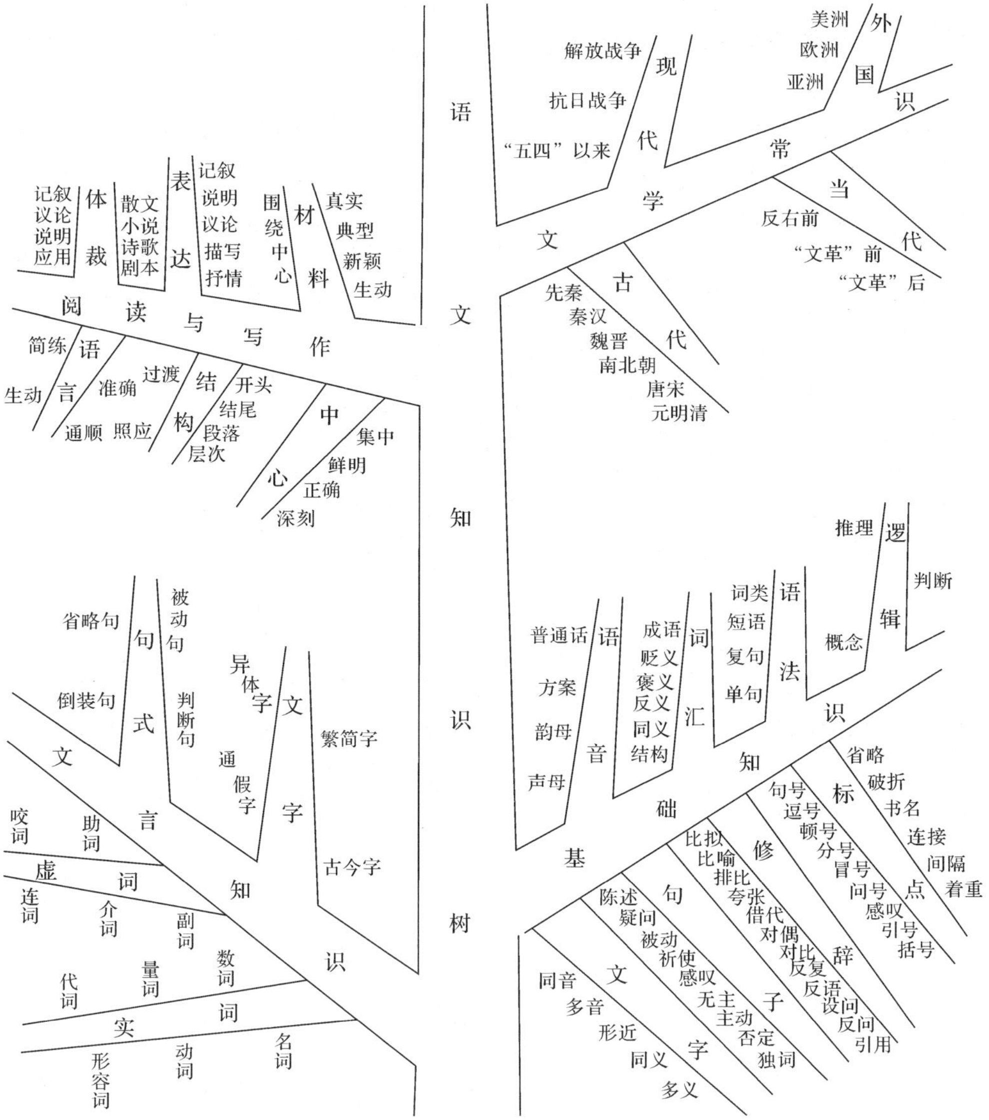

图 8-3　魏书生语文知识树

在课文学习中，每讲一点知识，让学生懂得每次学到的知识处于整体的什么位置，与邻近的知识点有何区别和联系。语文知识树，一改语文知识的庞杂繁芜，着眼于知识点的梳理，有利于学生形成知识结构，是科学有效的。

二、要注意安排学生的活动

苏联的研究表明，下课之前的5～7分钟左右，学生的注意力逐渐趋于衰退，开展适当的活动，能调节大脑，减少疲劳，同时强化知识的理解和技能的巩固，可谓一箭双雕。

魏书生的六步课堂教学法中很重要的两步是“自测”和“自结”，自测是在每堂课学习临结束时，让学生自我根据本课重点，自己或同学互相出题，检测学习效果。自结是快速回顾本课内容，自己在座位上，七嘴八舌总结本课重点。从信息论角度看，这两个步骤都是对本课时所接收信息的及时反馈与强化。及时安排练习不仅是巩固所学知识的积极手段，而且是将知识转化为能力的重要环节。

三、要控制好结束的时间

结束一般应控制在5分钟左右，不可太长，也不可太短。现在的实际情况是老师讲得太多了，以至于结束环节只有一两分钟。不但来不及安排学生复习巩固，连布置作业也很草率，所以讲课时要少讲一点，把临下课前的时间留给学生。

结束：设计要领

本章小结

1.记忆不是一堆材料的集合而是合理的组织。材料愈有组织愈容易保存。

2.艾宾浩斯的遗忘速度曲线表明,遗忘是按先快后慢的顺序。

3.结束技能大致可以分为封闭式结束和开放式结束两类。

4.封闭式结束的类型:归纳式、点睛式、题解式、链索式。

5.开放式结束的类型:畅想式、撞钟式、开拓式、比较式。

6.运用结束技能应注意以下几点:要重视对知识的整理归纳、要注意安排学生活动、要控制好结束的时间。

讨论题:

有位教师教读《孔乙己》,课将结束时,黑板上"孔乙己"三个字赫然在目。

师:孔乙己有脚吗?

生:(愕然)有啊!

师:他在离开我们的时候,是用脚走开的吗?　……

生:(肃然)他是用手慢慢地"走去"的。

师:(一词一顿)课讲完了,孔乙己也离我们而去了,他走了是用脚走开的吗?不!是用手。孔乙己这个备受凌辱、尝尽人间酸甜苦辣的读书人,这个善良忠厚、迂腐困窘的读书人,由于被打致残,频遭冷遇,只好用一双手走了,悲凄地、艰难地走了,走出了读者的视线,也走出了生活的舞台。

讲到这里,教师随手把黑板上"孔乙己"三个字擦掉了,留下一片空白。

你认为这个结束设计得怎么样?给你什么启发?

本章测试

◆ 判断题:

1.艾宾浩斯的遗忘曲线表明遗忘是按先慢后快的顺序。 (　　)

2.结束技能大致可以分为封闭式结束和开放式结束两类。 (　　)

3.封闭式结束的最大好处是设法将学生的眼光引向广阔的生活,启发学生的思索。 (　　)

4.临下课的前几分钟开展适当的活动能调节大脑,减少疲劳,同时强化知识的理解和技能的巩固。 (　　)

5.记忆的材料愈有组织愈容易保存。 (　　)

6.完形学派认为"记忆不是一堆材料的集合,而是合理的组织。材料愈有组

织，愈容易保存”。 （　）

7. 特级教师钱梦龙从 20 世纪 80 年代初就引导学生画语文知识结构图，他们将语文知识大体归为 4 部分 22 项 181 个知识点。 （　）

◆ 简答题：

8. 结束技能的心理依据是什么？

9. 运用结束技能的注意事项有哪些？

10. 艾宾浩斯的遗忘速度曲线对教学有什么启发？

11. 为什么教师讲得多而学生收获少？教师怎样做可以减少这样的消极作用？

推荐书目

1. 蔡伟. 语文课堂教学技能训练[M]. 上海：华东师范大学出版社，2009.

（这本书先是阐述了语文教学技能训练的理论依据、目标、要求和基本策略，接着论述了十六种语文教学基本技能，每章大多从原理、特点、类型、功能、要求、途径、方法等方面来阐述，在疑难或关键之处插入“案例快照”及“一家之言”进行分析论证。）

2. 李冲锋. 教学技能应用指导[M]. 上海：华东师范大学出版社，2010.

（这本书介绍了九种教学技能：导入、讲解、倾听、提问、指导、对话、板书、结课、信息技术运用。每项技能都安排了以下环节：案例展示、技能概说、技能分解、应用须知、实战演练、拓展阅读。该书体例新颖，实用性强。）

3. 张学凯，刘丽丽等. 语文课程教师专业技能训练[M]. 北京：北京大学出版社，2017.

（这本书选择语文教师应该具备的专业技能，编为十一章。每章的内容大体上包括对相关技能的理解与认识、技能实施的原则、案例研讨、技能评价等内容。案例研讨多选择名师案例和全国各省市的教学大赛获奖案例，分析典型案例，渗透各项技能之要。）

第九章　板书技能

学习要求

充分认识板书的作用；知道板书的原则；熟悉板书技能的类型，并能评判和设计出符合教学目标的板书；了解板书技能设计的要领。

什么叫板书技能？板书技能有什么作用呢？请看下面这个案例。

第一节　板书技能的概念及作用

一、案例引入

《雷雨》是曹禺先生的经典话剧作品，深受读者喜爱，也一直入选中学课本，虽然只写了两家八个人，但却有极为错综复杂的人物关系，既有正常的关系，如父子、母子关系、父女、母女关系、主仆关系、阶级关系，也有非正常关系，如情人关系、乱伦关系等，构成了三组三角关系。理不清这些人物关系，就无法开展剧本的学习（如图 9-1 所示）。

图 9-1　《雷雨》中的人物

那么怎么让学生快速弄清这些关系呢？我们来比较下边的三个板书设计（如图 9-2、9-3、9-4 所示）。

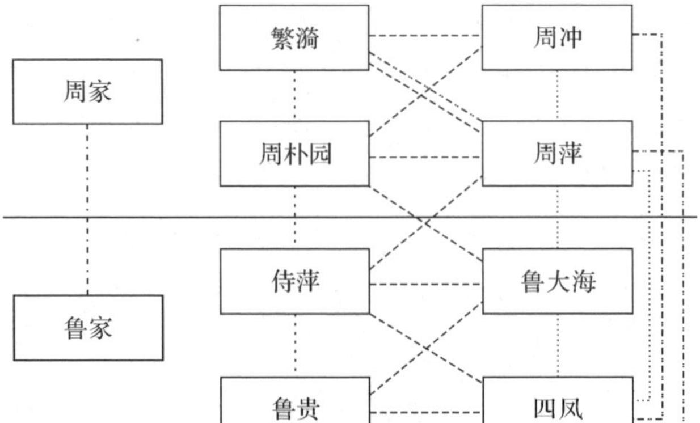

图 9-2　《雷雨》人物关系板书之一

第一组板书用方框图标示了家庭成员之间的关系。

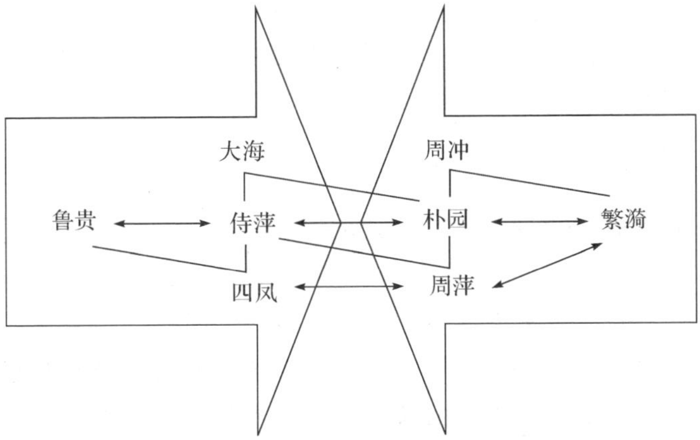

图 9-3 《雷雨》人物关系板书之二

第二组板书以两个相对的箭头标示了两家的矛盾和其内部成员之间的恩怨关系。

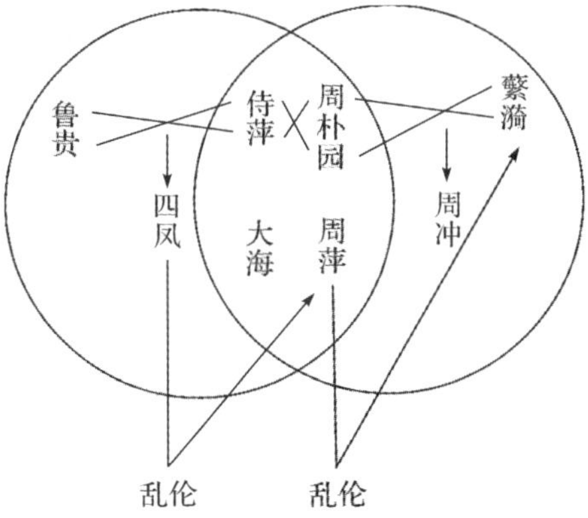

图 9-4 《雷雨》人物关系板书之三

第三组板书充分发挥圆形的封闭优势，把周朴园、侍萍、周萍、鲁大海四人的血缘关系非常直观地呈现出来。

板书：案例展示

二、技能概说

什么是板书设计呢？

板书设计是教师上课前制订的、在黑板上书写的计划。包括内容和形式两个方面的设计，它运用教学直观性原理，根据教学目的、教学内容、教学对象的不同精心构思，以精要、形象、醒目、简洁的文字或图形显示在黑板上，帮助学生更好地理解教学内容。它是教师在教学过程中必要的教学手段之一。作为一个老师一定要重视板书技能。教师是否重视和讲究板书，能否凭借最优化的板书进行教学，效果迥然不同。

三、板书技能的作用

1. 体现教学思路，突出学习重点

教师备课必须有明确的意图，有清晰的思路，这样才能**突出教学重点**。而如何体现意图、突出重点？除了师生双方的口头交流以外，还必须借助板书使学生通过听讲解、记笔记接收老师所讲的重点内容。如老师讲《促织》的板书设计。从图中我们可以清楚地看出该文的情节结构体现了一波三折、曲折生动的特点。如图 9-5 所示。

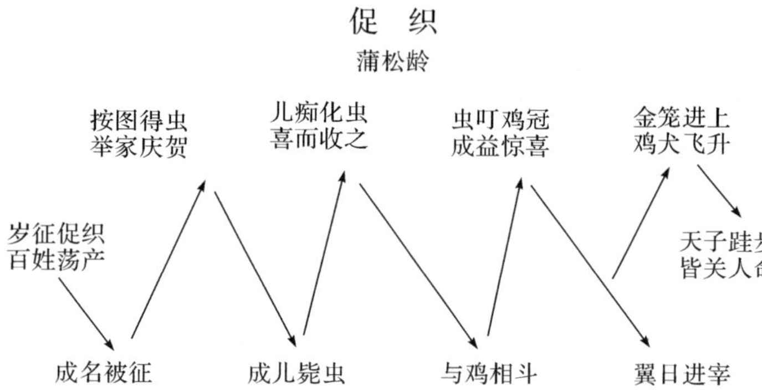

图 9-5 《促织》的板书设计

2. 深化课文内容，增强学习效果

好的板书通过对课文的准确归纳，不但能反映课文的原貌，还能揭示文章的内涵，深化课文内容。如《驿路梨花》板书，大家看到，它不但有助于学生对课文的理解，而且还帮助学生理清线索。如图 9-6 所示。

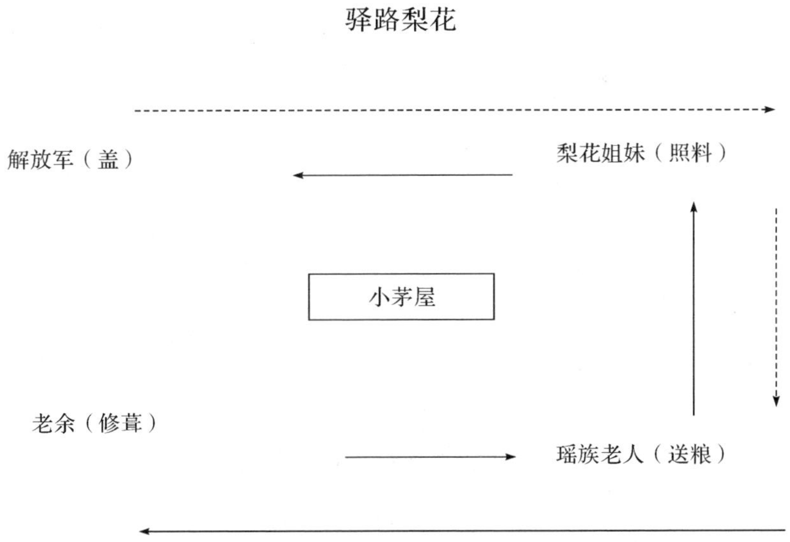

图 9-6　《驿路梨花》的板书设计

3. 表达形象直观，有利学生记忆

板书教学是一种直观教学，好的板书设计能够通过文字、符号、图像及艺术化的排列处理，使抽象的概念具体化，使课文的内容非常清晰地出现在黑板上，给学生留下深刻印象(如图 9-7 所示)。

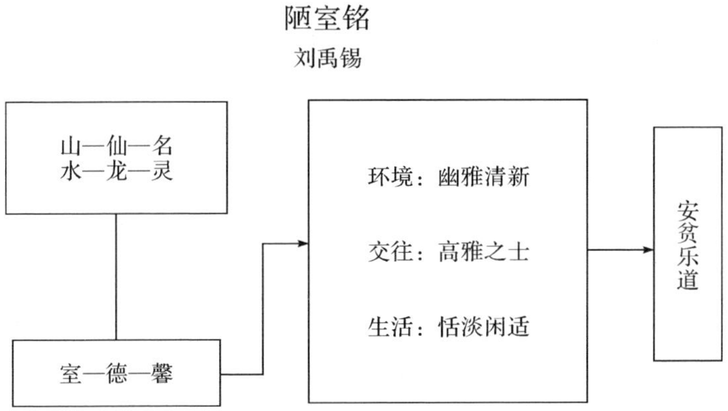

图 9-7　《陋室铭》的板书设计

再来看《硕鼠》的板书设计。如图 9-8 所示。

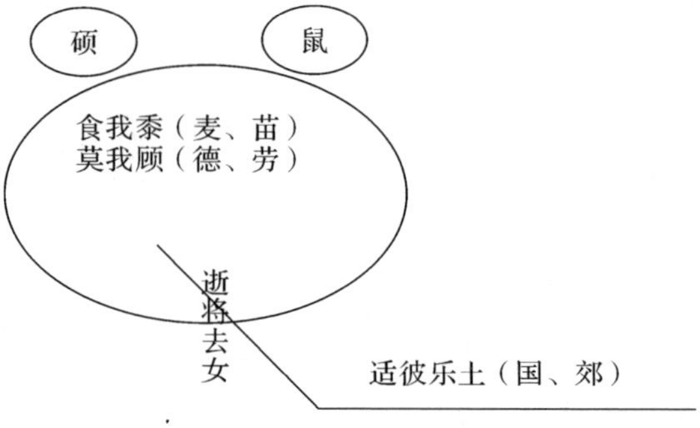

图 9-8 《硕鼠》的板书设计

这是一个小老鼠造型。教师巧妙地把关键词写上了。这其实就是给学生提供了背诵的思路。参见课文：

硕　　鼠

《诗经》

硕鼠硕鼠，无食我黍！三岁贯女，莫我肯顾。逝将去女，适彼乐土。乐土乐土，爰得我所。

硕鼠硕鼠，无食我麦！三岁贯女，莫我肯德。逝将去女，适彼乐国。乐国乐国，爰得我直。

硕鼠硕鼠，无食我苗！三岁贯女，莫我肯劳。逝将去女，适彼乐郊。乐郊乐郊，谁之永号？

第二节　板书技能的原则

一、突出重点

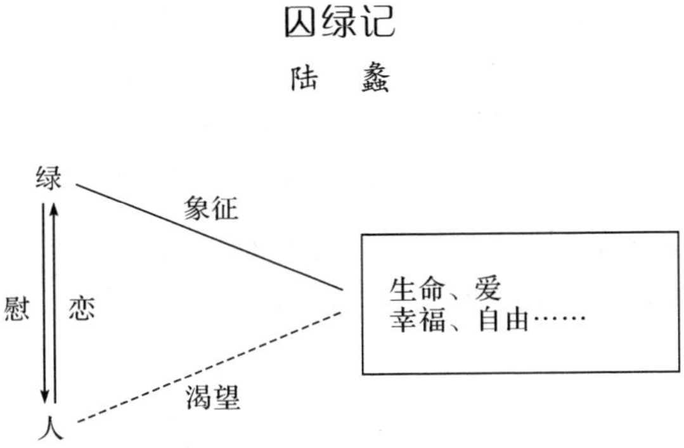

图 9-9　《囚绿记》的板书设计

看到这个板书，首先就会被这几个字吸引，“生命、爱、幸福、自由”展现了本文的主题。而这些又是通过人恋绿，绿慰人来体现的。

二、简洁清爽

如图 9-10，这个板书用圆形图把祸、福之间的关系形象地展示了出来。

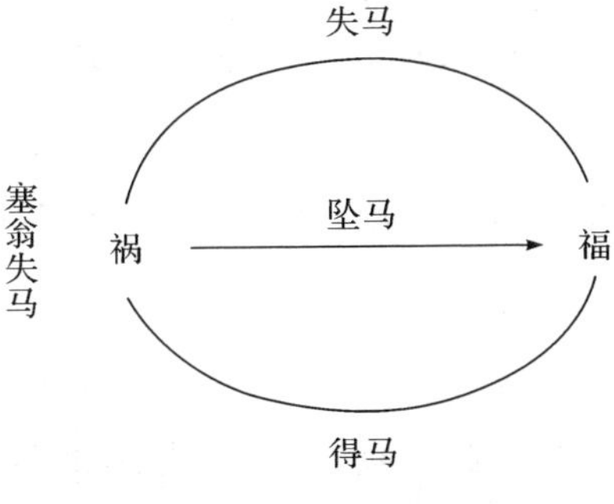

图 9-10　《塞翁失马》的板书设计

如图 9-11，这个板书以钱为中心，把菲利普夫妇对亲弟弟于勒前后态度的变化形象地展示了出来。

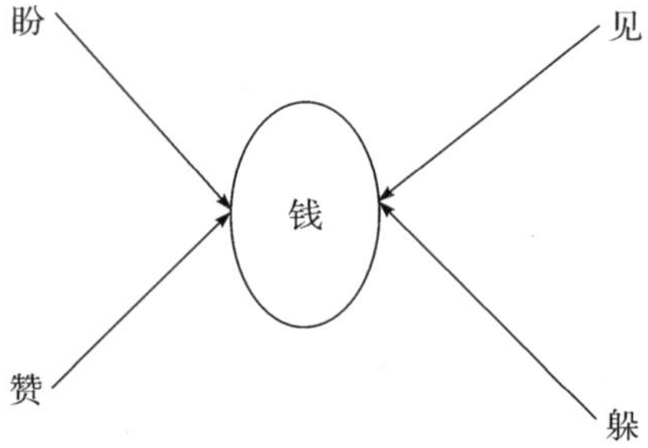

图 9-11 《我的叔叔于勒》的板书设计

如图 9-12，这是特级老师魏书生的板书设计，极其简要的线条对奥楚蔑洛夫变化无常的行为做了精要的诠释，所有的“变”正是为了维护一个永恒的主题：媚上欺下。

板书：技能概说

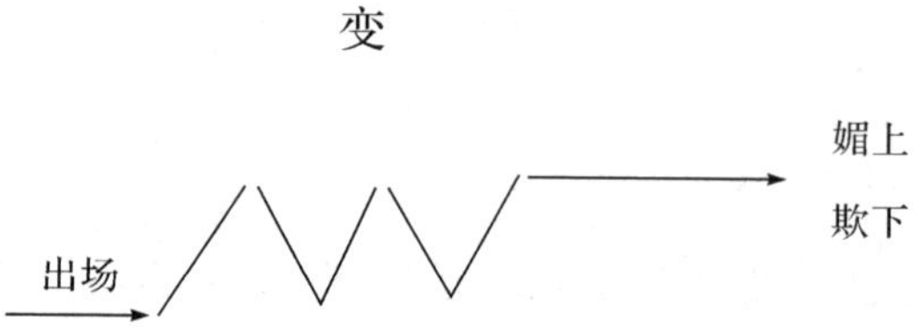

图 9-12 《变色龙》的板书设计

上面这三个板书设计用字都非常少。好的板书就是要这样。字数越少越是能给人以深刻的印象，留存更多的记忆。

想一想：

回顾一下本章开头《雷雨》的板书设计，结合本节所学，你更喜欢哪一个呢？你觉得哪一个更好？在你以后的教学中准备怎样简化你的板书？

第三节 板书技能的类型

板书技能大致可以分为两类：

按板书的内容分类：情节式、重点式、线索式、结构式、对比式、综合式等。

按板书的形式分类：词语式、图解式、表格式、综合式等。

一、按内容分类

1. 情节式

这是以显示文学作品情节为主的板书，这种板书适用于分析作品的情节，能帮助学生很快掌握故事情节，理解课文内容。

祝　　福

鲁迅

序幕	写祝福景象
结局	祥林嫂寂然死去
开端	祥林嫂初到鲁镇
发展	祥林嫂被卖改嫁
高潮	祥林嫂再到鲁镇
尾声	再写祝福景象
倒叙手法	

图 9-13　《祝福》的板书设计

如图 9-13，这个板书设计就把《祝福》的情节结构、祥林嫂的悲苦命运清楚地揭示了出来。

2. 重点式

这是为突出某一教学重点或某一难点而设计的板书。目的在于加深学生印象，理解教学内容。如《故乡》中闰土从一个小英雄变为一个木偶人的板书设计，如图 9-14 所示。

故　乡

鲁迅

	少年	闰土	中年
外貌：	紫色的圆脸 头戴小毡帽 红活圆实的手		灰黄、深皱纹 破毡帽、粗、笨、 开裂、像松树皮
神情：	很怕羞 很高兴（无忧虑） 讲话滔滔不绝		欢喜而凄凉 只是摇头 恭敬，叫“老爷”
印象：	小英雄		木偶人
变化原因：	多子、饥荒、苛税、兵、匪、官、绅		

图 9-14　《故乡》的板书设计

在这个板书中，左边是少年的闰土，右边是中年的闰土，教师从外貌、神情、印象等方面进行了比较，列出了变化的具体原因。这个板书设计就很容易让学生把握住课文的重点。

再来看《爱莲说》板书设计，如图 9-15 所示。

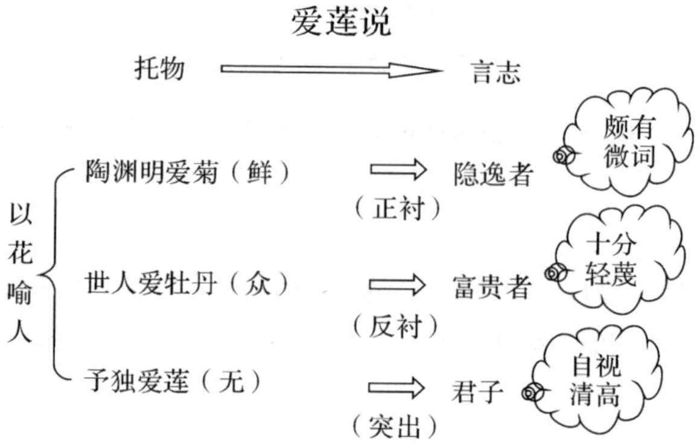

图 9-15　《爱莲说》的板书设计

在这个板书中，教师将全文的写作艺术手法做了形象的展示，作者以正衬手法写陶渊明爱菊，以反衬手法写世人爱牡丹，从而托物言志，写出自己独爱莲的品性，表明了志趣。

3. 线索式

即抓住显示文章结构线索的关键词语，简要概括出行文的结构线索，使学生很快地掌握文章全貌。如《荔枝蜜》，如图 9-16 所示。

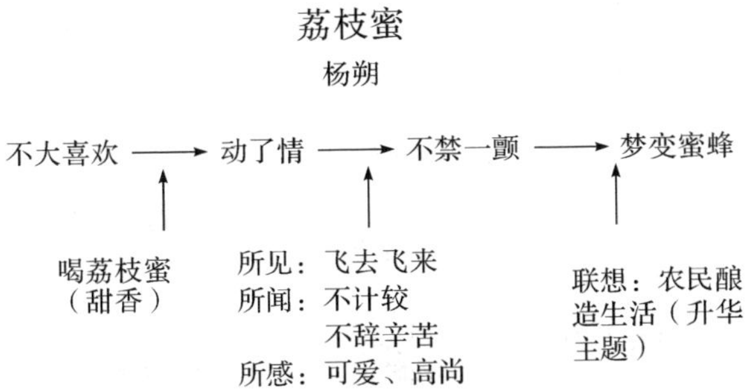

图 9-16　《荔枝蜜》的板书设计

这个板书设计把作者的情感变化过程清楚地展现了出来，给人极深的印象。

4. 结构式

这是专门显示文章结构形式的板书，它往往采用文字和图形相结合的手段，形象地显示文章的结构特点。如《谁是最可爱的人》，如图 9-17。

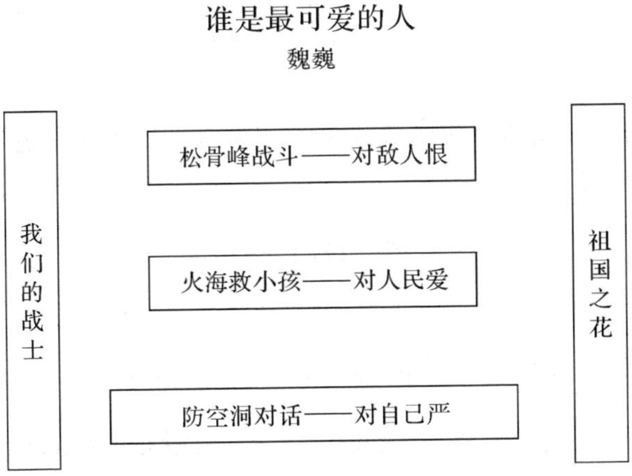

图 9-17　《谁是最可爱的人》的板书设计

这个板书很清楚地把文章的框架结构列了出来。

5. 对比式

有些课文内容对比强烈，采用这种形式就能突出其对比效果，使学生理解对比的作用。如《捕蛇者说》，如图 9-18 所示。

捕蛇者说

柳宗元

对比角度	乡邻赋敛之苦	蒋氏捕蛇之“乐”
一、生存情况	死者相藉，十室九空	以捕蛇独存
二、生活状况	饥渴顿踣，呼而转徙	弛然而卧 熙熙而乐
三、危险次数	旦旦有是	一岁之犯死者二
四、死亡先后	先	后

主题：“赋敛之毒有甚于是蛇”

图 9-18 《捕蛇者说》的板书设计

这个板书设计从生存情况、生活状况、危险次数和死亡先后等四个方面对乡邻和蒋氏进行对比，得出了“赋敛之毒有甚于是蛇”的主题。醒目突出。

6. 综合式(内容)

内容的综合式是指将紧密关联的多方面内容设计在同一板书上，如《触龙说赵太后》的板书设计，如图 9-19。

触龙说赵太后

触龙	太后	评点
愿见太后	盛气而揖之	僵持不下
↓问饮食住行	↓色少解	嘘寒问暖，打破僵局
↓论王位承袭	↓笑曰	爱子之情，引起共鸣
↓议长安君质于齐	↓曰：“然”	旁敲侧击，心悦诚服
	↓曰：“诺……”	单刀直入，怒气全无

图 9-19 《触龙说赵太后》的板书设计

这个板书设计巧妙地把触龙、赵太后、评点等多方面内容融合在一起。

二、按形式来分类

1. 词语式

词语式板书是以课文中关键性词语为主组成的板书，如《荷塘月色》的板书，如图 9-20 所示。这种板书有助于学生抓住课文的重要词语来理解课文，对丰富学生的词汇量，提高其表达能力很有帮助。

荷塘月色

朱自清

一、缘由：颇不宁静、忽然想起荷塘

二、1. 荷塘：

荷叶　亭亭（美）　田田（多）　零星点缀、白（色）

荷花　如明珠、如星星（光）　袅娜、羞涩（态）

荷香　缕缕—仿佛歌声　动态美　像闪电（快）

荷波　凝碧（色）

2. 月色：

流水　脉脉（态）　静态美

月光　如流水—流动　泻—轻柔

月色　青雾浮、轻纱的梦　光和影的和谐

树　重重、阴阴（沉郁）

3. 四周：

远山　隐隐约约

灯光　没精打采（月色迷离）

蝉鸣、蛙叫

三、联想：江南采莲——渴望自由

图 9-20　《荷塘月色》的板书设计

2. 图解式

为了显示某些内容的逻辑关系或者情节的发展顺序，采用图解式板书能更形象、更直观地反映教学内容。如《皇帝的新装》，如图 9-21 所示。

皇帝的新装

安徒生

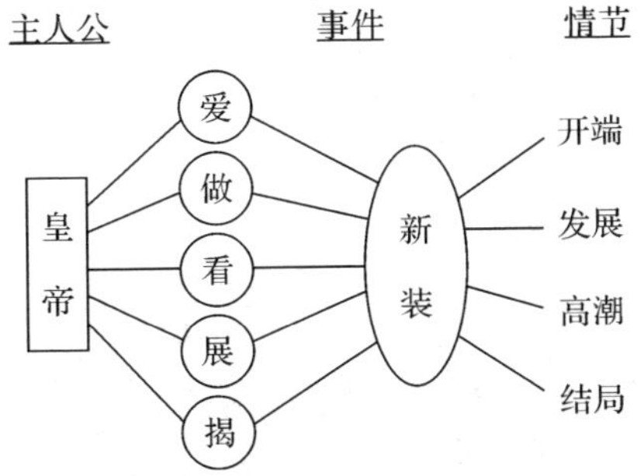

图 9-21　《皇帝的新装》的板书设计

这个板书设计中以爱新装、做新装、看新装、展新装、揭新装为事件，分别对应了记叙文的情节结构：开端、发展、高潮、结局。

3. 表格式

就是把有关内容统一列为表格。这种板书的优点是类目清楚，排列有序。适用于说明文教学。如《眼睛与仿生学》，如图 9-22 所示。

眼睛与仿生学

类别	引入的方式	功能的说明
人眼	照相机——同中求异	异{进行信息加工；对比周围景物}
鹰眼	人眼遇到的难题	视野广阔
蛙眼	看科教片——机能优异	优异{正{明察秋毫；视而不见}；侧：生存二百万年}

图 9-22 《眼睛与仿生学》的板书设计

4. 综合式

还可以指形式上的综合，比如《祝福》的板书设计，如图 9-23 所示，就采用了图片与文字表述相结合的方法。

祝　福 鲁迅

初到鲁家

1. “她是春天没了丈夫的”

2. 新年才过，被劫到贺家坳

两年以后

3. “春天快完了，村上倒反来了狼”——失去儿子

4. “祝福”爆竹声中（春天快到了）——死在雪地中

图 9-23 《祝福》的板书设计

板书：技能讲解

第四节　精美板书设计欣赏

一、经典课文的板书设计

1.《驿路梨花》

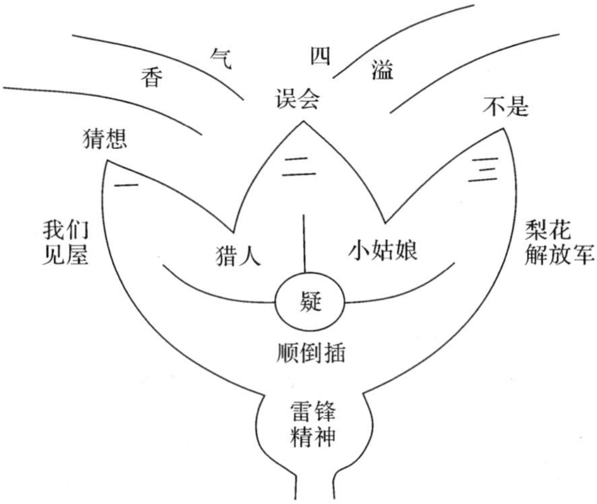

图 9-24　《驿路梨花》的板书设计

如图 9-24，这个板书设计极为精美，呈花朵形状，中间是文章的行文顺序：我们进屋，猜想主人是猎人，而后来猎人告诉我们主人是小姑娘，小姑娘又告诉我们主人其实是梨花姐姐，由梨花又引出了真正的主人是解放军，在寻找小屋主人时，围绕一个“疑”字开展，文章通过顺序、倒叙和插叙的手法，表现了雷锋精神代代相传的主题，很好地呼应了课文题目“驿路梨花”。

2.《我的叔叔于勒》

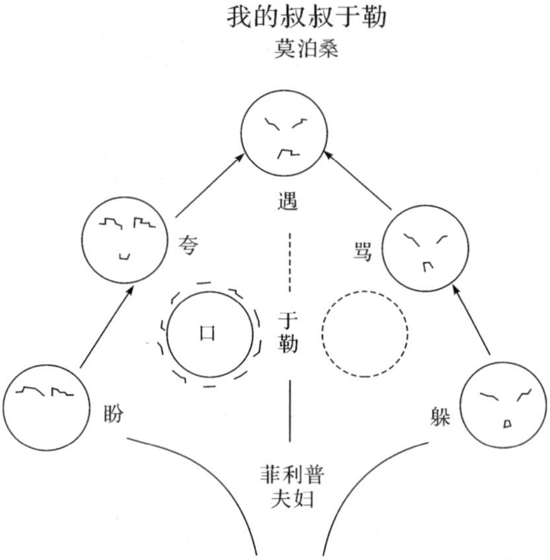

图 9-25 《我的叔叔于勒》的板书设计

如图 9-25，左边是盼、夸，表情积极上扬，原因是孔方兄作怪，右边是骂、躲，避之唯恐不及，原因是钱袋空空。这个板书形象地揭示了菲利普夫妇认钱不认人的实质。

3.《周总理，你在哪里》

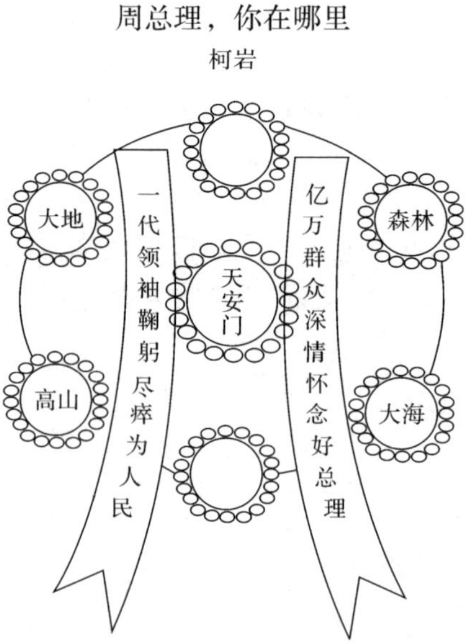

图 9-26 《周总理，你在哪里》的板书设计

如图 9-26，这个板书按照诗歌的写作顺序，从我们对着高山、大地、森林、大海呼喊等表现了人民对总理的怀念，并以独特的挽联形式来表达，颇有创意。

4.《白杨礼赞》

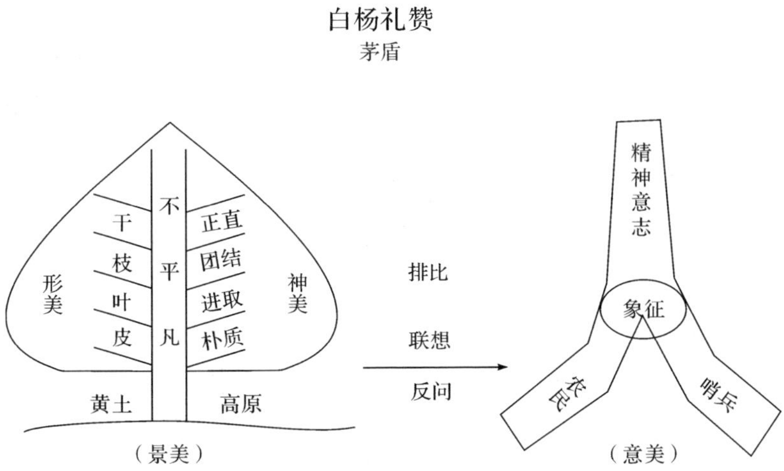

图 9-27　《白杨礼赞》的板书设计

如图 9-27，这个板书形象地展示了茅盾以物喻人的主题，画面精美，让人叹为观止。

二、学生优秀作品

1.《我的四季》

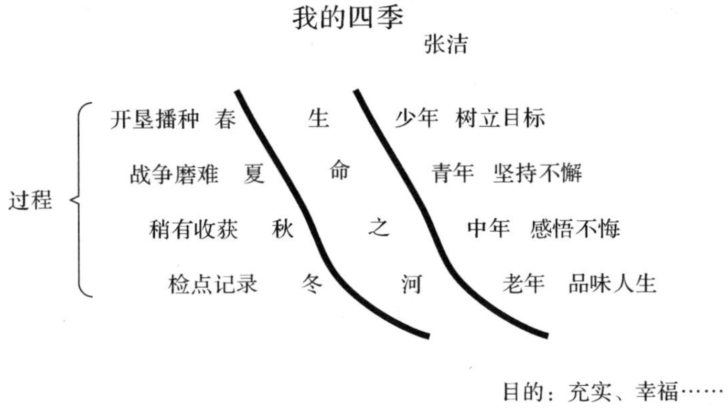

图 9-28　《我的四季》的板书设计

如图 9-28，这是学生作业的展示，对《我的四季》进行了设计，板书主体以河流的形式暗喻了生命的少年、青年、中年、老年。

2.《济南的冬天》

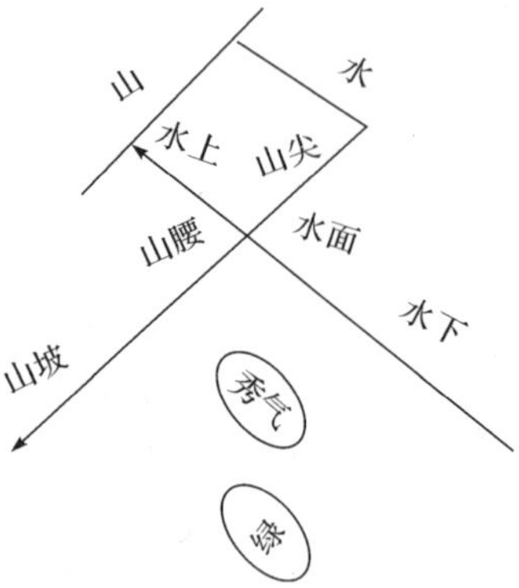

图 9-29 《济南的冬天》的教学设计

如图 9-29，这是徐燕芳同学设计的《济南的冬天》的板书，本课学习重点是景物描写的顺序和修辞手法。

从板书上可以看出，在写山时老舍先生是按照山尖、山腰、山坡的顺序由上到下写，写水时是按照水下、水面、水上的顺序由下到上写。更妙的是最后自动组合为一个"冬"字，恰好呼应题目"济南的冬天"，而济南冬天的特色"秀气""绿"，又正好作为"冬"字的两点。妙不可言。

三、孙永河老师的专栏

孙永河老师在板书设计上独树一帜，取得了很大的成果。在此，选择一些欣赏。

1.《死海不死》

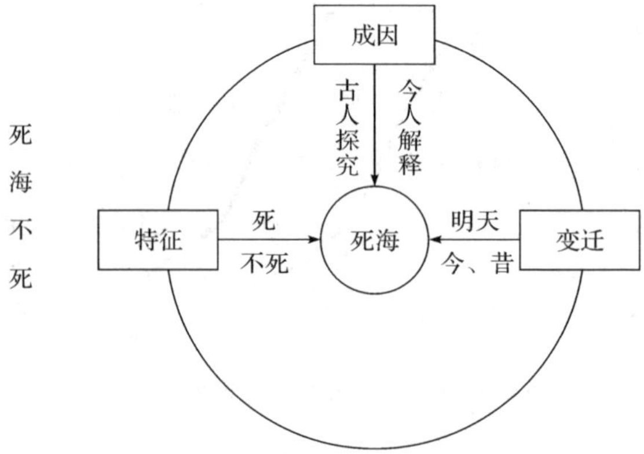

图 9-30 《死海不死》的板书设计

如图 9-30，简洁清爽。板书突出课文的三方面：特征、成因、变迁。

2.《孔乙己》

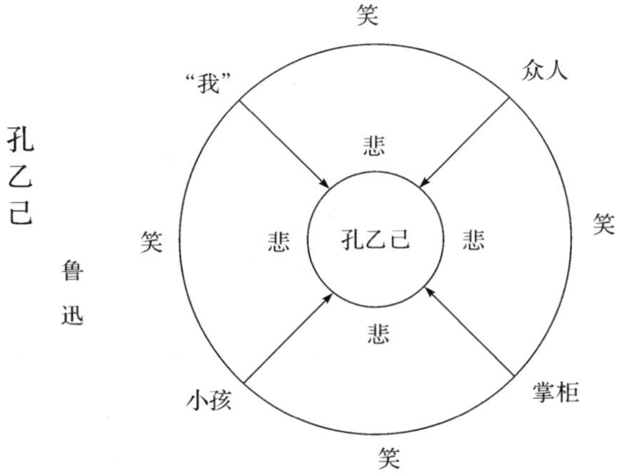

图 9-31 《孔乙己》的板书设计

图 9-31，这个板书设计把孔乙己置于中心，众人、掌柜、小孩，就连身为酒保的“我”都在嘲笑这个苦人，凸显了孔乙己悲剧命运的本质。

3.《枣核》

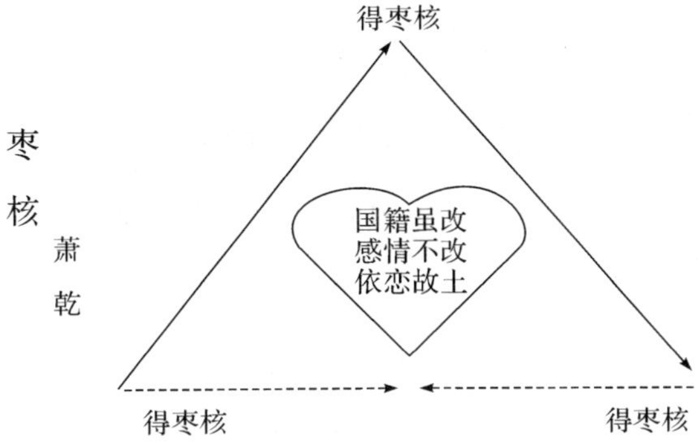

图 9-32 《枣核》的板书设计

如图 9-32，这个板书醒目的是心形图，体现了作者借枣核表达的爱国之心。

4.《卖蟹》

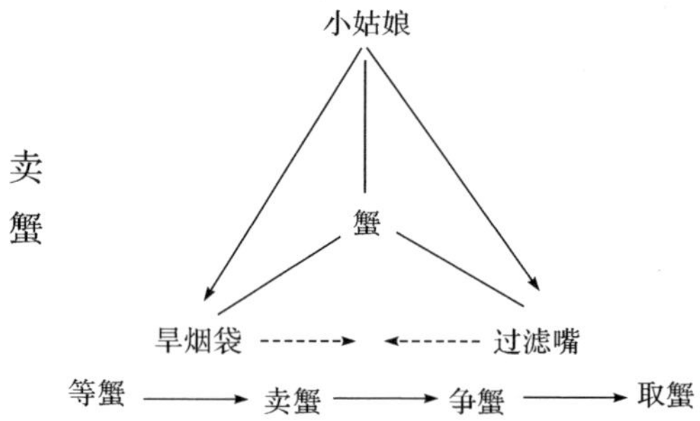

图 9-33 《卖蟹》的板书设计

如图 9-33，这个板书以一个大大的“蟹”字为中心，展示了围绕螃蟹而进行的过滤嘴、旱烟袋和小姑娘之间的故事。

5.《伤仲永》

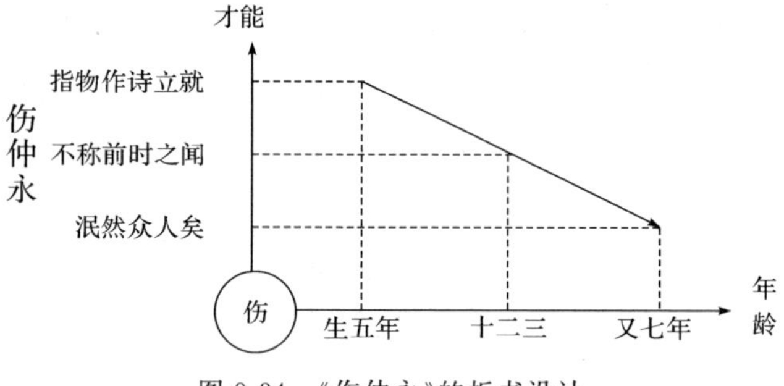

图 9-34 《伤仲永》的板书设计

如图 9-34，这个板书设计以坐标图的方式，展现了仲永才能的下降趋势。一个“伤”字格外醒目。

6.《愚公移山》

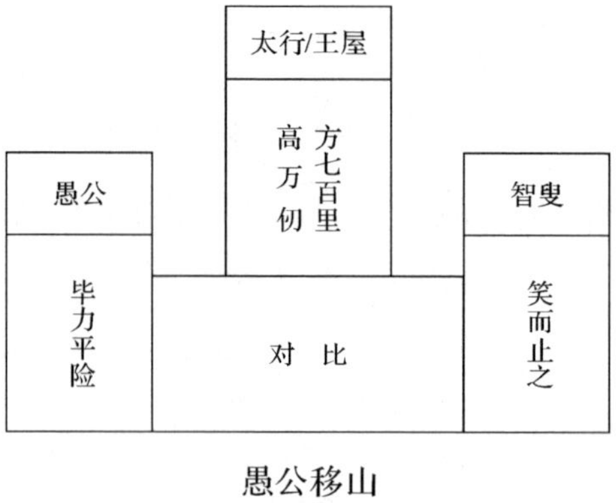

图 9-35 《愚公移山》的板书设计

再来看《愚公移山》的板书设计，如图 9-35，教师巧妙地借一个大大的“山”字将愚公和智叟进行了对比。

7.《灯》

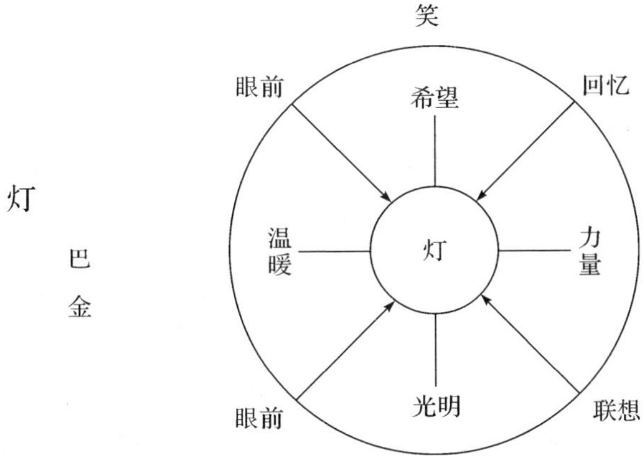

图 9-36　《灯》的板书设计

如图 9-36，这个板书设计围绕“灯”设计，眼前灯、回忆灯、联想灯等巧妙地结合起来，表现了散文“形散神不散”的特点。

8.《林教头风雪山神庙》

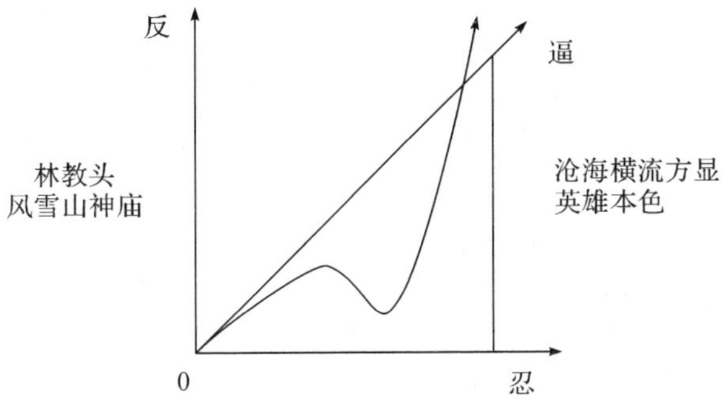

图 9-37　《林教头风雪山神庙》的板书设计

如图 9-37，这是《林教头风雪山神庙》的板书设计，教师用坐标图的方式，展现了林冲被逼上梁山的故事。

由以上作品可以看出，好的板书设计不是对课文内容的简单重复，它是教师的创造性劳动。一个好的板书设计固然不等于一堂精彩的语文课，但成功的语文教学绝不可以没有出色的板书。

板书赏析

第五节　板书技能的设计要领

一、边讲边写

板书设计应该与课文讲解是完全一致的，老师在讲的时候应该是一边讲一边写，讲写结合。切忌上课前先将板书写在黑板上，或者讲完后集中补写板书。

二、切忌繁琐

有的老师板书过多，写了一板又一板。板书字数过多，会冲淡教学重点。在板书设计中坚持一个原则："简就是多。"

三、重点醒目

可以用不同颜色的粉笔或者线条、符号等标注重点，这样既醒目又重点突出，可以起到一举两得的功效。

板书：设计要领

本章小结

1. 板书技能的作用：体现教学思路，突出学习重点；深化课文内容，增强学习效果；表达形象直观，有利学生记忆。

2. 板书技能的原则：突出重点、简洁清爽。

3. 板书技能的类型：按内容分类：情节式、重点式、线索式、结构式、对比式、综合式等；按形式分类：词语式、图解式、表格式、综合式等。

4. 板书技能的设计要领：边讲边写、切忌繁琐、重点醒目。

讨论题：

一位老师在设计《东郭先生和狼》的板书时，开始是这样设计的：

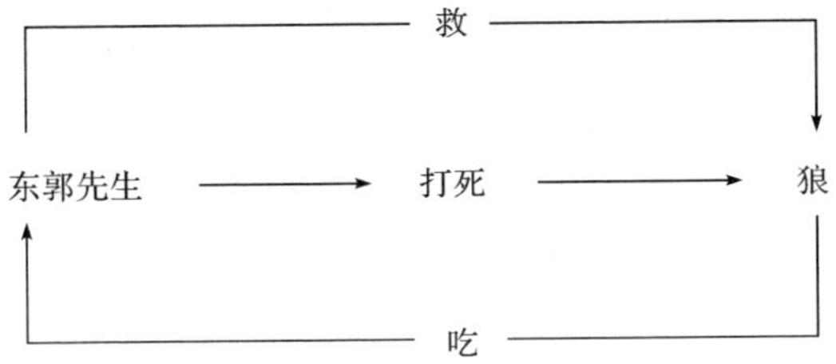

后来改成这样：

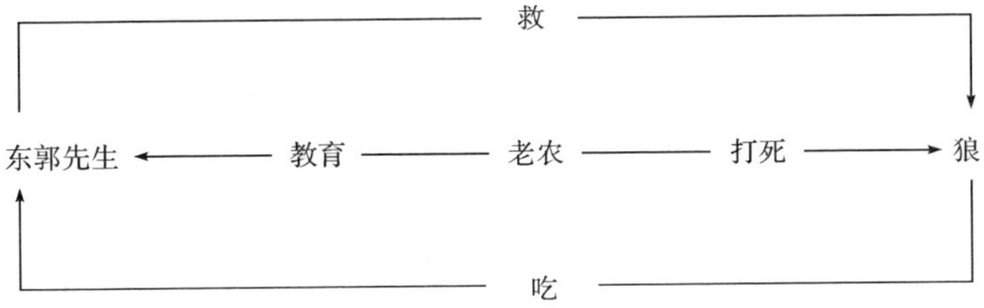

你认为这位老师为什么做这样的修改？给你什么启发？

本章测试

◆ 判断题：

1. 借助板书，学生可以明确并接收老师所讲的重点内容。（　　）

2. 教师板书要多写以方便学生抄记。（　　）

3. 板书字越少，越能给人以深刻的印象，留存更多的记忆。（　　）

4. 板书大致可以分为两类：按内容划分和按形式划分。（　　）

5. 板书设计应该与课文讲解大体一致的。（　　）

◆ 简答题：

6. 板书技能设计的要领是什么？

7. 请任选一篇课文，设计美观的板书，同时注明教学目的。

推荐书目

1. 王松泉. 板书学[M]. 上海：上海交通大学出版社，1995.

（本书以教学过程中的板书现象为研究客体，以板书教学和板书设计的规律为研究对象，揭示了教学板书的本质，为利用板书图示提高教学质量和教学效率提供了理论依据和科学方法。

全书共分三篇。第一篇“板书学科论”综合论述了板书学的性质、任务、对象和前景等；第二篇“板书教学论”论述了板书教学的原理、作用、方法和手段；第三篇“板书设计论”论述了板书设计的原则、方法、类型和步骤。）

2. 刘显国. 板书艺术[M]. 北京：中国林业出版社，2003.

（这本书对板书理论进行了全面透彻的分析。全书共八章，包括：绪论、作用、原则、美学要素、方法、形式、副板书、技巧等。书后的附录——板书评价包括数学、语文、自然、史地共120幅。这些板书设计大都脱出俗套、新颖醒目，结构奇巧，表现出匠心独运的功夫，每幅板书后都有精彩的评析。）

第十章　说课技能

学习要求

了解说课产生的背景、概念、价值；能够区分说课与讲课；掌握说课的六要素；能够用新课程标准评判说课稿的得失；能够独立完成一篇课文的说课稿；掌握说课设计的要领。

第一节　说课概念和价值

一、问题引入

什么叫"说课"？这个概念是怎么产生的？说课与讲课(上课)一样吗？

二、产生背景

"说课"这个词是怎么产生的？1987年6月底，河南新乡市红旗区教研室在评"教坛新秀"时，采取了"重点听听他们的教学设计"的办法，听后大家一致认为是一个好办法，既省时高效又简便易行，而且能够比较全面地评出教师的业务素质、知识水平和教学能力。联想到导演的"说戏"，于是就为这一个教学活动起了一个新名词叫"说课"，从此这种教研活动方式就在全国流行了起来。

三、说课的概念

说课，简单说来，就是老师介绍自己怎样完成教学任务，达到教学目的。它不是备课，也不是讲课，它是在教师备课以后进行的集体教研活动。

准确来说，说课是指教师在规定的时间内（通常为 15～20 分钟）针对某一特定的教学内容向同行、专家系统阐述自己对教材的理解、教法、学法的分析、教学过程的设计以及相关理论依据等内容的一种教研活动形式。

在这个概念中，有几个关键因素。

1. 时间仅为 15～20 分钟。

2. "说"——阐释的形式。

3. 要阐释整个教学设计的理论依据。

4. 面对的是同行或者专家。

5. 是一种教研活动。

近二三十年来，各地区、各学校，无论开展教学大赛还是招聘新老师，无论是选择教坛新秀还是评选特级教师，几乎都离不开"说课"。这是由它自身独特的价值所决定的。

四、说课的价值

1. 说课可以反映一个人语文教学方面的综合素质。

虽然说课远比讲课所用的时间少，但是却可以了解到更多内容。既可以看出说课者的教学思想，也可以看出其专业知识，还可以看出其教学能力。

2. 说课可以促进老师由经验型向专家型教师转变。

讲课的思维过程是隐性的，讲课时，选择什么样的教学方法，怎样安排教学过程，很多老师都是凭经验决定的，至于为什么选择这种方法，这种教学过程是否科学，理论依据是什么，并不太清楚。而说课时，教师设计的思想过程是显性的，不仅要向同行说出教学内容的具体安排，还要重点讲清"为什么这样教"的理论依据（包括《课标》依据、教育学、心理学依据以及教改新思想、新理念依据等等），要做到既知其然，又能知其所以然。通过说课，可以促使老师们积极学习先进的教育理论知识，从而实现本质性转变。

第二节　说课与讲课的区别

说课与讲课不同，如表 10-1 所示。

表 10-1　说课与讲课的不同

	讲课	说课
目的不同	让学生学会	让听者明白教学设计及流程的依据
内容不同	怎么教	为什么要这样教
对象不同	学生	同行、专家、评委
方法不同	教师与学生的双边活动 谈话、谈论、讲解等	教师单方面活动 说明、介绍
时间不同	45 分钟	15～20 分钟

下面，通过这个案例来比较说课和讲课的不同。

同样是教学《沁园春·长沙》这一课。

案例 10-1：《沁园春·长沙》

甲：同学们，大家刚刚结束了七天的军训，一定有许多感慨。在军训期间，你们学会了吃苦耐劳，学会了克服困难，坚持到底，用自己的实际行动为青春作了最好的证明。我看到你们纷纷拿起笔来，写下了自己青春的感言，记录下军训中的种种感受。是的，你们不仅接受了成长道路上的一次特殊的洗礼，也吟诵了自己的青春。今天我们回到课堂上，看一看老一辈革命家又是怎样吟诵自己的青春的。

乙：俗话说得好，"万事开头难，良好的开端是成功的一半。"那么我们该如何进入《沁园春·长沙》一课的学习呢？我的设想是先搞个调查，了解学生对诗歌喜爱的程度，进而以诗歌有"文学之母""语言的钻石"之类的说法，激发学生对诗歌的热爱之情。我认为如此导入新课，一是拉近了与学生的情感距离，促进对学生的了解。二能营造诗意的课堂氛围，集中学生的注意力。三是可以激发学生对学习内容的浓厚兴趣。

（蔡伟．语文课堂教学技能训练[M]．上海：华东师范大学出版社，2009．）

可以很清楚地判断出：甲老师是讲课，乙老师是说课。这从两位老师的课堂用语，就可以清楚地看出。

首先，甲老师大量地采用第二人称“你们”“大家”，偶尔用“我们”来拉近与学生的距离。其次，甲老师讲课的目的，就是把学生的情感与思绪引入到文本的解读中。

说课：技能概说

而乙老师则不同，虽然叙述人称仍然是第一人称，但是由于陈述的对象不是学生，而是评委，因此整个说课的过程中没有出现第二人称“你们”。而且，乙老师不但说明了自己将在课堂教学中如何导入，而且说明了为什么要这样导入，以及这样导入的作用是什么，等等。

第三节　说课的内容

一般来说，说课要求“六说”，即说理念、说教材、说目标、说学情、说方法、说过程。

一、说理念

教学理念，通俗地说就是教学思想，它是教师研究和实施课堂教学时所依据的基本理论和行为准则。说课先说教学理念应当成为一种规范。因为教学的一切活动都是在一定的理念指导下开展的，在说课活动中先说明自己所持的理念，对于后面教学环节的安排是有力的支撑，同时也便于听者更好更快地了解课堂教学设计意图。

案例 10-2：《江南的冬景》

我将在钱梦龙老师的“三主”教学理念的指导下开展我的教学：以学生为主体，突出学生的自主性学习；以教师为主导，突出学生在教师的指导下进行学习；以训练为主线，突出学生在训练中进行巩固性学习。

(https://wenku.baidu.com/view/0b0b72aa30b765ce0508763231126edb6f1 a76bc.html)

点评：

这个说课开宗明义，先说明自己的教学理念，令人印象深刻。

二、说教材

说教材一般要说清文本在教材中的地位、文本的特点和作用等方面内容。

案例 10-3

《陈情表》是人教版高中语文必修第五册第二单元的一篇课文。本单元主要学习古代抒情散文，虽然本单元所选课文时代不同，文体不一，抒发的情感也各有不同，但都是古人真情实感的自然流露，至今读来仍感人肺腑。

本课是蜀国遗臣李密写给晋武帝的一篇奏表，感情真挚，动人心弦，读罢令人唏嘘不已，为千古孝道第一文。

本文的学习可以让学生开阔视野，陶冶情操，提升学生的文化修养，也为今后鉴赏抒情散文打下基础。

（韩海英.《陈情表》说课案例[J].中学语文教学参考，2016(9).）

点评：这个案例里，老师首先对《陈情表》课文在教材中的地位做了详细的说明，其次对本文的特点简单作了介绍，最后又介绍了学习本文的作用。

三、说目标

科学确定教学目标，是教学的首要环节。说教学目标，不但要说明所确定的教学目标是什么，还应该进一步说明为什么要确定这样的目标，这样的目标是否符合新课标关于三个维度的标准，是否兼顾了工具性和人文性两个方面。

案例 10-4

示例：在师生共同参与、讨论的基础上，确定如下学习目标：

知识与能力

1. 积累好词佳句，感受文章情感；
2. 理清文章结构，体悟文章主题。

过程与方法

3. 借助多媒体，创设优良的教学环境；
4. 通过比较阅读，升华文章主题。

情感态度与价值观

5. 体验母爱的伟大无私，热爱母亲；

6. 提升自我情感，尝试报答母亲。

（https://wenku.baidu.com/view/c93b627a1711cc7931b71635.html）

点评：在这个案例里，按照课程标准的要求，分为知识和能力、过程与方法、情感态度与价值观等三维目标。在目标的表述上，准确使用行为动词，"积累""理清""借助""体验"。过程目标中提到的比较阅读符合新课标理念。在目标的排列上，按照由易到难、由低到高的顺序。此外，对教学目标的确定上，又强调是"在师生共同参与、讨论的基础上"，这充分体现了对学生主体的尊重。

四、说学情

学情，即学生学习的实际情况。学情是教师组织教学活动的依据，是学生学习的基础。

下面是某老师在《春》一课的学情分析：

案例 10-5：《春》

初一的学生已经学习过抒情散文，但集中地学习整个单元都是写景的抒情散文还是第一次。因此要通过本单元的学习，引导学生懂得写景要抓住景物特征，还要运用准确生动的语言。同时，还要指导学生在朗读课文时，通过停顿的长短、读音的轻重、语速的快慢和语调的抑扬顿挫来传达内心感受。

（https://www.ruiwen.com/shuokegao/1465951.html）

再看下面这个例子。某位老师说《我的母亲》的学情分析。

案例 10-6：《我的母亲》

本文写的是"母亲"，这是能够引起学生共鸣的话题。尽管时代不同，"母亲"形象发生了很大变化，但是，"可怜天下父母心"是每个时代都相通的。

在此之前学生已学过《背影》等描写亲情的名家名篇，为学生走进文本奠定了基础；同时学生对通过品味语言理解人物形象有一定了解。

（https://wenku.baidu.com/view/58226a4e0a4c2e3f5727a5e9856a561252d3 21e7.html）

点评：这两个案例的学情分析都是针对现在大多数学生的普遍情况，有一定的代表性。如果再能个性化一些，结合本班学生的特点来阐述，可能会更加精彩。

五、说方法

教学本身就是教和学两方面的事情。因此,说方法不仅要说教法,也要说学法。

说教法,就是说课者要说明选择使用什么样的教学方法,以及采用的理论依据。

说学法,就是要说明在指导学生时使用什么样的方法。

下面是某老师在《老王》一课的说方法:

案例 10-7

在具体教学过程中,我针对文章的特点以及教师本人和学生的特点,拟定采用如下的教法和学法进行教学。

(一)教法

1. 讨论探究法:我想营造一个讨论式、开放式的课堂。讨论就是以问题为中心,在教师引导下加强进行师生或者学生和学生的对话,让学生学会用自己的头脑去思考、去辨析、去归纳。在讨论探究中,使学生互相启发,纠正偏颇,弥补缺漏。

2. 拓展延伸法:叶圣陶先生说过"教材无非是一个例子",作为教师一定要跳出这个框子,站在新的高度去解读我们的教材。学习《老王》这篇文章,也要跳出课文的局限,拓展延伸到实际生活中,引导学生去发现、去关爱身边类似老王这样的人,培养学生的同情心和爱心。

(二)学法

主要采取"自主、合作、探究"的学习方式,课前预习和自学是必需的。在课堂上,让学生自主读文本,读出感受,发现问题。理解"那是一个幸运的人对不幸者的愧怍"这句话背后的深刻含义,在发挥学生的自主学习的基础上,鼓励小组合作讨论交流,在思想的碰撞中产生知识的火花。

(https://wenku.baidu.com/view/0c88419717fc700abb68a98271fe910ef02d ae19.html)

点评:本案例将教法和学法说得比较具体。

说课:技能讲解一

六、说过程

说教学过程就是要说明白教学活动如何开始，如何展开，如何结束。通过说“教学过程”，让听者清楚具体的教学思路和教学安排。这部分是整个说课的关键，大约占用说课时间的一半。

1.“说过程”要素

说“教学过程”要说清以下内容：整个教学包括哪些环节，各个环节的主要教学内容是什么，教师和学生做什么？各个教学环节之间怎样衔接等。

想一想：

图 10-1 是一篇课文的教学过程示意图，你认为它包含了几个教学环节？

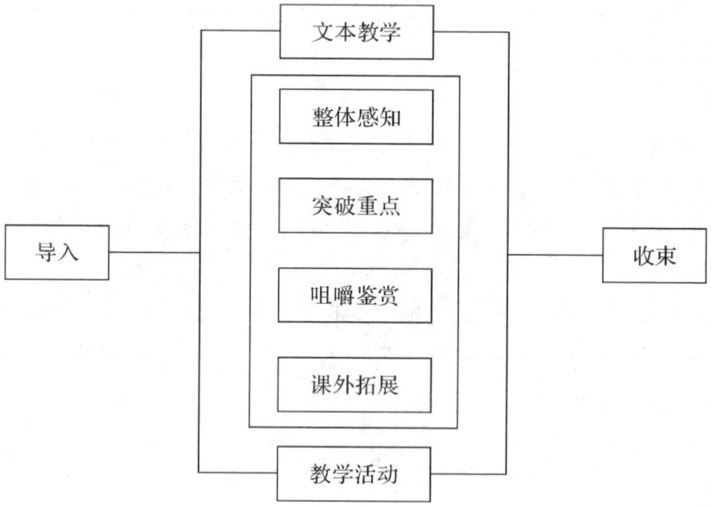

图 10-1　浙江省首届师范技能大赛一个获奖者的作品

（蔡伟．语文课堂教学技能训练[M]．上海：华东师范大学出版社，2009．）

图 10-1 是浙江省首届师范技能大赛一个获奖者的作品。从图中可以看出，将课文分为导入、研读、收束三大部分。研读部分又分为整体感知、突破重点、咀嚼鉴赏、课外拓展四个步骤，这部分紧紧围绕文本教学和教学活动进行。

也可以把它看成一个万能模板，适合很多散文类文本。结合不同的文本，稍加改变，可以制作出各具特点与内容的教学方案。这个流程模式能使说课条理清楚，逻辑严密，具有一定的借鉴作用。

2.“说过程”要诀

需要注意的是，说课不仅要说清自己教什么，怎么教，更重要的是还要说明为什么要这样教,这样教的依据是什么。这是**说课的关键**。

(1)说清设计意图

比如,在《醉花阴》说课稿的教学过程部分,一个老师是这样设计的:

案例 10-8:《醉花阴》

“愁”是全文的感情基调,要把握诗歌的主要内容,必须紧握“愁”字分析。

(一)找愁

全词哪里体现了词人的愁?

> 设计意图:通过以上环节,学生们进行过自由阅读后,对诗歌已经有一定的感知与理解,在理解的基础上水到渠成地进行情感的分析,从内容到情感一步步地渗透,一步步带领学生进入文本,与文本对话,与词人对话,与自己对话。能够更加明确这首词的情感主旨,以及词人是如何通过意象来表情达意的。

(二)析愁(课件)

在上述环节中,师生已经共同学习词的上下片,然后需要引导学生围绕意象展开想象,用自己的语言描述词意,再现画面。

> 设计意图:想象是学习展开的翅膀,充分想象对词会有更独特更深入的理解,可能会联想到身边自己周围的事情,联系生活,在体味词人的情感中更是结合了自己的一种体验。使学生更加理解和体会意象与情感结合的妙用。

(三)品愁

赏读词作,品味美的语言、美的构思、美的意境。

1. 愁和瘦是什么关系?(因果,愁是瘦的原因;瘦是愁的结果)

2. 人和黄花之间有什么相似之处?

> 设计意图:以问题的形式,引导学生更深入地理解“愁”,在理解词意、找出意象的基础上,锻炼学生的形象思维能力,推动学生的思考,以探究式的心情领会词人的情感。慢慢品析词人的愁是怎样表达的,学生们又是怎样理解的。

(四)议愁

1. 李清照愁从何来?

2. 你最喜欢哪一句，为什么？

设计意图：这一环节既是对整首词学习后的总结，也读出学生们自主内心的延伸。第一个问题是结合李清照的背景，知人论世地进行分析，不仅研读了词的意蕴，而且联系了词人的生平。第二个问题可以很好地锻炼学生们的概括与表达能力，也是个性化阅读的一种反馈方式。

(https://wenku.baidu.com/view/5403c02aaff8941ea76e58fafab069dc50224 789.html)

点评：这个案例里，针对“愁”的分析，老师采取一找、二析、三品、四议的步骤，既由浅入深，又围绕重点。真可谓匠心独运。在每一步骤，都详细说清设计的依据。

(2)围绕三维目标

说课要紧紧围绕三维目标展开，从教学环节的安排、教学时间的分配、课后作业的布置、课堂板书的呈现等方面都能体现出来。

以作业为例。还是《陈情表》说课稿，在作业布置方面，老师这样介绍：

小练笔：假如你是李密最好的朋友，请尝试用自己的话给晋武帝写一篇文章，替李密解释一下他的两难选择。（可课下完成）

这个小练习既能对已学知识活学活用，又能对学生的学习态度进行端正，最终实现第三个教学目标。

(3)巧妙设计板书

一般来说，说课不要出现“零板书”。适当的板书辅助，会为说课增色不少。下面是某位老师《岳阳楼记》的板书。如图10-2所示。

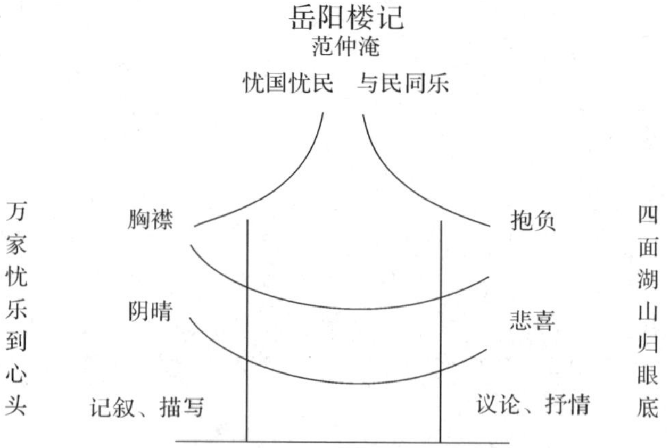

图10-2 《岳阳楼记》说课的板书设计

下面我们来说一下我的板书(边说边写板书)。我采用了简笔勾勒的方式把它设计成岳阳楼的样子,凸现板书的形象感。此外,在图形旁边采用传统的对联形式,既使这个板书透出古色古香之气,又体现文章的写作思路,能够深化文章主旨,帮助学生领略作家的情怀。

(蔡伟.语文课堂教学技能训练[M].上海:华东师范大学出版社,2009.3.)

点评:这个板书比较有创意。它用线条简单勾勒岳阳楼形状,具有形象性。对联的融入,又体现了语文学科的文学性,符合学科特点。

第四节　设计要领

说课:技能讲解二

说理念要“新”,说方法要“实”,说程序要“精”。

一、说理念要“新”

说课除了要掌握基本的教育学、心理学等理论知识,还需要了解新课程标准对于语文学科的新理念。梳理归纳一下,主要有这些:

工具性与人文性的统一是语文课程的基本特点。

重视语文课程的熏陶感染作用,注意教学内容的价值取向。

语文教育应尊重学生在学习过程中的独特体验。

注重在语文实践中培养学生的语文实践能力,不宜刻意追求语文知识的系统和完整。

重视培养良好的语感和整体把握的能力。

老师在说课时,需要有意识地用这些新的理念做指导。

二、说方法要“实”

在说方法的时候不要罗列教学方法的概念和种类,而要有针对性,能够解决本堂课的重点。

下面这个案例是某老师在《事物的正确答案不止一个》说课时所说的。

案例 10-9

在教法上，我会充分尊重学生的主体地位，扮演好主导者的角色，通过启发点拨的方式方法，设置一系列环环相扣、层层递进的问题，激发学生的思考。我和学生一起来学习本课的内容，一起交流自己思考的成果，以此来营造一个师生互动的良好的学习氛围。同时通过设置一些关于创造性思维的小游戏、小测试，一方面让学生在学习之中获得乐趣，另一方面也培养他们的发散性思维和创新能力。

在学法上，由于议论文的学习相对而言比较枯燥，为了使课堂变得灵活生动，在课堂教学之前，发挥学生课前预习的主动性。相应的，我也会制定具体的预习目标，比如利用工具书自学文中的生字词。在课堂上，则主要通过学生的自主学习，对某一问题形成自己独特的见解，培养自己勤于思考、善于思考的学习习惯，通过学生之间的合作探究，在进一步把握教学内容的同时，锻炼他们的合作精神，促进学生与学生之间的交流。

这个案例里，教法和学法都说得比较具体，也容易落实，就是比较好的范例。

三、说程序要“精”

说教学过程时要削枝强干，层次清楚，切不可面面俱到，主次不分。

下面这个案例是韩老师在《陈情表》说课“教学过程”中的开头语：

“为实现教学目标，突出重点，突破难点，我把教学过程设计为以下四个环节：

创设情境，激情导入；

自主学习，整体感知；

合作探究，研读赏析；

梳理归纳，拓展迁移。”

在这个案例里，先总说，再分步解说。简明扼要，使听者一下子就明白本课的教学思路。

说课：设计要领

第五节 说课的案例欣赏

案例 10-10:《卖火柴的小女孩》的说“教学过程”部分

根据阅读教学的一般规律:从整体到部分再回归整体,本课分两课时进行教学。第一课时,初读课文,整体感知文意,自学生字、新词,理清文脉,精读第一段,深入理解小女孩的悲惨处境;第二课时,精读课文第二、三段,理解小女孩所谓的幸福不过是美好的幻景,实际生活在残酷的现实世界中,从而受到情感的陶冶,受到热爱社会主义祖国的思想教育,完成本课学习任务。其中第二课时是教学的重要环节,分以下几步完成:

第一步,复习旧知,导入新课。

目的在于从整体入手,把握全文,运用迁移规律,建立起新旧知识之间的联系,激发学习兴趣,为学习新课做好铺垫。

第二步,变序导读第三段,设置悬念,激发兴趣。

首先引导学生想象冻饿而死的小女孩是什么样子,在学生充分展开想象的基础上肯定学生的想象是合理的,再与课文中描写小女孩死时样子的内容进行对比,得出结论:文中写小女孩死时是幸福的。使学生不由得产生疑问:这究竟是为什么呢?达到激发学生探究欲望的目的。

第三步,带着探究上述问题的兴趣,学习第二段。

首先引导学生从第二段整体内容入手,感受小女孩的“幸福”不过是美好的幻景而已。

然后再逐层细读。在指导阅读小女孩第一次擦燃火柴这一层内容时,渗透阅读方法。使学生在学习知识的同时,获得学习的方法,变“学会”为“会学”。以下几层采用以法引路、合作自学的方式,目的在于发挥学生的主观能动性和参与意识。教师适时地点拨,引导学生相互评价,并及时反馈、矫正,以巩固内化学习方法,培养学生的思维能力、表达能力、自学能力、创新能力等语文素质。

第四步,总结全文,深化中心。

从部分又回到整体,进行前后联系,回顾全文,以巩固对课文的整体印象,感悟课文情感,领会文章的中心思想。

以上教学步骤的设计,体现了“四为主”的教学原则,对学生进行语文能力的培养以及语文素质的训练和提高,会充分调动学生学习的积极性、主动性。这一教学过程，有利于学生掌握知识，深入理解课文内容，掌握方法，“交给学生一支猎枪”，使教学重点得以突出，教学难点得以突破。

依据板书的目的性、针对性、概括性和条理性的原则，本课设计了这样的板书：

卖火柴的小女孩

大年夜		
寒冷	大火炉	
饥饿	烤鹅	（同情）
痛苦	圣诞树	
孤独	奶奶	
→冻死←		

这样板书的目的在于呈现全文脉络，体现教学思路，强化直观效果，突出课文重点，促使学生理解课文，深化中心。整个板书展示了三条线：一是小女孩悲惨的现实生活；二是小女孩临死时眼前出现的美好幻景；三是这一悲剧发生的特定时间——大年夜。三条线都指向小女孩唯一的结局，那就是“冻死”。残酷现实与美好幻景的强烈对比，揭示了悲剧发生的必然性，加之这一悲剧又发生在万家欢庆的大年夜，更使人感到凄惨悲凉，更加激起学生对小女孩的无比同情，从而激发学生对社会主义祖国的热爱之情。既能帮助学生对课文主要内容进行巩固深化，又能体现单元训练重点。用红色粉笔书写中心词“同情”，目的在于引导学生领会全文中心。

(http://blog.sina.com.cn/s/blog_7ce8c5cd0102yw65.html)

案例评点：

这是特级教师杨巧娥的说课稿。比较明显的特色是教师按照阅读教学的规律，先整体再部分，再回归整体，给学生一个完整的阅读体验。在教学过程中注重教方法，使学生在学习知识的同时获得学习的方法，变“学会”为“会学”。

案例 10-11：《李清照词两首》说课稿

亦是闺中秀　亦是林下风

——《李清照词两首》说课稿

【心中有文——说教材】

《李清照词两首》是人教版语文必修四第七课，是自读课文。这一单元选编的是宋词，单元的主题是“情思与意境”，选取柳永、苏轼、辛弃疾、李清照四位词人的作品,体现宋词的发展脉络和艺术价值。作为一位女词人,李清照“自少年便有诗名,才力华赡,逼近前辈”(王灼《碧鸡漫志》),被尊为“婉约词宗”,这在中国古代文学史上是绝无仅有的,于词人却是实至名归。她前期的“闺怨词”打破了“男子作闺音”的传统,以闺中女性的细腻真实独具一格;后期的词作既写个人的离愁别绪,更蕴含对家国命运的忧虑,显出柔中带刚的“丈夫气”。《古今词选》评价清照词“亦是林下风,亦是闺中秀”十分恰当。《醉花阴》是词人前期的代表作品,抒发闺中少妇的闲愁;《声声慢》是词人南渡后的名篇,写历遭国破、家亡、夫丧等劫难后的悲愁,是词人凄凉晚景的真实再现。

【心中有生——说学情】

学生在初中已经学过李清照前期的代表作品《如梦令》《一剪梅》等,对词人已有初步了解,但对词人南渡之后的作品及其风格了解不多。通过必修一至必修三,共三个诗歌单元的学习,学生基本把握了意象的内涵,明白学习诗词要进入情景,但对“意境”的概念仍比较模糊。通过对柳永、苏轼、辛弃疾三位词人六首词的学习,学生对豪放和婉约的词风有了一定认知,对词的文体常识和基本鉴赏方法也有所掌握。

【心中有纲——说目标】

诗言志,词言情。本单元的主题是“情思与意境”,单元引言明确要求学生欣赏词时要反复吟咏,体会声律美、运用联想想象领悟意境。据此,我将本课的教学目标设定为:

1. 背诵这两首词。“好书不厌百回读,熟读深思子自知。”学习诗词,首先就得背诵,如此方能进入诗歌情境。《普通高中语文课程标准(2017 版)》也要求学生背诵一定数量的名篇。

2. 通过反复诵读,从意象、意境、情感三个层面进行对比探究,熟悉诗词鉴赏的基本方法。诵读是领会诗意、体味诗情的重要方法,宋词的韵律美需要通过反复诵读才能被学生感知。这两首词以“黄花”等相同意象来表现不同的“愁”,对比赏析无疑是最契合的鉴赏方式。品析词人前后期不同的词风,走近词人的人生,知人论世才能领会词中真意。该目标也是本课的教学重难点。

3. 由词及人,进入词人苦闷复杂的精神世界,体会李清照心怀家国的品格。拓展阅读,引导学生全面了解词人的创作风格,感受词人的家国情怀和人格魅力。

【心中有法——说教法】

语文课程的核心理念是通过语文教学中的文本研习、问题探究、活动体验等多种方式,帮助学生提高综合的语文素养,形成正确的情感态度价值观。本课主要采取以下教学方法：诵读赏析法、比较鉴赏法、知人论世法。

【心中有本——说流程】

一、一花独放犹见春——情境导入

根据以下线索说出一个词人（李清照）。

1.“自少年便有诗名，才力华赡，逼近前辈”；

2.写过“生当作人杰，死亦为鬼雄”之句；

3.“词家三李”之一，被尊为“婉约词宗”。李清照，在我国古代文学史上一花独放，时而散发幽香，时而柔中带刚，时而婉约细腻，时而神骏近乎豪迈，让后人似乎窥见了大宋词坛的整个春天。今天，我们一起走近李清照，共同体会她对“愁”的诗意表达，感受她非比寻常的人格魅力。

设计意图：如此导入既可以激发学生兴趣，又能加深学生对词人的了解，更容易进入词人的世界，融入词的意境。

二、淡妆浓抹总须吟——诵读感知

本环节我将引导学生通过播放音频听读、自由诵读、师生共读来明确节奏和基调，把握两首词的不同愁绪，然后提问：诗词借助意象来传递感情，这两首词里哪个意象最能表现词人的愁呢？

三、一般愁字两般境——比较鉴赏

1.寻同析意象。请两位学生朗诵两首词，探究问题：这两首词里哪个意象最能表现词人的愁呢？对比赏析《醉花阴》《声声慢》中的“黄花”意象。（少数学生可能会选择“酒”和“风”，教师用追问法引导赏析，再由其他学生点评、辩驳，最后明确“黄花”以花写人最能体现愁，引导学生抓关键词“瘦”“憔悴”“堪摘”等）

学生比较赏析，讨论后自由发言，教师适时点拨引导，补充明确：(1)通过课前预习和当堂讨论，学生可能会赏析出《醉花阴》中的黄花是作者的顾影自怜，黄花清秀淡雅的外形与作者因相思而消瘦的体态相似，词人借黄花反衬因思念而容颜失色的自己，作者用形象的“瘦”表达抽象的“愁”，妙绝！(2)《声声慢》中黄花的赏析，学生可能会想到：①作者借凋零残损的黄花喻漂泊憔悴的自己，“憔悴”“堪摘”暗指容颜逝去无人怜惜。学生可能想不到深层次的，因此要提醒学生回忆李清照生平，启发学生展开联想——李清照和丈夫赵明诚伉俪情深且志趣相投，经常一起饮酒赏花，品诗论画，赌书泼茶，可现在呢？学生在引导下可能会说出睹花思人，我会相机引导；②作者想起昔日看到美好的黄花，夫妇总是携手共赏，而此刻自己形单影只，无心赏花，时过境迁，情何以堪？

设计意图：诗词中意象众多，没有按部就班一一赏析，而是先抓主要意象“黄花”，引导学生在鉴赏古诗词时学会抓关键意象深入品味，避免了课堂教学的枯燥平淡。

2. 觅异品意境。作者还通过哪些意象表达了两种不同的愁绪？请同学们再读两首词，选出你喜欢的词句及意象，试用散文化的语言，加入适当的想象和联想，运用第一人称来描述画面，品味意境。

学生可能会赏析到过雁、酒、黄昏、梧桐、细雨等意象，对淡酒、过雁可能赏析不到位，我会适时指导，对独创性的赏析也及时予以表扬和激励。我提供了一个参考赏析：我似有所失，我苦苦寻觅，寻觅我的青春，寻觅我的挚爱，寻觅我遗失的金石和藏书，寻觅我们的岁月静好，寻觅现世的安稳太平……可眼前却徒留只影茕茕，只剩四壁空空，只有冷冷清清，这寂寞愁苦的滋味啊，谁人能知？谁能与共？

作者从动作、环境、心理对愁苦情状进行了渐次深入的描摹，为全诗奠定了凄惨悲凉的基调。

设计意图：通过设置充满智慧刺激的环境，创设真实的语言运用情景，让学生学到知识、训练能力，同时也获得了审美体验。

最后用一段话总结：意象并不是单独存在的，它们统一于诗歌的意境之中。我们赏析诗词，要把这些看似散乱的意象串联起来，再发挥合理的联想和想象，填补词意空白，领略美妙的意境。

四、闺中情志亦神骏——探寻愁思

1. 自读两首词，比较《醉花阴》《声声慢》中愁绪的不同，并探究词中愁思的意蕴。

用 PPT 补充梁衡《乱世中的美神》中的评价：“她偏偏以心抗世，以笔唤天。她凭借着极高的艺术天赋，将这漫天愁绪又抽丝剥茧般地进行了细细地纺织，化愁为美，创造了让人们永远享受无穷的词作珍品。”再引导学生明确：《醉花阴》中是相思闲愁，是浪漫的愁、是尚有期盼与等待的美丽的愁；《声声慢》中是死别哀愁，是绝望的、永恒的、难以排解的愁。学生对《声声慢》愁思深层意蕴的挖掘可能不够深，教师适时介入。我先要求学生展示课前搜集整理的资料，知人论世。用 PPT 展示李清照生平大事记，引导学生回顾黄花满地、晚来风急、雁逢旧识等意象的象征意义，深入挖掘《声声慢》愁思的意蕴。最后明确：李清照生活在那个离乱的年代，她以平民之身，思公卿之责，念国家命运，就难免有了超越时空的孤独和无法解脱的悲哀。所以，《声声慢》里包含的不仅仅是小女子的一己私“愁”，而是一种带着时代和历史印记的、大丈夫般的国恨家“愁”。

设计意图：通过对意象蕴含的情感以及意境营造不同的赏析，学生明确了两首词同写愁思，愁情却同中有异。引导学生通过知人论世，探究愁苦的深层意蕴，与词人心灵相通，情感共鸣。

2. 延伸拓展。“李词的特殊魅力就在于它一如作者的人品，于哀怨缠绵之中有执着坚韧的阳刚之气，虽为说愁，实为写真情大志，所以才耐得人百年千年地读下去。”（梁衡《乱世中的美神》）赏析下面诗词，谈谈你的理解和思考。

《渔家傲·天接云涛连晓雾》背景补充：历经国家破亡无奈南渡的离乱之苦，又连遭家亡夫死、金石散尽、遇人不淑、身陷囹圄的种种不幸，李清照再也难以在现实生活中寻觅到幸福，于是将自己对美好的向往寄托于幻想，写下了这首记梦之词。《夏日绝句》背景补充：南渡后的第二年，身为地方长官的赵明诚在一次暴乱中临阵脱逃，被朝廷撤职。之后夫妻二人沿长江而上继续流亡，行至乌江镇，李清照面对浩浩江水，想起西楚霸王项羽宁可刎颈自杀也不肯渡江苟活，感慨万千，写下了这首《夏日绝句》。学生初中学过《渔家傲》，也在高中语文必修一《鸿门宴》的课后读过《夏日绝句》，因此基本可以自主赏析：从“仿佛梦魂归帝所，闻天语，殷勤问我归何处”和“九万里风鹏正举，风休住，篷舟吹取三山去。”可以赏析出《渔家傲》极富浪漫主义色彩，以丰富的想象展现了一位豪放不羁的易安居士。从《夏日绝句》读出女词人爱国之情与浩然正气，活脱脱一个巾帼英雄！

设计意图：拓展阅读，试图让学生打破对李清照“闺阁愁情”“婉约词宗”的既有印象，了解其“亦是林下风”的词作风格和女词人充满“丈夫气”的人格魅力。不仅增加了课堂教学的厚度，也加深了教学的深度。

五、自是花中第一名——课堂小结

1. 引导学生用一句话表达自己学完本课的感慨或心得。

2. 教师提供自己的总结：何须艳羡风流色，自是花中第一名。

结束语：李清照以女儿的细腻写尽了闺中真情，又能于诗词中常怀“丈夫气”，以家国为忧，着实让人钦佩。“亦是闺中秀，亦是林下风”，既是评其词，更是评其人。

3.请学生化身词人，用心体悟，在吟咏背诵中结束本课。

设计意图：这一环节强调一课一得，学生总结可百花齐放，教师总结仅供参考。齐声背诵，使课堂在高潮中结束，余味悠长。

六、倜傥易安说不尽——作业布置

你还知道李清照哪些有“丈夫气”的作品？请选择一首，写一篇赏析性的文字。

设计意图：探究性作业的形式可以帮助学生养成积累和梳理的习惯，使学生更好地学习语文，提高语文核心素养。

（郝汪霞.亦是闺中秀 亦是林下风[J].科教文汇，2019(12下).）

案例评点：

这则说课稿有很多值得圈点之处。

首先，语文本体味道十足，语言优美，即便连说课流程的术语，教师都精心进行了包装，比如，说教材、说学情、说目标、说教法、说流程等，作者分别使用了心中有文、心中有生、心中有纲、心中有法、心中有本等，在教学环节各部分的命名亦是如此、既恰如其分，又充满文学气息，与李清照的词完美呼应。

其次，每个教学环节都做了清晰的设计意图说明。说课最大的特点就是，教师要用先进的理念指导教学过程，要说清设计的依据。在该说课稿中，教师不仅对各教学环节，而且连作业的设置都做了意图说明。

最后，充分体现了学生为主体的教学理念。教师考虑到学生已有的认知，可能产生的困惑，并设置了不同的预案引导或加以补充。这一点在“比较鉴赏”环节体现得尤为突出。

本章小结

1. 说课是指教师在规定的时间内(通常为15～20分钟),针对某一特定的教学内容,向同行、专家系统阐述自己对教材的理解、教法、学法的分析、教学过程的设计,以及相关理论依据等内容的一种教研活动形式。

2. 说课的价值:说课可以反映一个人语文教学方面的综合素质;说课可以促进老师由经验型向专家型教师转变。

3. 说课与讲课的区别。

4. 说课要求“六说”:即说理念、说教材、说目标、说学情、说方法、说过程。

5. 说教材一般要说清文本在教材中的地位、文本的特点和作用等方面内容。

6. 说教学目标要考虑四个因素:教学目标,确定目标的依据,符合三个维度,兼顾工具性和人文性的特点。

7. 说方法不仅要说教法也要说学法。

8. 说过程是整个说课的关键,大约占说课时间的一半。整个教学过程的设置都要紧紧围绕三维目标展开,要从教学环节的安排、教学时间的分配、课后作业的布置、课堂板书的呈现等方面体现。

9. 说课的关键是:不仅要说清自己教什么,怎么教,更重要的是还要说明为什么要这样教,这样教的依据是什么。

10. 不要出现“零板书”。适当的板书辅助会为说课增色不少。

11. 说课的设计要领:说理念要“新”,说方法要“实”,说程序要“精”。

讨论题

讨论题1:

下面摘自一位教师的教学反思:①

说课比赛的“砸锅”令我有说不出的难受。我不得不重新认识自己。

其一、败在技不如人

什么是“说课”? 纵然最近一月里看了不少的“说课”案例,可我现在怀疑自己还是不懂“说课”或者说懂得的“说课”知识也只是纸上谈兵。我得深入研究。究竟要怎样说才能让人明白? 我不知道像《春》这样熟悉的教材,上过两三次,为什么说课时竟不得要领? 到底是会“上课”不会“说课”,还是自己连“上课”时也未把教材“吃透”? ……

① 赵国忠.说课最需要什么[M].南京:南京大学出版社,2010:61.

其二、败在心理素质

我不知道自己为什么会紧张，其实和平时上公开课、竞赛课相比，台下评委和观众的数量要少得多。可不知为什么“说课”时我的个性没了，我的自信没了，我的幽默没了。我努力想让自己变得镇静自如，变得游刃有余，可难以奏效。我告诫自己：参加这样的比赛需要忘掉功利，轻装上阵，可一上台便难以做到心无杂念。可在公开场合给学生上课时不是这样啊！一旦我走上没有学生的舞台，我便难以做到“心无旁骛”“六根清净”，那颗功利之心总在暗中死死纠缠着我，让我变得不再从容，不再沉醉于教学活动中……

请问：

你认为说课需要做好哪些方面的准备？针对这位老师你可以给些什么建议？

讨论题 2：

1. 请观看浙江省高等学校师范生教学技能大赛中获得一等奖的说课视频——《圆明园的毁灭》，给你哪些启发？

2. 你觉得讲课和说课有哪些不同？请结合视频说明。[①]

说课

本章测试

◆ 判断题：

1.“说课”这个词产生于 1987 年河南新乡市的一次教研活动。……（　　）

2. 教师的一切活动都是在一定的理念指导下开展的，所以说课应先说明自己的教学理念。……（　　）

3. 说教材主要是说清本课的教学内容和写作特点。……（　　）

4. 说方法不仅要说教法还要说学法。……（　　）

5. 说教学过程是整个说课的关键。……（　　）

6. 说课的关键是要说清自己教什么、怎么教。……（　　）

7. 说课时不仅要向同行说出教学内容的具体安排，还要重点讲清“为什么这样教”的理论依据，要做到既知其然又能知其所以然。……（　　）

8. 说课与讲课不同，说课面对的是学生，讲课面对的是同行和专家。…（　　）

9. 说教学过程是整个说课的关键，大约占说课时间的一半。……（　　）

---

① https://v.youku.com/v_show/id_XMzg3MDA1MzMy.html?refer=seo_operation.liuxiao.liux_00003303_3000_Qzu6ve_19042900

◆ 填空题：

10. 一般来说，说课要求"六说"，即说理念、说________、说目标、说学情、说方法、说过程。

11. 科学确定________是教学的首要环节。

12. 学情是教师组织教学活动的________，是学生学习的基础。

13. 教学本身就是教和学两方面的事情。因此说方法不仅要说教法也要说________。

◆ 简答题：

14. 说课与讲课有什么不同？

15. 语文学科的新理念有哪些？

16. 请谈谈你对"零板书"的看法。

17. 怎样理解说方法要"实"？

推荐书目

1. 赵国忠. 说课最需要什么[M]. 南京：南京大学出版社，2010.

（这本书结合了优秀教师说课中丰富的经验，从"教师说课前最需要什么、说课时最需要什么、说课后最需要什么、说课创新最需要什么"等四个方面给出了有益的建议，每一个小知识点都附有具体案例和评点，能给读者很大的借鉴。）

2. 杨红萍. 说课 12 讲[M]. 北京：高等教育出版社，2017.

（这本书梳理了说课的诸多方面，包括概述、说理念、说教材、说三维目标、说学情、说教学模式与方法、说教学过程、说预设与生成、说自主学习、说合作学习、说展示、说作业等，共 12 个部分，并附有案例的解读与分析。）

3. 闫寒冰. 如何说课[M]. 上海：华东师范大学出版社，2008.

（说课最重要的是要阐明"教什么""怎么教""为什么这样教"。这本书是上海市教委"上海新农村"教师学科专业发展项目培训用书，理论性强，内容丰富，对说课做了相当系统的阐释。）

第十一章 评课技能

学习要求

了解评课的作用；知道评课时要从哪些方面入手；能够对一堂课进行科学合理的评判。

第一节 评课的概念和作用

一、案例引入

去听课，常常听到执教老师临下课时诚恳地说道："谢谢同学们的配合！"大家仔细琢磨一下，觉得这句话有什么问题吗？

我们试着把这句话背后的思想解读一下：今天上课的老师是我，我是主角，你们是来配合我的；上课，我作为教师的任务完成了没有、完成得好不好是重要的，你们的学习，是为了配合我而学的。今天有这么多的老师，他们是听我上课（表演）的，而你们作为学生，是从属的，是作为我的陪衬出现的。

这就涉及一个根本问题，教师与学生的关系是一种什么样的关系？教师与学生是一种主次的关系还是一种平等的关系？教师与学生是一种服务、被服务的关系，还是一种师徒之间的关系。虽然答案是明白无误的，但一句脱口而出的"谢谢同学们的配合"，折射出老师真实的教学思想。

二、技能概述

评课是一种重要的教学活动方式和研究方式，也是促进课堂教学改革，提高教师综合素质的重要途径。

评课是指听课者根据自己的教学理念与教学经验，对授课者的课堂教学进行分析评价，指明授课者在整个课堂教学中的成败得失，提出改进的意见及建议，以供授课者以及其他听课人员借鉴，促进相互沟通和交流。

评课，不仅仅是评课者对授课者的教学思想、教学能力、教学技能、教学效果等的评价。通过评课，可以促进先进的教学理念、教学模式、教学方法的推广，可以在整体上提高老师的教学能力。

评课技能的作用：

评课是教学过程中一项非常有意义的活动，它的作用，主要概括为两点。

1. 交流学习的功能

评课是一种教学思想与教学经验的交流活动，一位哲学家说过："你有一个苹果，我有一个苹果，彼此交换以后还是一个苹果。如果你有一种思想，我有一种思想，彼此交换以后，每个人就拥有了两种思想。"通过评课，授课者可以从听课者的评价中认识自己，了解自己不能发现的问题，从而在未来的教学中做到扬长避短，积累经验，不断提高。而评课者呢？通过评课，可以传递自己的教学理念，介绍自己的教学经验。所以说，评课无论对评课者还是授课者，都有很大的作用。

2. 检查诊断的功能

常言道："当局者迷，旁观者清。"教师在上课过程中所暴露出来的一些问题，如果没有他人指出，自己是很难发现的。因此，如果评课者能够把授课者上课过程暴露出来的问题诊断出来，再诚恳地提出改进意见，无疑对授课者是莫大的帮助。美国哈佛大学曾采取"临床指导"的方式，让教师之间互相看课，组织研讨，结果教师们成长很快。

评课：技能概述

第二节　评课的内容

如何评课？从哪些方面入手呢？

一、从教学目标上分析

教学目标是教学的出发点和归宿，它的正确制订和达成，是衡量一节课好坏的主要尺度。所以评课首先要分析教学目标。

1.从教学目标的制定来看。依据课标对教学目标的要求，应包括知识和能力、过程与方法、情感态度与价值观等三个方面。

2.从目标达成来看。要看教学目标是不是明确地体现在每一教学环节中，教学手段是否都紧密地围绕目标，为实现目标服务。要看课堂上重点内容的教学时间是否得到保证。

二、从处理教材上分析

评析老师一节课上得好与坏不仅要看教学目标的制定和落实，还要看教者对教材的组织和处理。评析教师一节课时，既要看教师知识教授的准确性、科学性，更要注意分析教师教材处理和教法选择上是否突出了重点，突破了难点，抓住了关键。

三、从教学程序上分析

教学程序主板主要包括教学环节中授课者的教学时间安排是否合理，是否能较好地体现授课重点、结构。具体包括：

1.计算教学环节的时间分配，看教学环节时间分配和衔接是否恰当，看有无前松后紧或前紧后松现象，看讲与练时间搭配是否合理等。

2.计算教师活动与学生活动时间的分配，看是否与教学目的和要求一致，有无教师占用时间过多、学生活动时间过少现象。

四、从教学方法和手段上分析

评析教学方法与手段，包括以下几个主要内容：

1.看是不是量体裁衣，优选活用。教学有法，教无定法，贵在得法。教学是一种复杂多变的系统工程，不可能有一种固定不变的万能方法。一种好的教学方法总是相对而言的，它总是因课程，因学生，因教师自身特点而相应变化的。

2.看教学方法的多样化。教学方法最忌单调死板。教学活动的复杂性决定了教学方法的多样性。所以评课既要看教师是否能够面向实际恰当地选择教学方法。

五、从教师教学基本功上分析

教学基本功是教师上好课的一个重要方面，所以评析课还要看教师的教学基本功。包括板书、教态、语言等方面。

六、从教学效果上分析

教学效果是评价课堂教学的重要依据。课堂效果评析包括以下几个方面：

1. 教学效率高，学生思维活跃，气氛热烈。

2. 学生受益面大，不同程度的学生在原有基础上都有进步。知识、能力、思想情感目标达成。

3. 有效利用45分钟，学生学得轻松愉快，积极性高，当堂问题当堂解决，学生负担合理。

以上是评课时需要考虑的方面。

请评判下表（表11-1）是否合适？

表11-1　语文听课评价表

评价项目	评价要点	符合程度	
		基本符合	基本不符合
教学目标	(1)符合课程标准和学生实际的程度		
	(2)可操作的程度		
学习条件的准备	(3)学习环境的创设		
	(4)学习资源的准备		
	(5)学习活动的设计		
学习活动的指导与调控	(6)学习指导的范围和有效程度		
	(7)教学过程调控的有效程度		
交流与反馈	(8)交流反馈的方式		
	(9)交流反馈的效果		

续表

评价项目	评价要点	符合程度	
		基本符合	基本不符合
学生活动	(10)学生参与活动的态度		
	(11)学生参与活动的广度		
	(12)学生参与活动的深度		
课堂气氛	(13)课堂气氛的宽松度		
	(14)课堂气氛的融洽度		
教学效果	(15)问题解决的广度		
	(16)问题解决的灵活性和创造性		
	(17)教师、学生的情绪体验		
其他			
教学特色			
评课等级和评语			

相信这种评课表大家并不陌生。它是一份通用性的评课表,许多学校的听课笔记都采用这种形式。乍一看,便捷易用,清楚直观,各环节、各方面都已设定了评估的要素和权重比,便于老师掌握分寸和统一标准。但是这种量化评价方式的评分表,也具有致命的弱点。一是比较机械狭窄,不能发挥听课者的主观能动性。二是束缚了授课教师的创造性,因为授课教师在备课执教时不得不考虑这个评分表。三是忽视了课堂纷繁复杂的生成情况。因此,这不仅不能做到客观准确公正地反映课堂实际,而且严重挫伤了老师上课的积极性。

有的学者研制了这样一份中学学科教学评课表(如表 11-2 所示)。

表 11-2 语文学科教学评价表

<table>
<tr><td>题目</td><td></td><td>教师</td><td></td><td>班级</td><td></td><td>地点</td><td></td><td>时间</td><td></td></tr>
<tr><td>教学目标</td><td colspan="9">1.
2.
3.</td></tr>
<tr><td rowspan="2">教学环节</td><td rowspan="2">时间</td><td colspan="6">主要教学环节</td><td rowspan="2">点评</td><td rowspan="2">得分</td></tr>
<tr><td colspan="3">教师活动</td><td colspan="3">学生活动</td></tr>
<tr><td></td><td></td><td colspan="3"></td><td colspan="3"></td><td rowspan="5"></td><td rowspan="5"></td></tr>
<tr><td></td><td></td><td colspan="3"></td><td colspan="3"></td></tr>
<tr><td></td><td></td><td colspan="3"></td><td colspan="3"></td></tr>
<tr><td></td><td></td><td colspan="3"></td><td colspan="3"></td></tr>
<tr><td></td><td></td><td colspan="3"></td><td colspan="3"></td></tr>
</table>

（蔡伟.语文课堂教学技能训练[M].上海：华东师范大学出版社，2009.）

这个评价表的特色是：

1.教学目标醒目地列出，以方便看出教师在授课时是否有明确的目标意识，以及课程教学效果。

2.将教学活动和学生活动分开记录，这样可以一目了然地看出有无教师占用时间过多，学生活动时间过少现象。从而看出授课者是否有清楚的学生主体意识。

3.记录教学环节的时间。看教学环节时间分配和衔接是否恰当，看有无前松后紧或前紧后松现象。

评课：技能讲解

第三节 评课的设计要领

一、忌面面俱到

有些评课如套公式，从教学目的到教学内容，从教学过程到教学方法，从教学效果到教师基本功，看似面面俱到，实则无一突出。如此评课，不能给授课者以任何启发。评课不应眉毛胡子一把抓，而应该重点突出、详略得当、点面结合、找出特点、一针见血。

下面是我们在评课活动中经常听到的评课语句：

本课教学思路……结构……教学各环节……教学方法……教学手段运用……教学模式……主体意识……实践意识……可操作性……教态……言语表达……板书设计……

案例中的这段套话式评课语，看似对课堂做了客观全面的评价，实际上却非常空洞。这些条条框框，可以不假思索地用到任何一个教师，任何一堂课上，既缺乏个性化，又没有针对性，与授课者的教学实际联系不紧，没有任何评价意义。

评课应该只抓一点，深入点评。请看下面这个点评。

唐老师制订了非常明确的教学目标，让学生在学习体味本文语言的过程中学会感动。比如，在导入新课时唐老师就给我们创造了一个深沉、悲壮的氛围。在教学过程中，唐老师引导学生走进文本，在饱含情感的文字中感受和体会斯科特队员伟大高贵的品质，并在阅读中逐渐实现情感态度的培养和提升。

点评：

这段点评，首先肯定了教师在教学目标制订上的正确性，其次用教师教学过程中的实际行动来证明自己的判断，无论是用导入去创设深沉、悲壮的氛围，还是引导学生走进文本，在阅读中去感受。评课者从目的与手段相一致的原则去评价教师的教学过程，有理有据，让人信服。

评课还应该评出特色，评出老师的独特之处。比如这个评课：

某教师在讲授《死海不死》这篇说明文时，运用实验的方法导入新课：在讲台上放一杯白开水，一杯浓盐水，分别放入鸡蛋进行现象比较，引发学生们思考“为什么鸡蛋放在浓盐水里会浮起来，而放进白开水就会沉下去”这个问题，进而导入课文。

点评:这位教师的课程导入是本堂课的一大特色,可以说是独辟蹊径,将语文与物理相结合,吸引了学生的注意力,激发了学生的好奇心,避免了说明文课堂的单调枯燥,值得借鉴。

评课者评出了本堂课的特色之处,肯定了这种新颖的实验导入法的良好课堂效果,有利于鼓励教师进行教学创新,发掘教学亮点,将教学导向新颖化、多样化。

二、忌相互吹捧

评课很重要的一个目的是相互交流,取长补短。所以评课时应该中肯,实事求是,不偏不倚,立场鲜明,褒贬得当。而不应该相互客套,彼此敷衍,落得“你好,我好,大家好”,如此评课,完全没有意义。

请看下面这个点评。

评某老师的课:1.初识威尼斯环节花太多的环节。2.写一写威尼斯要用150字,教师设置的时间太短。3.写作时,教会学生从多个角度来写,学生评价时就有章可循。

点评:这个点评虽然用词不多,但比较实在,能够给授课人以启发。

三、忌主干不分

评课:散文教学设计要领

评课要深入关键处,切中肯綮。比如,主要观察课堂是否以学生为主体,学生的参与度和学习效果如何,教师教学设计和实施的独到之处等,而不是在教师行为举止、普通话水平、板书高低、音量大小等枝节问题上大做文章。

第四节　评课的案例欣赏

案例 11-1:《行道树》

精心设计　追求高效

——评姚培红老师执教《行道树》一课

武原中学　朱敏辉

每次听姚老师的课都会有许多启发。她有自己独特的教学风格。在我看来,她既像是一个运筹帷幄、指挥若定的大将,又像是一个和蔼可亲、循循善诱的母亲,让人不禁陶醉于她的课堂。这次听了姚老师上的《行道树》,同样也让我有许多收获。总的感受可以用"高效"两个字来概括。整堂课教学目标明确,教学环节清晰、流畅,教学时间分配合理,教学手段多样化,教学语言生动丰富,学生的主体性和教师的主导性得到很好体现,而且从学生在课堂上的表现来看,教学效果也是很明显的。

下面我就谈谈感受最深的三点,也就是姚老师在课堂上关注的三个方面的有效性。

一、关注课堂提问的有效性。提问是课堂教学的一个非常重要的环节。只有有效的课堂提问才能激发学生的学习兴趣,更好地提高课堂教学效率。我认为姚老师的课堂提问就是高效的。比如,文本解读时姚老师设计了这样一个问题:让学生选择下列句式说说自己的阅读感受:A、读了……我仿佛看到了……B、读了……我体会到了……C、读了……我不理解的……这三个句式看似零散,其实很好地起到了提纲挈领的作用,其中有一个完整的系统性。A 句式是引导学生关注行道树的外形,B、C 句式是引导学生关注行道树的内在和品质。于是之后归纳行道树是一列怎样的树也就水到渠成了。

又比如,理解"神圣的事业总是痛苦的,但是,也唯有这种痛苦能把深沉给予我们"这句话是难点,如何来突破这个难点呢?姚老师采用的是分层提问,各个击破的方法,也就是抓住了"神圣""痛苦""深沉"这几个关键词分别提问:什么样的事业是神圣的?为什么神圣的事业会痛苦?深沉是什么意思?能否找出它的同义词?之后又通过学生讨论交流,把对这句话的理解整合起来。这种先分后合的提问方法正符合了学生的认知规律,无疑是高效的。

二、关注学法指导的有效性。我们说“授之以鱼,不如授之以渔”,也就是要教给学生学习的方法。这就要求教师对学生进行有效的学法指导。姚老师就是这样做的。比如,她在文本解读这一环节刚开始时就不失时机地进行阅读方法的指导,让学生学会从文本中找答案。又比如,学生齐读课文后,姚老师及时做出评价:读得整齐、响亮,但是行道树的感情没有很好体现出来。这一评价其实也渗透着朗读方法的指导。相信这些学法的指导使学生在今后的语文学习中受益匪浅。

三、关注课堂拓展的有效性。目前,有一些课堂拓展存在着偏差,只是为拓展而拓展,拓展的内容与文本之间缺少有机的联系。而姚老师的这堂课中的拓展延伸环节却能够和文本有机整合,达到“润物细无声”的无痕境界。她首先设计了第一个小环节:面对行道树,请你选择一种修辞,用形象的语言,对它们说一句心里话。(学生当堂书写并交流)我觉得这个设计不仅能以读促写,也能以写带读,让学生在写中更深刻地领悟行道树的内心和品质,也就是对文本解读的延伸和深化。接着又设计了第二个小环节:社会上有没有像行道树那样的人呢?这是对前面这个环节的进一步延伸:由对行道树内心和品质的领悟延伸到了无私奉献这一类人,这就很好地把文本和现实生活紧密联系起来,体现了语文与生活的融合。

总之,这是一堂高效的语文课,值得我学习的地方还有很多,我只是谈了自己感受最深的三点不成熟的体会,还望在座各位老师指正。

(https://wenku.baidu.com/view/b6e54d56964bcf84b9d57bf2.html)

点评:在这个教学案例中,评课者只抓住“有效”这一点,做深入点评。从提问的有效性、学法指导的有效性、课堂拓展的有效性三方面展开评论,并结合讲课片段,取得了比较好的效果。

案例 11-2:《搭石》教学实录

附录:

搭　石

我的家乡有一条无名小溪,五六个小村庄分布在小溪的两岸。小溪的流水长年不断。每年汛期,山洪暴发,溪水猛涨。山洪过后,人们出工、收工、赶集、访友,来来去去,必须脱鞋挽裤。进入秋天,天气变凉,家乡的人们会根据水的深浅,从河的两岸找来一些平整方正的石头,按照二尺左右的间隔,在小溪里横着摆上一排,让人们从上面踏着过去,这就是搭石。

搭石，构成了家乡的一道风景。秋凉以后，人们早早地将搭石摆放好。如果别处都有搭石，唯独这一处没有，人们会谴责这里的人懒惰。上了点儿年岁的人，无论怎样急着赶路，只要发现哪块搭石不平稳，一定会放下带的东西，找来合适的石头搭上，再在上边踏上几个来回，直到满意了才肯离去。

家乡有一句“紧走搭石慢过桥”的俗语。搭石，原本就是天然石块，踩上去难免会活动，走得快才容易保持平衡。人们走搭石不能抢路，也不能突然止步。如果前面的人突然停住，后边的人没处落脚，就会掉进水里。每当上工、下工，一行人走搭石的时候，动作是那么协调有序！前面的抬起脚来，后面的紧跟上去。嗒嗒的声音，像轻快的音乐；清波漾漾，人影绰绰，给人画一般的美感。

经常到山里的人，大概都见过这样的情景：如果有两个人面对面同时走到溪边，总会在第一块搭石前止步，招手示意，让对方先走；等对方过了河，两人再说上几句家常话，才相背而行。假如遇上老人来走搭石，年轻人总要伏下身子背老人过去，人们把这看成理所当然的事。

一排排搭石，任人走，任人踏，它们联结着故乡的小路，也联结着乡亲们美好的情感。

搭　石

【学习目标】

1. 通过导读，初步掌握快速默读的要求。
2. 通过计时，了解自己的阅读速度。
3. 通过专项训练，初步培养学习快速阅读的方法。

> 点评：“快速阅读”主旨学习目标的精准定位。既有目标的总体要求，也有实施手段的具体描述，如导读、计时、专项训练。明确了本课学习目标的独特性，可以保证本单元学习目标的一致性和达成度。

【学习过程】

板块一　初读感知

一、明确快速默读的要求

师：同学们，今天我们要学习一篇课文《搭石》，是刘章爷爷写的，写得非常优美。今天我们学习的主要任务是默读，大家请看第一个学习任务。快速默读，说说默读有什么要求？（生纷纷回答默读要求）（课件出示任务一：用较快的速度默读课文，在学习单上记下所用的时间。读的时候集中注意力，遇到不懂的词语不

要停下来,不回读)

师:是不是要读得非常快呢?是不是越快越好呢?

生:不是读得快就好,要把课文往心里读进去。

师:对。这一点非常重要,快速默读,并不是越快越好。

师:下面请同学说一说,你读了多长时间。(生纷纷汇报用时)

师:老师有一个数据,大家看一下,一分钟一般大概读多少字。你对比一下,读得快了,还是慢了?(课件出示:默读有一定速度,默读一般读物每分钟不少于300字。本篇课文字与标点共653个)

生(纷纷说):快了,快了。

师:是的,有的同学读得太快了,要避免。看了上面这则信息,以后大家就会知道以怎样的速度去默读会更好。

点评:快速阅读的具体要求指导到位。先让学生默读,再梳理反馈,根据学生的交流,教师用红笔将几个关键点圈出来,使学生一目了然。教师还作了温馨提示:快速默读不是读得越快越好。这样,就告诉学生不能为读而读,为快而快。

二、了解初读效果

师:下面我们交流第二个问题,你读了之后,了解了哪些内容?(生纷纷回答各自所了解的内容)

师:第一遍快速默读,效果还不错,同学们了解了课文中的好多内容。课文题目是"搭石",文中有没有具体描写搭石的句子?

生:课文第一自然段中就有描写。(课件出示第一自然段,生朗读)

师:"这就是搭石",成为搭石要具备哪几个条件?(生回答出文中所写条件)

师:是的。搭石就是从河的两岸找来的、按照二尺左右的间隔、在小溪里横着摆上一排,可以让人们从上面踏着过去的一些平整方正的石头。

点评:快速阅读学习样式的初步形成。通过对"搭石"有关信息的梳理,初步培养学生的快速阅读意识。通过学生交流,出示语句,再分析搭石具备的几个条件,最后给搭石下了定义,从而让学生明确什么是搭石。

三、交流快速阅读体会

师:刚才在读第一遍的时候,有没有遇到不理解的内容,但是没有停下来,也没有回读的情况?(生回答不理解的内容)

师：你有没有停下来？

生：没有。

师：当我们拿到一篇课文，第一次快速默读的时候，即使遇到不理解、有疑问的时候，不要停下来，也不要回过去再读。

点评：快速阅读对学习难点的准确把握。“不能停读”“不能回读”，是本课教学的重点和难点。在此进行一些梳理和强调是非常必要的。教学应该在重点和难点处花时用力，而不是轻率地走过场。

四、理解搭石的基本作用

师：刚才一位同学提到，为什么不造桥，却要放搭石呢？

生：石头是天然的，搭桥要很多钱。

师：用石头方便又经济。

生：如果搭桥的话，要耗费很多人力。

生：每年有汛期，洪水来时，很容易把桥冲垮。用搭石，即使冲掉了，再放也很方便的。

师：有道理。石头随处都是，洪水冲掉了，再捡几块搭一下就行。课文中有一句话（课件出示）：“山洪过后，人们出工、收工、赶集、访友，来来去去，必须脱鞋挽裤。”山洪过后，人们做什么必须脱鞋挽裤？

生：山洪过后，人们出门访友必须脱鞋挽裤。

生：山洪过后，人们赶集必须脱鞋挽裤。

……

师：是啊，无论是出工、收工、走亲、访友，只要是过溪，都必须脱鞋挽裤。麻烦不麻烦？

生：麻烦。

师：这里有一个新词（教师用红线在屏幕上画出）——脱鞋挽裤。大家在学习单上认真地书写一遍。（生认真书写）

师：一次脱鞋挽裤也没什么大不了的事，但经常脱鞋挽裤，那是很麻烦的事情。我们来看作者刘章爷爷在另一篇文章中写到的一段话，请你快速默读一遍。

（课件出示：“人们祖祖辈辈走搭石，习以为常，司空见惯，十里路要走多少搭石，没人数过。直到 1964 年我岳父从山外到我家串门，出于好奇，一道道计数，十里路竟走了 32 道搭石。我是从 1962 年起当上村干部的，直到 1975 年到县城工作，13 年间，不超过 3 天就要到乡镇办事一次，都是当天往返。一天要走 64 回搭石，总共走了千万回……”——刘章《写作〈搭石〉的前前后后》）

师：读后，你了解了哪些信息？

生：搭石很多，小溪也有很多。

生：如果没有搭石的话，出门真的很麻烦。

生：有了搭石，出门办事就方便了很多。

师：是的，小小的搭石，方便了人们的生活和工作。

点评：快速阅读对重点内容和一般内容的处理。所以可以减少与阅读主题无关或远离的内容。作为五(上)快速阅读单元的第一篇课文，其主要目的是训练快速阅读的方法，所以可适当减少“关于搭石作用”内容理解的时间。

板块二 再读感悟

一、二次快读谈画面

师：第一遍读，我们就了解了那么多内容，同学们真了不起。接下去，我们要进行第二次快速默读，仍旧计时。这次要标上自然段序号，同时想一想，课文给你留下印象最深的画面是什么？用小标题概括在相应的内容旁。（出示第二次快读要求：计时间、标序号、写标题）（学生默读，标记，概括，教师巡视）

师：这一次默读你花了多少时间？给你留下印象最深的画面是什么？

生：我第二次快速阅读用时 1 分钟。

师：比前一次快了还是慢了？

生：慢了。我看到了人们找石头摆放在溪水里的画面。（师板书：摆放）

生：我用时 1 分 35 秒。

师：比刚才快了还是慢了？

生：慢了。我看见了人们放搭石和过搭石的画面。

生：我用时 1 分 57 秒。我看到的画面是，年轻人走搭石时遇到老人，总要伏下身子背老人过去。（师板书：背过）

生：我这次阅读用时 1 分 16 秒。人们经常走搭石，搭石成了家乡一道靓丽的风景线。（师板书：风景）

生：这一次快速阅读，我用时 1 分 9 秒，比之前慢了。我看到了乡亲们见搭石不稳就重新搭的画面。

生：就是把之前不平稳的搭石再放平稳。

师：我们也用两个字概括：放稳。（师板书）

生：我这次默读用时 54 秒。我看到人们每次上下工，走搭石时的协调有序。

师：走搭石时协调有序。是一个人吗？

生：是一行人。

师：一行人齐走搭石的画面。（师板书：齐走）

生：我这一次用时1分40秒。我看到了人们在面对面过搭石的时候，会让对面的人先走。

生：让行。

师：对，就是让行。（师板书：让行）

生：人们过小溪时，如果发现没有搭石，会谴责那里的人。（师板书：谴责）

师：家乡的搭石，有那么多的画面呈现在我们面前，构成了一幅幅美丽的风景画。（教师将板书的每两个字，画成石头的形状，形成一排搭石）

点评：快速阅读需要提供一定的学习支架。通过不同学生说不同画面，进一步熟悉课文内容，从而在整体上把握课文主要内容。教师还巧妙利用了体现画面的关键词，画成石头的形状，形成一排搭石，既构成了一幅思维导图，又形象地把搭石的样子呈现在学生面前，可谓一举两得。

二、理解“紧走搭石慢过桥”

师：在那么多画面中，哪一幅给你留下的印象最深刻？

生：齐走。（课件出示课文第三自然段。学生快速默读）

师：有什么读不懂的地方？

生：“紧走搭石慢过桥”是什么意思？

师：谁来说说，你是怎样理解这句话的？

生：走搭石的时候要快，过桥的时候可以慢一点。

师：文中哪个地方说明了，走搭石要走得快？

生：搭石，原本就是天然石块，踩上去难免会活动，走得快才容易保持平衡。

师：你有这种经历吗？

生：没有。但我走过那种很窄的堤坝，也是很快地走过去，当时差点掉下去。

师：谁有补充？

生：如果前面的人突然停住，后面的人没处落脚，就会掉进水里。

师：也就是说——

生：要走得快，不要停。

生：我还有疑问。为什么桥要慢慢地走呢？

师：谁知道？

生：这句俗语“紧走搭石慢过桥”中，“慢”是为了跟“紧”对应。

师：哦，你是从写法上来分析的。

生：我想“慢”还可解释为“轻松”。桥是平稳的，过桥的时候，可以轻松自然地走过去。

师：嗯。这种解释有新意。我想还可以有另一种解释：以前的桥，不像现在这么宽大，那时候的桥都不宽，有些甚至很窄，是——(学生回答)独木桥。这种桥，走的时候就要慢些。

师：有谁发现，“紧走搭石慢过桥”这句话在这一段中，在表达上有什么特点？

生：“紧走搭石慢过桥”这句话是引用。

师：对，引用了一句家乡的俗语。

生：第一句话，在这一段中是一个总起句。后面的内容，就是围绕着它来写的。

师：嗯，这一段是总分结构。这也是我们常见的写法。

师：下面我们一起来读一下这段话，老师读第一句，同学们接着读后面的内容。(师生配合朗读)

点评：快速阅读对必要的语言表达的提示。学习语文重在学习语言，而语言又有内容和形式之分。语言表达形式才是语文教学真正值得关注的重要内容。

三、美读“齐走”

师：陈老师把齐走搭石的这段文字，形式改变了一下，把它变成了一首小诗，谁愿意来读一下？(指名两位学生朗读。两位学生在优美轻松的音乐声中，朗读得非常有感情)

师：读得真好！在我们面前，仿佛出现了一幅美丽的乡村风景画。老师也忍不住想读一读。请同学们闭上眼睛，老师读的时候，想象一下：你仿佛还看到什么？听到什么？(教师朗读)

师：你仿佛看到了一种怎样的情景？(生纷纷描述画面)

师：用课文中的话来说，就是——人影绰绰(学生答)。是啊，清波漾漾，人影绰绰，好一幅乡村风景画。

点评：快速阅读也要提供一定的精读环节。在课文描写的六个画面中，一行人齐走搭石的情景无疑是最让人难忘的。教师将此作为重点，把握是准确的。

板块三　三读质疑

师：经过两次默读，我们基本上了解了课文的主要内容。接下来，我们第三次快速默读课文，将你的疑问标注在课文相应的地方。（课件出示第三次快速默读的任务：用自己觉得合适的快读速度默读课文，并将疑问标注在课文相应的地方）

师：读完了，谁来说说你有什么疑问？

生：第二自然段中说到为什么是“上了点年岁的人”，而不是年轻人？

生：搭石联结着故乡的小路，为什么也联结着乡亲们美好的情感？

生：这些美好的情感，有哪些呢？

师：这些问题提得很有价值，我们下节课再好好研究研究。今天的课就上到这儿。下课。

点评：快速阅读需要设置问题情景。通过质疑问难，启动学生的积极思维，引发学生进一步学习的兴趣，有利于提示下节课学习的起点。

【总结】

这堂课引发了对“阅读速度课”的思考。

从课的整体看，本课构建“初读→再读→三读”的一个框架结构，以“速读”为主线展开教学活动，呈现出一种大气的风貌。

从课的层次看，对各个环节的设计前后衔接，层次清楚，而且重点突出，较好地落实了本课的学习重点和难点。

从课的细节看，教师的某些细节设计颇有新意，如一些重点提示、先学后教、时间的对比说明等。对学生的具体的、细节的、个别的指导也很到位。

总之，本课是对“速度出效率”的一个很好诠释。

（《在快速阅读中感受学习的魅力——统编教材五上《搭石》教学实录与点评》，刊于 2019 年 8 期《新教师》22—25 页）

点评：这个评课既有总点评，又有各板块、各环节的分项点评，对课堂教学的进程、师生的表现进行了专业的分析和评点，这样的评课能真正起到交流学习的作用，可以有效推进课堂教学改革的进程。

本章小结

1. 教师与学生是平等的关系。

2. 评课是一种重要的教学活动方式和研究方式，也是促进课堂教学改革，提高教师综合素质的重要途径。

3. 评课的作用：交流学习、检查诊断的功能。

4. 评课的内容：评教学思想和理念、评教学内容、评课堂结构、评教学策略与方法、评教学效果、评教师素质。

5. 评课的设计要领：忌面面俱到、忌相互吹捧、忌主干不分。

讨论题：

我喜欢听课，也听过很多课，原生态课、示范课、比赛课……能够留下深刻印象的委实不多。然而张老师的课却让我很难忘记。张老师上课最大的特点，是不管有意还是无意，自始至终反映她非常自觉的传播素养。我一直提倡一个观点：当代教师需要有一定的传播素养。判断一个教师是否具有传播素养的最大标准是她有没有受众的观念，具体到教学中，是看她是不是把学生放在首要的位置。这就是我们一直以来提倡的"课堂教学要以学生为本"的教学理念。示范课不好上，因为授课教师不仅仅要面对学生，还要面对听课者，比日常教学又多了一层观众。恰当地处理好两部分受众的关系，就是具备传播素养的表现。

我听过的示范课，普遍的问题是授课教师没有把讲坛当作教学的台子，而是更多地作为展示自己的舞台。授课者的个人能力不可谓不高，但太自我，不考虑受众的需求。见的太多的是自鸣得意的引导、自鸣得意的展示、自鸣得意的互动……是自己一个人在"玩"。这是教学中应该摒弃的。而张老师却是真正和学生"玩"到了一起。

思考：上面是语文出版社社长王旭明的示范课点评，你是否同意他的点评观？请说出理由。

本章测试

◆ 判断题：

1. 评课可以促进先进的教学理念和教学方法的推广，从而可以整体上提高教师的教学能力。（　　）

2. 评课时应该彼此尊重，多看对方的亮点，少提不足。（　　）

3. 教师与学生是一种平等关系。（　　）

4. 评课时应该抓住一点深入点评。（　）

5. 评课时应该重点关注教师的行为举止、普通话、板书、音量等。（　）

6. 评课无论对评课者还是授课者都有很大的作用。（　）

7. 评课应该主要观察教师教学设计和实施的独到之处，而不是课堂是否以学生为主体，学生的参与度和学习效果等。（　）

◆ 简答题：

8. 评课技能的作用是什么？

9. 评课一般要考虑哪些方面？

10. 评课的设计要领是什么？

11. 请谈谈你对“谢谢同学们的配合”的理解。

推荐书目

1. 郭初阳. 言说抵抗沉默[M]. 上海：华东师范大学出版社，2014.

（作者是杭州外国语学校语文教师。多年来致力于探索一种理想的语文课堂范式——“踏实”与“凌空”的结合，目标是让学生成为具有独立精神与自由思想的现代公民。

这本书里精选了五个案例：《项链》《珍珠鸟》《愚公移山》《祖国啊，我亲爱的祖国》和《父母的心》。每篇课文由教学简案、课堂实录、教师课前设计构想、众说纷纭评课等组成。每堂课都给人以极大的震撼，很多听过郭初阳授课的人，喜欢用三个字来评价他的语文课堂：“革命性！”在很大程度上，郭初阳找回了语文的尊严，找回了语文课堂的尊严。他赋予了语文课堂以学术的深度、理性的光照、自由的启蒙以及民主的思想和生活方式，从而极大地提升了语文课堂的文化品格。如果说许多语文老师和他们上的课是墙，那么郭初阳和他上的语文课则是窗——一扇干干净净、透明的窗。）

2. 魏本亚，尹逊才，等. 十位老师教《老王》[M]. 上海：上海教育出版社，2014.

（这本书特色很鲜明。同样一篇课文，全国十位特级教师执教，十一位特级教师观察课堂，六位大学课程论专家评点。每个课例都这样编排：课堂实录、执教反思、课堂观察、专家点评。相信从这样的同课异构中，读者能得到很多启发。）

3. 褚树荣. 品味课堂——褚树荣评课实录[M]. 宁波：宁波出版社，2010.

（作者是浙江省特级教师，宁波市教育部教研室语文教研员。长期致力于课堂教学实践和研究。在这本书中提出了课例评析的六种形式：主题式评课、比较式评课、总结式评课、沙龙式评课、观察式评课和点评式评课，每种形式又由观察与随感、剖析与建议、反思与跟进三部分组成，相信读者从中会受益良多。）

测试题参考答案

第一章　语文教学设计概述

1. BCD　2. ABD　3. ACDE

4. √　5. √　6. √　7. ×

8. 目的性　9. 口头语言　10. 诵读　11. 基础与前提　12. 教学目的　13. 开放型　14. 语文　15. 教学对象　16. 课标　17. 学生　18. 工具性　19. 合作　20. 口语交际

第二章　阅读教学

1. ABC

2. √　3. ×　4. √　5. √

6. 论点　7. 刻画人物　8. 诵读法　9. 做人　10. 诵读

第三章　写作教学

1. √　2. √　3. ×　4. √　5. √　6. ×　7. ×

8. 语言文字　9. 真情实感　10. 生活作文　11. 头脑风暴法

第四章　口语交际教学

1. √　2. √　3. ×　4. √　5. √

6. ACD

7. 交际性　8. 交际态度

第五章　综合性学习教学

1. AD

2. √　3. √　4. ×　5. √　6. √　7. √

8. 提出问题　9. 综合性学习　10. 生成性　11. 分享阶段

第六章 导入技能

1. × 2. √ 3. √ 4. √ 5. √ 6. ×

第七章 提问技能

1. √ 2. √ 3. × 4. √ 5. ×

6. 记忆性提问 7. 评价性

第八章 结束技能

1. × 2. √ 3. × 4. √ 5. √ 6. √ 7. ×

第九章 板书技能

1. √ 2. × 3. √ 4. √ 5. √

第十章 说课技能

1. √ 2. √ 3. × 4. √ 5. √ 6. × 7. √ 8. × 9. √

10. 教材 11. 教学目标 12. 依据 13. 学法

第十一章 评课技能

1. √ 2. × 3. √ 4. √ 5. × 6. √ 7. ×

参考文献

1. 倪文锦. 初中语文课程教学法[M]. 北京:高等教育出版社,2003.

2. 牛学文. "综合性学习"课堂教学模式研究[J]. 课程·教材·教法,2007(8).

3. 吕叔湘. 论语文教学[M]. 济南:山东教育出版社,1981.

4. 郭初阳. 一个独立教师的语文之旅[M]. 桂林:广西师范大学出版社,2015.

5. 郭佳,张宇. 我国有效课堂提问研究十年——基于对 2000—2009 年间 134 篇文献的分析[J]. 基础教育,2011(1).

6. 韩雪屏,王相文,王松泉,等. 语文课程教学资源[M]. 北京:高等教育出版社,2007.

7. 何更生. 语文教学论[M]. 芜湖:安徽师范大学出版社,2013.

8. 黄伟. 开展"语文综合性学习"必须解决的几个问题[J]. 中小学教材教学,2002(5).

9. 黄伟. 中美课堂提问研究述评及比较[J]. 天津师范大学学报(基础教育版),2011(7).

10. 钱梦龙. 文言文教学改革刍议[J]. 中学语文教学,1997(4).

11. 徐杰. 听徐杰老师评课[M]. 上海:华东师范大学出版社,2013.

12. 张孔义. 三十年语文教学方法研究述评[J]. 浙江教育学院学报,2006(11).

13. 郑桂华. 诗歌阅读教学内容确定的关键[J]. 语文学习,2012(4).

14. 郑逸农. "非指示性"语文教学设计研究[M]. 杭州:浙江大学出版社,2012.

15. 中华人民共和国教育部. 义务教育语文课程标准(2011 年版)[M]. 北京:北京师范大学出版社,2011.

16. 朱绍禹. 中学语文课程与教学论[M]. 北京:高等教育出版社,2005.

17. 巢宗棋,雷实,陆平,等. 语文课程标准解读[M]. 武汉:湖北教育出版社,2004.

18. 沈洁华,张靖,黄怡,等.《藏羚羊跪拜》教案三篇[J]. 语文学习,2005(6).

19. 蔡明,王立英,张聪慧,等. 语文课程教学设计与实施[M]. 北京:高等教育出版社,2008.

20. 叶圣陶. 叶圣陶语文教育论集[M]. 北京:教育科学出版社,2015.

21. 余映潮. 这样教语文——余映潮创新教学设计 40 篇[M]. 北京:教育科学出版社,2014.

22. 余文森,黄国才. 有效备课·上课·听课·评课[M]. 福州:福建教育出版社,2008.

23. 王爱娣. 美国语文教育[M]. 桂林:广西师范大学出版社,2007.

24. 王本华. 张志公论语文·集外集[M]. 北京:语文出版社,1998.

25. 王娇林. 高中语文戏剧教学的模式与方法[J]. 语文教学通讯,2015(8).

26. 王荣生. 语文科课程论基础(第二版)[M]. 上海:上海教育出版社,2005.

27. 王治国. 少一些"泡沫",多一些"语文"——语文综合性学习案例反思[J]. 小学教学设计,2007(8).

28. 王世堪. 中学语文教学法(第二版)[M]. 北京:高等教育出版社,2012.

29. 魏书生. 魏书生与民主教育[M]. 北京:北京师范大学出版社,2015.

30. 魏书生. 如何做最好的老师(最新版)[M]. 南京:南京大学出版社,2016.